Rawls, Citizenship, and Education

존 롤스, 시민과 교육

M. 빅토리아 코스타 지음

김상범 옮김

어문학사

일러두기

- 대괄호[ ]는 옮긴이가 주석이나 추가 설명, 또는 이해를 돕기 위해 덧붙인 것이다.
- 전문 용어나 인명, 그리고 독자의 이해를 돕기 위해 필요한 경우 영어를 병기하였다.
- 원문의 맞줄표(—)는 경우에 따라 없애기도 하였다.
- 원서에서 강조(이탤릭체)한 단어는 굵은 글씨로 표기한다.

차례

Rawls,
Citizenship,
and Education

제1장

서론

정치철학에 관한 최초의 저술에서 오늘날에 이르기까지 철학자들은 시민성citizenship에 대한 이론과 시민성 발달을 가장 잘 촉진하는 교육 형태에 대한 이론을 제시해 왔다. 이와 관련해 플라톤Plato, 아리스토텔레스Aristotle, 존 로크John Locke, 장 자크 루소Jean Jacques Rousseau, 메리 울스톤크래프트Mary Wollstonecraft, 존 스튜어트 밀John Stuart Mill, 존 듀이John Dewey의 저작들이 가장 잘 알려져 있다. 이 철학자들 모두가 자신의 정치 이론이 선호하는 교육 유형에 대해 완전한 설명을 제시한 것은 아니다. 하지만 그들 모두는 사회 질서를 재생산하기 위한 목적이든, 근본적으로 변혁하기 목적이든 사회의 어린 구성원들을 교육할 필요성을 인식했다.[1] 현대 정치철학도 이런 역사적 패턴에서 예외는 아니다. 지난 수십 년간 우리는 시민성이라는 주제에 대한 관심의 부활을 목격했다. 또 미래 세대가 권리를 향유하고 책임을 이행하는 데 가족이나 학교 같은 다양한 유형의 교육 제도가 특별히 기여할 수 있는 부분에 대한 관심도 높아졌다.[2]

시민성과 교육에 관한 최근의 철학적 논쟁은 현대 세계의 정치

1 Parry(1999)를 참조하라. 유력한 정치철학자들의 교육적 견해에 대해 논의하는 논문들의 표본으로는 Rorty(1998)을 참조하라.

2 시민성에 관한 논쟁의 개관을 위해서는 Kymlicka and Norman(1994)와 Costa(2009a)를 참조하라. 시민성과 교육에 대해서는 Callan(2004)를 참조하라.

적, 문화적, 사회적 상황과 관련된 많은 관심사를 반영한다는 점에서 독특하다.[3] 예를 들어, 이런 논쟁에서 하나의 공통된 전제 — 과거의 철학자들이 한결같이 지지하지는 않았던 전제 — 가 있다. 민주 사회의 구성원들 모두가 자유롭고 평등하다고 간주되어야 하며, 따라서 교육 제도는 그들의 자유롭고 평등한 지위가 유지되도록 설계되어야 한다는 것이다. 그러나 이 일반적 전제에 합의했다고 해서 (단순히 당파적 이해관계가 아니라) 정의justice를 증진하는 데 진정 관심 있는 사람들 사이에서조차 항상 정책에 대한 합의가 이어지는 것은 아니다. 이것은 자유와 평등을 개념화하는 다양한 방식들이 있기 때문이기도 하고, 어떤 제도적 질서가 자유롭고 평등한 시민의 지위를 가장 잘 보장해 줄 것인가에 대한 논쟁이 있기 때문이기도 하다.

교육 제도가 어떻게 수립되어야 하는가에 대한 일부 논쟁은 자유와 평등이라는 규범적인 정치적 이상들(또는 덕virtue, 공리[유용성] utility, 또는 정당성legitimacy 같은 경합하는 정치적 이상들)에 대한 올바른 해석과 그 함의에 관한 불일치disagreement로 거슬러 올라갈 수 있다. 그러나 다른 논쟁들은 특정한 사회적 맥락에서 정책 대안들의 예측 가능한 결과와 관련되는 경험적 근원을 갖는다. 경험적 연구는 예컨대 아동의 학업 성취, 또는 관용과 상호 존중 같은 시민적 덕성civic virtues 함양에 가장 유리한 교육 환경에 대한 정보를 제공함으로써 이러한 불일치를 해소하는 데 도움을 줄 수 있다. 그러나 경험적 연구는 정책에 대한 규범적 평가라는 과업을 대체할 수 없다. 그런 평가는 광범위한 가능성들 중 특정한 정책을 선택하는 것을 정당화해

3 McDonough and Feinberg(2003)을 참조하라.

주는 근거에 대한 철저한 고찰에 의존하기 때문이다. 사실, 경험적 연구는 상당 부분 일련의 (다소 암묵적인) 규범적 이상들에 의해 안내받는다. 예를 들어, 성별, 인종, 또는 사회경제적 배경이 다른 아이들의 학업 성취도 차이에 대한 연구는 일부 아이들이 그들의 학교 성적과 미래 진로에 영향을 미치는 편견이나 불공정한 사회적 불이익의 결과로 고통받을 수 있다는 가정에서 비롯되기도 한다. 이런 현상을 다루는 실증 연구는 그 분야에서 더 깊은 지식을 얻으면 편견과의 투쟁, 그리고 불공정의 시정이나 보상을 목표로 하는 정책을 입안하는 데 도움을 주기 때문에 유용하다고 여겨진다.

그러나 우리가 상황을 불공정하다고 이해하는 것은 공정하고 아동 및 청소년에게 진정 도움이 되는 교육적·사회적 환경이 무엇인지에 대한 개념을 전제로 한다. 우리는 우리 사회에 대한 더 나은 이해를 추구하므로, 이와 같은 규범적 가정을 명료화하고 정교화하는 것은 사회 현상들 사이에 성립하는 복잡한 인과 관계에 대한 경험적 정보를 수집하는 것만큼이나 중요하다. 그러나 규범적 쟁점에 대한 적절한 관심에도 불구하고, 시민성과 교육에 관한 현대의 문헌들은 이런 쟁점들 중 상대적으로 작은 부분, 즉 공적 논쟁의 근원이 되는 부분에 편중된 관심을 기울이는 경향이 있다. 예를 들어, 놀랄 만큼 많은 논문과 책들이 미국의 아미쉬나 기독교 근본주의 아동에 대한 의무 공교육의 예외에 관한 특수한 사법적 결정에 관해 저술되었다. 또한 프랑스 공립학교에서 이슬람 여학생들의 두건 착용을 둘러싼 정치적 논쟁에 대해서도 상당히 많은 문헌들이 있다.[4] 이러한 사례들의

4 그중에서도 Arneson and Shapiro(1996); Burtt(1996); Galeotti(1996); Galston(1995);

학문적 매력은 자유 민주적 국가에서 교육적 권위가 종교적 시민들의 요구에 반할 때 그러한 권위의 한계를 테스트하는 역할을 한다는 사실 때문일 것이다. 최근 관심이 증가하고 있는 다른 논쟁적 주제들도 교육 정책과 종교와 관련이 있다. 두 가지 예는 국가가 교육 바우처voucher나 다른 정책을 통해 종교 학교에 재정 지원을 할 수 있는가, 그리고 공립학교에서 종교 활동이 허용될 수 있는가이다.[5] 그러나 자유 민주적 사회에서 교육 정책과 관련하여 헤드라인을 장식하거나 법정에 설 만한 것이 아니라도 검토할 가치가 있는 다른 중요하고 더 근본적인 규범적 문제들도 많이 있다.

내가 이 책에서 검토할 문제는 공교육과 사교육 제도가 더 정의롭고 더 민주적인 사회, 즉 모든 구성원이 자유, 기회, 자원을 적절히 누리는 사회를 건설하는 데 있어서 담당해야 할 역할에 관한 것이다. 이 문제에 대한 답을 찾는 과정에서, 우리는 시민을 교육하는 적절한 방법의 문제를 고찰한 과거의 정치철학자들에게 배울 수 있다. 이 문제를 논의할 때 철학자들은 그들이 가장 바람직하다고 여긴 사회와 정부 형태에 대한 완성된 그림을 담은 정치 이론에 이끌렸다. 바람직한 사회적·정치적 질서에 대한 그들의 견해 중 다수는 정부의 유일한 합법적 형태로서의 민주주의와 만인의 도덕적 평등에 대한 우리 당대의 확신에 비추어 볼 때, 매우 잘못되고 용납될 수 없는 것이 사실이다. 그러나 나의 요점은 시민들을 교육하기 위한 제안을 검토하

Galston(2002), pp. 93~109; Gutmann(1993); Gutmann(1995); Laborde(2008); Macedo(1995)를 참조하라.

5 Feinberg(2003); Halstead(2003); MacMullen(2007); Spinner-Halev(2000)을 참조하라.

는 것은 그러한 제안의 기초가 되는 사회 및 정부 형태에 대한 명확한 설명의 도움을 받을 때 더 효과적이라는 것이다. 따라서 이 책의 목표는 사회 정의social justice에 대한 성숙하고 널리 인정받는 이론인 롤스John Rawls의 정의론에 근거하여 사회 정의를 증진하기 위한 교육의 역할을 체계적으로 탐구하는 것이다.

사회 정의에 대한 롤스의 저작은 지난 40년[이제는 50년] 동안 정치철학의 발전에 막대한 영향을 끼쳤다.[6] 그의 첫 번째 책 『정의론 *A Theory of Justice*』은 1971년에 출판되었다. 그 당시 실천 철학은 도덕적, 정치적 언어와 추론, 특히 그 형식적 또는 논리적 특징에 대한 연구가 지배적이었다. 또한 실질적인 규범적 함의를 지닌 도덕적, 정치적 이론의 전개 가능성에 대해 회의적인 시각이 팽배했다. 옳고 그름 혹은 정의와 부정의에 대한 우리의 판단을 체계화하고 설명하기 위한 이론을 제시하는 대신, 철학자들은 규범적 용어의 의미와 그 용어들로 이루어진 명제들 사이의 논리적 관계를 논의하고 있었다. 롤스의 저작은 이러한 메타 윤리적 초점에서 급격히 벗어나 체계적인 규범적 이론으로의 귀환을 알렸다. 그의 저작은 규범적 주장의 정당화를 위한 참신한 철학적 논변을 제시했을 뿐만 아니라, 사회의 주요 제도, 법, 정책의 공동 기능을 평가할 수 있는 일련의 실질적인 정의의 원칙을 전개함으로써 그러한 제도, 법, 정책의 정의로움에 대해 사고하는 새로운 방식을 제공했다. 이후의 정치철학 글쓰기는 롤스의 이론과 그의 일반적 접근법의 영향 아래 이루어져 왔고, 그의 견

6 Norman(1998)을 참조하라. 이 단락은 롤스의 초기 저작의 영향에 대한 노먼 다니엘스Norman Daniels의 평가에 많이 빚지고 있다. Daniels(1989a), pp. xxxi-liv를 참조하라.

해가 깊이 잘못되었다고 생각하고 대안을 제시하고자 하는 비판자들의 저작들마저도 그러했다.

비슷한 방식으로 "분야를 변화"시키지 않고, 롤스의 공정으로서의 정의론theory of justice as fairness은 이미 교육 철학에서 여러 주제에 대한 논의에 적용되었다.[7] 그러나 (넓은 의미에서) 롤스적Rawlsian이라고 할 만한 교육에 대한 대부분의 철학적 저작들은 실제로는 롤스 이론의 교육적 함의에 대한 체계적 탐구로 간주되기 위한 것이 아니다. 오히려, 그 저자들은 자유 민주적 국가의 미래 시민들에게 가장 적합한 교육의 유형에 대한 그들 자신의 결론을 주장하기 위해 롤스 이론의 선별적 요소들, 즉 합당성reasonability, 국가 권력의 사용에 대한 정치적 정당화, 중첩적 합의overlapping consensus 개념 등에 대한 롤스의 견해를 이용한다. 이처럼 롤스의 이론을 선별적으로 이용한 결과, 넓은 의미에서 롤스적 틀이나 용어를 채택한 저자들이 공정으로서의 정의론의 핵심 처방을 과연 얼마나 지지하는지를 명확히 파악하기 어려울 때가 있다.[8]

7 롤스의 저작에 크게 의존하는 책들은 다음과 같다: Strike(1982); Strike(1989); Callan(1997); Clayton(2006); Macedo(2000); Tomasi(2001). [이후에도 편의상 'theory of justice as fairness'를 '공정으로서의 정의의 이론'이라 옮기는 대신 간단히 '공정으로서의 정의론'으로 옮긴다.]

8 예를 들어, 존 토마시John Tomasi의 교육에 대한 논의는 롤스의 저작에 근거한다. 그러나 주의 깊게 읽어보면 토마시는 실제로 롤스 이론의 재분배적 함의를 지지하지 않는다는 것을 알 수 있다. 오히려 그는 그 이론이 개인적 책임을 위한 여지를 더 만들어야 한다고 생각한다. Tomasi(2001), pp. 108~25를 참조하라. 그리고 이몬 캘런Eamonn Callan은 롤스의 정치적 정당화 방법을 거부하고 개인적 자율성personal autonomy의 가치에 입각한 자유주의적 완전주의 접근liberal perfectionist approach을 지지한다. Callan(1997), pp. 12~42를 참조하라.

교육 정책에 관심 있는 많은 독자들이 롤스의 방대한 저작에 익숙하지 않을 수 있다는 점을 감안해서 이 책은 사회 정의라는 철학적 문제를 개념화하는 그의 방법을 개관하는 데서 시작한다. 공정으로서의 정의에 따라 정의로운 사회란 무엇인지에 대한 그림을 갖게 된다면, 우리는 아이들이 가정과 학교 모두에서 받아야 하는 교육에 대해 논의하기 위한 더 나은 위치에 서게 될 것이다. 아이들이 정의감과 좋은 삶을 살 역량을 계발해야 한다면 말이다. 또한 우리는 학교가 정당한 교육적 권위의 한계 내에서 사회 정의를 촉진하기 위해 무엇을 할 수 있는지를 논의하기 위해 더 나은 위치에 서게 될 것이다. 롤스의 이론은 아이들이 대략 18세가 될 때까지 질 높은 초등 및 중등 교육에 대한 접근을 보장받아야 하며, 또한 고등 교육에 접근할 수 있는 공정한 기회를 가져야 한다는 것을 시사한다. 이러한 주장들은 독립적인 타당성을 가지고 있지만, 독자들 역시 매력적이고 그럴듯하다고 생각할 수 있는 일반적 정의론의 결과라는 사실로부터 추가적인 지지를 받는다. 이 책에서 나는 공정으로서의 정의가 정책의 개발, 구체화 및 평가의 근거로 사용될 수 있으며, 그 함의의 타당성이 민주적 가치의 일관적 표현으로서 그 이론에 대한 지지를 제공한다는 것을 보여주고자 한다.

이 책 첫 부분(2장과 3장)에서 나는 존 롤스의 공정으로서의 정의론의 핵심 측면을 제시한다. 이것은 롤스의 첫 번째 책인 『정의론』의 중요한 요소들과 『정치적 자유주의*Political Liberalism*』, 『공정으로서의 정의: 재서술*Justice as Fairness: A Restatement*』을 비롯한 많은 다른 저작들에 소개된 새로운 요소들을 결합한 것이다.[9] 나의 목표는 사회 정의에 관한 롤스 사상의 진화를 자세히 검토하는 것이 아니다. 또한 나는 그의 초기 저작과 후기 저작 사이의 긴장을 강조하는 데도 관심이 없다. 오히려 나는 그의 이론의 확정적 판본의 핵심적인 규범적·방법론적 공약commitment의 재구성을 제공하고, 그 이론에 따라 교육 제도가 사회 정의의 달성을 위해 기여할 수 있고 기여해야 하는 것은 무엇인지 논할 것이다. 나는 사회 정의 및 정책에 대해 롤스가 말한 것과 내가 볼 때 그가 말한 것으로부터 뒤따르는 것을 구분할 것이다. 이렇게 하면 독자들은 나의 해석이 타당한지 스스로 판단할 수 있을 것이다. 내 견해로는 롤스의 저작에 의거하는 교육학 문헌은 『정의론』의 중요한 교훈을 간과하는 경향이 있었고, 그의 후기 저작의 보다 명확한 초점인 정당성 및 정치적 정당화 개념에 편중된 강조점을 두었다. 롤스는 교육 정책에 대해 상세히 논하지 않았고, 그의 일부 언급마저 교육의 목표에 대해 상당히 최소주의적 설명을 제시했을 뿐이다. 그럼에도 나는 공정으로서의 정의의 확정적 판본은 자유 민주적 사회에서 교육의 역할에 대한 견실하고 진보적인 설명을 뒷받침한다고 주장할 것이다. 즉, 교육 제도는 다원주의와 사회적 다양성을 존중하면서 사회 정의 증진에 중요한 역할을 한다.

4장은 롤스에 대한 체계적 해석과 아울러 롤스에 있어 최초의 교육 제도인 가족family에 대한 논의에 집중한다. 롤스의 정의론에서 가족의 지위는 상당히 논쟁적인 주제이다. 롤스의 많은 비판자들은 정의의 원칙이 가족에 직접적으로 적용되지 않는다는 그의 주장에

9 Rawls(1996); Rawls(1999a); Rawls(2001).

어리둥절해 한다. 그러나 이 주장에 대한 간단한 설명이 있다. 롤스에게 정의의 원칙은 하나의 단위로 간주되는 주요 사회적·정치적 제도들의 집합이 갖는 기능에 적용된다. 가족은 전체 단위의 일부일 뿐이므로 따로 떼어 평가할 수 없다. 내가 주장하겠지만, 가족을 교육적이고 분배적인 제도로 평가할 때, 우리는 가족의 영향이 학교, 노동 시장, 그리고 다른 사회적·정치적 제도들의 영향과 결합되어 있다는 점을 명심할 필요가 있다. 이 연결망 내에서 가족은 최초의 '정의의 학교school of justice'로서 중요한 역할을 한다.[10] 가족은 아이들의 도덕적, 정치적 역량의 발달이 시작되는 곳이다. 그러나 모든 가족이 아이들의 도덕적, 정치적 발달을 위해 완벽한 지원 환경을 제공하는 것은 아니다. 또 가족은 보다 넓은 사회의 다양성 및 복잡성을 그대로 반영할 수 없다. 따라서 합당한 시민reasonable citizens을 길러내는 데 있어서 가족의 역할은 학교에 의해 보완될 필요가 있다.

제도들의 복잡한 연결망의 일부로서 가족은 또한 중대한 분배적 역할을 한다. 성인 가족 구성원의 경우 어떤 특정한 가족 체제는 유급 노동, 자녀 돌봄, 그리고 기타 가사 업무의 분배를 포함하며, 이 분배는 다소간 공정할 수 있다. 그러나 이 책의 초점과 관련하여 보다 중요한 것은 가족이 아이들의 교육적 성공에도 영향을 준다는 사실이다. 어떤 가족은 다른 가족에 비해 고무적이거나 자녀 교육을 지원할 수 있는 더 많은 가용 자원을 보유하기 때문이다. 롤스는 이런 주제를 상세히 논하지 않는다. 하지만 나는 그의 이론이 가족 불공평

10 가족이 최초의 정의의 학교(정의의 제1학교)라는 생각은 Okin(1989), pp. 17~24에서 온 것이다.

의 여지를 만든다고 주장할 것이다. 즉, 그의 이론은 가족 구성원이 자녀 교육에 힘쓰는 것을 정당한 것으로 간주한다. 이것이 공정한 기회균등 원칙의 작용에 영향을 끼치더라도 말이다. 그러나 그것은 사회의 기본 구조가 이런 영향을 보상하는 경우에만 허용될 수 있다. 그리고 주요 사회·정치 제도들의 집합이 정의의 원칙을 만족하도록 그런 보상적 역할을 할 수 있는 최고의 후보는 바로 학교이다.

롤스적 관점에서 가족의 교육적 역할에 대해 논의한 후 나는 책의 나머지 부분에서 논의의 초점을 학교의 시민적 목표로 전환한다. 나는 학교가 정의로운 제도에 대한 시민들의 지지를 장기간에 걸쳐 재생산하거나 정의로운 제도의 창출에 기여하는 데 핵심적 역할을 한다고 주장한다. 내가 5, 6, 7, 8장에서 추구하는 목표 중 하나는 개념적인 것, 즉 시민성에 대한 롤스의 설명을 확장하는 것이다. 나는 사회가 시민들을 자유롭고 평등하게 대우해야 한다는 것이 무슨 의미인지 그리고 시민들의 어떤 성향과 태도가 그들을 그런 식으로 대우하는 정의로운 제도의 유지를 뒷받침하는지를 검토한다. 그러나 나는 또한 이 장들에서 실천적인 목표를 염두에 두고 있다. 그 목표는 공립학교든 사립학교든 학교가 롤스가 '합당성'이라 부른 것을 위한 복잡한 일련의 역량을 시민들에게 함양시키는 데 어떤 기여를 할 수 있는지를 밝히는 것이다. 5장에서는 합당성을 위한 역량을 학교에서 정당하게 함양할 수 있는 방법에 대해 논한다. 이 일은 보기보다 어렵다. 왜냐하면 롤스는 다원주의 사회의 정책이 정당화될 수 있는 방식에 대한 일정한 제한을 지지하며, 따라서 시민 교육 정책의 옹호는 이런 제한을 고려해야 하기 때문이다. 즉, 롤스는 공공 정책의 정당화가 '정치적political'일 것을 요구한다. 이것은 공공 정책이 좋은 삶the good life을 매우 다르게 이해하는 합당한 사람들이 받아들일 수 있는 고려사항들에 호소함으로써 정당화되어야 한다는 것을 의미한다. 나의 결론은 롤스의 전체적인 이론이 롤스의 자신의 발언이 시사하는 것보다 더 강건한robust 형태의 시민 교육을 필요로 하지만, 이 강건한 형태의 시민 교육이 롤스의 의미로는 '정치적'인 것으로 간주된다는 것이다. 왜냐하면 그것은 공적 이성public reasons에 의해 정당화될 수 있기 때문이다.

롤스의 정의의 제1원칙을 비간섭으로서의 자유라는 이상을 지지하는 것으로 해석하려는 경향이 있다. 그러나 최근 필립 페팃Philip Pettit은 자유가 없는 상태의 원형으로 노예제 또는 노예 상태로 간주하는 비지배non-domination로서의 자유[간단히, 비지배 자유]라는 독특한 설명을 옹호한다.[11] 6장에서는 (비록 롤스가 이 용어[즉 '비지배 자유']를 사용하지는 않지만) 롤스의 이론이 비지배 자유라는 정치적 이상에 헌신하는 것으로 보일 수 있는 방식들을 밝힘으로써 강건한 롤스적 이론을 확장한다. 이 장에서의 내 주장이 옳다면, 자율성을 위한 교육에 대한 보다 일반적인 옹호와는 다른, 비지배 자유를 위한 교육을 뒷받침하는 논거가 마련된다. 나는 지배는 자유롭고 평등한 시민의 지위를 훼손하는 악이며, 정의로운 사회는 심각한 형태의 지배를 용납할 수 없기에 비지배를 위한 교육이 롤스적인 '정치적' 관점에서 옹호될 수 있다고 주장한다. 교육적 측면에서, 시민 교육은 지배와 굴종의 대인 관계뿐만 아니라 국가의 지배를 막는 데 중요한 기여를 할 수 있다.

11 Pettit(1999)를 참조하라.

7장에서 나는 합당한 시민에 대한 롤스의 설명이 애국적 정체성 함양을 포함하도록 확장되어야 하는가 하는 문제를 논한다. 롤스의 일부 비판자들은 학교가 특정 국민[국가] 및 정치 제도와의 일체화로 이해되는 애국[나라사랑]patriotism을 장려해야 한다고 주장한다. 이러한 생각을 뒷받침하기 위해, 그들은 애국이 롤스의 정의의 원칙을 만족하는 공정한 사회 질서를 시민들이 지지할 수 있는 필수적 동기를 제공한다고 주장한다. 애국을 가르치기 위한 다양한 수단적, 비수단적 논변들을 고려한 후, 나는 현실 (즉 불완전한) 사회에서 애국을 가르치는 것에는 많은 도덕적 책임이 따르며, 차라리 정의의 원칙과 이 원칙이 현실 제도로 (불완전하게나마) 구현되는 방식에 초점을 맞춰 가르치는 게 더 낫다고 결론짓는다.

8장에서 나는 합당한 시민에 대한 롤스의 설명이 또 다른 방향으로 확장되어야 하는가를 논한다. 즉, 사회적·문화적 다양성에 대한 긍정적인 태도, 그리고 사회에서 문화적 차이를 수용하는 공정한 방식을 모색하려는 의지를 포함시켜야 하는가에 대해 논할 것이다. 애국적 감정의 경우에 대한 나의 답변과 달리, 이 문제에 대한 나의 답변은 긍정적이다. 하지만 나는 또한 내 답변이 다소 논쟁적일 것이라 예상한다. 특히, 나는 두 가지 결론을 주장한다. 첫째, 사회가 정의의 원칙에 따라 작동하려면, 문화적 소수자(이민자와 소수 민족)를 정치체제 같은 주요 사회 제도로 자발적으로 통합하는 것을 촉진하는 정책들이 있어야 한다. 그러나 둘째, 정의는 문화적 소수자를 위한 상대적으로 분리된 사회 제도에 대한 공적 지지를 요구하지 않는다. 특히, 정의는 준準분리주의quasi separatist 형태의 국가 정체성 함양을 지원하기 위해 설계된 특정 형태의 분리 교육separate schooling 및 기타 교육 정책들을 좌절시킨다. 나는 전체로서의 정치 공동체에 대한 소속감을 장려하면서도 정의의 원칙을 가르치고 공정한 사회 질서를 지지하는 태도와 성향을 함양하는 것에 찬성하는 논변을 전개할 것이다.

Rawls,
Citizenship,
and Education

제2장

정의로운 사회란?

정의의 주제

정의롭다거나 부정의하다고 부를 만한 다양한 것들 — 몇 가지만 예를 들면 사람, 계약, 형벌, 또는 규칙 등 — 이 있음에도, 롤스는 자신의 정의론의 주제subject가 '사회의 기본 구조basic structure of society'라고 그가 명명하는 것임을 분명히 한다.[1] 이 기본 구조는 시민들 사이에 사회적 협동의 이익과 부담뿐만 아니라 권리와 의무를 분배하는 체계로서 함께 기능하는 만큼, 주요 사회 제도들의 집합으로 구성된 복합적 전체의 구조로 생각될 수 있다. 롤스는 한 사회가 정의로운지, 또 얼마나 정의로운지를 평가하기 위해 개별 사회 제도의 작동만 따로 분리해서 살펴보거나 그 시민들의 개별 행동만 살펴보아서는 안 된다고 주장한다. 그보다는 주요 사회 제도들이 하나의 거대한 틀 속에서 상호 작용하는 방식에 초점을 맞추어야 한다는 것이다. 가령 법률 체계 같은 하나의 주요 사회 제도를 면밀히 검토해 보아도 사회가 전반적으로 얼마나 정의로운지를 확정하려고 할 때 우리에게 중요한 정보를 제공할 수 있는 것이 사실이다. 그러나 한 사회의 정의 수준을 평가하는 더 나은 방법은 우리가 통합된 전체로

1 Rawls(1999a), pp. 3~10; Rawls(1996), pp. 257~88을 참조하라.

서 함께 취합된 모든 주요 사회 제도의 운영을 살펴볼 것을 요구한다. 이처럼 보다 포괄적인 관점을 취하는 한 가지 이유는 한 유형의 주요 사회 제도가 부정의한 수준이 다른 유형의 것에 의해 완화(또는 악화)될 수 있기 때문이다.

롤스가 모든 사회 제도를 기본 구조의 일부로 간주하는 것은 아니다. 기본 구조에 속하는 제도의 예로 그가 드는 것은 "정치 제도, 법률적으로 공인된 재산 소유 형태, 경제 제도의 조직, 그리고 가족의 특성 등"이다.[2] 이런 제도들은 일련의 직책과 직위를 규정하고 그것들 각각에 결부된 권리와 의무를 할당하는 규칙들이라는 점에서 그 자체로 공적인 규칙 체계들로 이해될 수 있다.[3] 롤스에 따르면 기본 구조에 속하는 제도들은 모든 시민들의 인생 및 미래 전망뿐만 아니라 그들의 인성, 목표, 그리고 열망에까지 심원하고 광범위한 영향을 미친다. 이런 제도들은 사회생활에서 핵심적이며 사회 존속에 필수적이다. 기본 구조는 한 사회가 "자신들의 특정한 선 관념[가치관] conception of the good을 가진 사람들이 공유하는 일종의 문화 형태를 상당 기간 동안 생산하고 재생산하는" 방식을 형성한다.[4] 비록 롤스가 주요 사회 제도들의 목록을 제시할 때 학교를 언급하지는 않지만

2 Rawls(1996), p. 258.

3 Rawls(1999a), pp. 47~48.

4 Rawls(1996), p. 269. [롤스는 '개념concept'과 '관념conception'을 구분한다. '개념'은 용어의 개념 정의에 해당하며, '관념'은 개념에 대한 관점이나 해석을 의미한다. 'conception'은 '세계관', '인생관'의 '관'에 해당하지만, 'conception of the good'을 일부 롤스 번역서처럼 '선관'이라고 옮기기보다는 주로 '선 관념' 또는 (일상에서도 흔히 사용되는) '가치관'으로 옮겼다. 또 문맥상 무방할 경우 'conception'을 '개념'으로 옮기기도 했음을 밝힌다.]

기본 구조에 대한 그의 성격 규정상 교육 시스템 또한 그것의 일부로 간주될 필요가 있다. 그 한 가지 이유는 학교가 그 가장 어린 구성원들 사이에서 한 사회의 문화를 재생산하는 데 담당하는 분명한 역할이 있기 때문이다. 또 다른 이유는 상이한 수준의 교육에 대한 접근이 아이들의 인생 전망life prospect, 예컨대 그들이 바람직한 직업과 양호한 소득에 접근하는 데 영향을 미친다고 믿을 만하기 때문이다.[5]

롤스가 기본 구조를 이해하는 방식으로부터 뒤따르는 많은 중요한 논점들이 있다. 하나는 주요 사회 제도에 초점을 맞춤으로써 정의(혹은 부정의)를 구조적인 것으로 개념화할 수 있게 된다는 점이다. 즉, 그렇게 함으로써 부정의의 근원은 개인적 행동의 관점에서는 정확히 이해될 수 없다는 점을 분명히 알 수 있게 된다는 것이다. 특히, 부정의는 개인적 행동 자체에 있어서는 하등 도덕적으로 반대할만한 것이 없는 상황에서조차 때로는 규칙들의 복잡한 상호 작용의 결과이자 그러한 규칙들에 의해 규제된 집합적인 개인적 행동의 결과일 수 있다.[6] 롤스가 옹호하는 특정한 정의의 두 원칙을 검토하면 분

5 이것은 부모나 합법적인 가정교사가 아이들에게 정규 교육을 제공할 책임을 지는 형태의 홈스쿨링을 허용하는 사회에 대해서도 사실이다. 물론, 이러한 방식으로 아이들을 교육하는 것이 사회 정의와 좋은 시민성의 증진과 일관적인가 하는 선결 문제가 존재한다. 또한 어떤 이는 보건 의료 체계도 기본 구조의 일부로 간주되어야 한다고 주장할지도 모른다. 단순성을 기하기 위해 롤스는 보건 의료 체계를 그의 이론에서 고려하지 않는다. 하지만 그는 보건 의료에의 접근을 보장받는 것이 정의로운 사회의 핵심적인 제도적 특징이라고 생각한다. Rawls(1999b), p. 50을 참조하라.

6 Young(2006)을 참조하라. 영Iris Marion Young은 기본 구조의 중요성에 관한 롤스의 통찰에 동의한다. 그러나 그는 롤스의 이론이 밝히지 못하는 구조적 부정의의 특정 형태들이 존재한다고 주장한다. 기본 구조에 적용되는 원칙들이 개인의 행동에 직접 적용되는 원칙들과 구분되어야 한다는 생각에 대한 비판으로는 Cohen(2000), pp. 134~47과 Murphy(1999)를 참조하라.

명히 밝혀지겠지만, 기본 구조를 규제하는 정의의 원칙들은 구체적 상황에서 시민들 개개인의 행위에 직접 적용되는 도덕 원리나 도덕 규칙들과는 사뭇 다르다. 비록 두 가지 유형의 원칙들이 서로 연관되어 있기는 하지만, 롤스는 주요 사회 제도들(과 일반적인 제도들)의 집합에 대한 규범적 평가가 개인의 행동에 대한 규범적 평가와는 구분되어야 한다고 생각한다. 그러나 제도에 적용되는 원칙이 개인에 적용되는 원칙과 다르다는 사실은 정의로운 제도가 시민들의 신념, 태도, 그리고 행동과는 독립적으로 상당 기간 동안 유지될 수 있다는 것을 의미하지는 않는다. 이것이 바로 정의로운 사회를 이루고 지속시키기 위한 방안을 모색하는 데 있어 시민 교육이 핵심적인 것이 되는 한 가지 이유이다. 정의의 원칙들을 두 가지 종류로 구분하는 것은 개인적 행동과 이에 대한 적절한 도덕적 평가가 제도적 기능과 독립적임을 의미하는 것도 아니다. 제도적 틀은 개인들 간의 상호 작용을 규제하기도 하고 촉진하기도 하므로 개인 행위의 도덕성을 평가할 때 고려되지 않으면 안 된다. 존 맨들Jon Mandle은 제도적 맥락과 제도적 역할이 개인의 행동에 영향을 미치는 다양한 방식들을 다음과 같이 멋지게 강조한다.

> 경제 제도의 참여자로서 우리는 우리의 고용인, 피고용인, 그리고 직장 동료들에 대한 판단을 내리고, 가족 구성원으로서 우리는 우리의 부모, 자녀, 형제자매, 그리고 사랑하는 사람들에 대한 판단을 내리며, 정치 제도의 참여자로서 우리는 어떻게 투표하고 누구에게 로비하며 시위할 것인지 말

것인지를 고려한다.[7]

맨들은 개인 행위의 도덕성과 사람들의 도덕적 품성에 대한 적절한 설명을 제시하기 위해 제도적 맥락이 핵심적이라는 사실을 인정해야 한다고 주장한다. 이는 우리의 도덕적 책무의 상당 부분이 제도적 역할에 기초하고 있기 때문이다.

롤스가 기본 구조에 집중하는 데 대한 추가적 논점은 그가 이러한 집중을 그의 이론이 적용되기를 바라는 수준으로서 사회나 국가 수준을 채택하는 것이나 마찬가지라고 본다는 점이다.[8] 물론 롤스는 지역적 정의local justice(즉, 특정한 지역적 제도나 단체의 정의)나 지구적 정의global justice의 중요성을 부정하지는 않는다.[9] 하지만 그의 공정으로서의 정의론은 **오직** 민주 사회의 기본 구조에만 적절히 적용되는 정의의 원칙들을 정당화하기 위해 정립된 것이며, 이는 그러한 원칙들이 다른 수준으로 쉽게 전환될 수 없기 때문에 중요하다.[10] 이론

7 Mandle(2000), p. 29.

8 일부 롤스 비판자들은 국내적 기본 구조 및 제도들과 매우 유사한 기능을 갖는 지구적 기본 구조와 지구적 제도들이 존재한다고 주장하면서 이러한 가정에 도전한다. 롤스 자신의 견해는 국내 제도와 지구적 제도 간에는 상당한 비대칭성이 존재하며 지구적 제도들의 집합은 동일한 이론이 양자 모두에 적용될 만큼 충분히 유사한 어떤 것이 되지 못한다는 것이다.

9 Rawls(2001), p. 11.

10 롤스의 정의의 원칙을 해당 제도적 구조의 유형을 고려하지 않고 임의의 맥락에서 자원의 정의로운 분배를 위한 기준으로 적용하고자 하는 것은 흔히 있는 잘못이다. 예를 들어, 어떤 이들은 미시 수준에서 의료 자원의 분배를 결정하기 위해 롤스의 차등의 원칙difference principle을 이용하고자 한다. 당연히 이것은 매우 반직관적인 정책 제안을 초래한다. 이러한 접근법을 이용하여 혹자는 응급실에 있는 사람들이 최소 수혜자이기 때문에 우선순위가 주어져야 한다고 손쉽게 결론 내릴지도 모른다. 하지만 이것

의 범위에 대한 이 같은 함의는 롤스의 후기 저작에서 보다 분명해지는데, 후기 저작에서는 국제 관계를 규제하기 위해 그가 제안하는 원칙들이 국내 수준을 위한 원칙들과 큰 차이가 있다.[11] 이러한 차이는 일반적으로 그 원칙들이 서로 다른 유형의 제도들에 적용된다는 사실에 의해 설명될 수 있다. 안드레아 산지오반니Andrea Sangiovanni가 분명히 밝혔듯이, 롤스식의 접근법에서 정의의 원칙들의 내용 및 정당화는 그것들이 규제하고자 하는 제도적 구조의 특정한 유형에 달려 있다.[12] 정의의 원칙의 정당화에 대한 이러한 접근법은 공유된 사회적·정치적 제도들의 특성이 그것들에 적합한 유형의 원칙들과 관련된 방식으로 사람들 사이의 관계에 영향을 미친다고 가정한다.

롤스의 공정으로서의 정의론은 국가 수준에만 초점을 맞춘다는 것뿐만 아니라 또 다른 방식에서도 제한되어 있다. 그것은 **민주적** 사회의 시민들 간의 관계를 중재하는 제도의 작동을 규제하고자 하는 것이다. 이런 이유로 공정으로서의 정의론을 구축하는 일은 민주

은 그 이론을 명백히 잘못 적용한 경우이다.

11 롤스의 국제 정의의 원칙들은 다음과 같다(1999b, p. 37).

> 만민은 자유롭고 독립적이며 그들의 자유와 독립은 다른 만민에 의해 존중받아야 한다.
> 만민은 조약과 약속을 준수해야 한다.
> 만민은 평등하며 그들을 구속하는 합의의 당사자이다.
> 만민은 불간섭의 의무를 준수해야 한다.
> 만민은 자기 방어의 권리를 갖지만 자기 방어 이외의 이유로 전쟁을 일으킬 권리는 없다.
> 만민은 인권을 존중해야 한다.
> 만민은 전쟁 수행에서 어떤 특정한 제약을 준수해야 한다.
> 만민은 정의롭거나 적정 수준의 정치적·사회적 체제를 갖지 못하도록 하는 불리한 여건하에 살아가는 다른 만민을 원조할 의무가 있다.

12 확장된 논의를 위해서는 Sangiovanni(2008)을 참조하라.

사회에 관한 특정 사실들을 고려함으로써, 그리고 그러한 사회의 주요 사회적·정치적 제도의 기능에 대한 해석을 제시함으로써 시작한다.[13] 그러한 사실들 중 하나는 다원주의의 사실fact of pluralism, 즉 시민들 모두가 좋은 삶을 규정하는 궁극적 가치에 동의하는 것은 아니라는 사실이다. 그러므로 어떤 개인적 덕과 대인 관계가 함양할 가치가 있는지에 대한 견해들을 비롯하여 무엇이 인생에서 추구해야 할 가치가 있는 것인지에 대한 다양한 견해들이 존재하게 된다. 그러나 민주 사회에서 선the good에 대한 도덕적, 종교적, 철학적 교설들doctrines[일부 롤스 번역서는 'doctrine'을 '교리'로 번역하기도 하나 '종교적 교리'로 한정되는 뉘앙스가 있어 '교설'로 옮김]이 다원적으로 존재한다는 사실은 일부 시민들이 이성을 제대로 발휘하지 못한 결과로 이해되어서는 안 된다. 오히려 롤스는 우리가 그러한 불일치를 자유로운 제도하에서 불가피한 삶의 결과로 보아야 한다고 주장한다. 사실, 그는 그들의 추론이 오류나 무지와 관련 없는 시민들조차 어떤 핵심 쟁점들에 관해 서로 다른 결론을 내릴 수 있다는 사실에 대해 (우리가 제3장에서 살펴보게 될) 몇 가지 설명을 제시한다. 이 모든 것의 한 가지 중요한 귀결은 다음과 같다: 시민들은 선에 대한 상이한 견해들을 갖고 있을 뿐만 아니라 공통적이면서도 상충하는 이해관계를 갖고 있기 때문에, 민주 사회의 주요 사회 제도들은 그들 사이를 공정하게 중재하는 방식으로 수립되어야 한다.

13 한편, 지역 수준이나 국제 질서를 위한 정의론은 여타의 제도적 체계들과 공유된 규범적 이상들을 배경으로 전개될 필요가 있다.

공정으로서의 정의의 정치적 정당화

롤스는 민주 사회 ― 특히, 좋은 삶에 대한 다양한 견해들이 존재하는 사회 ― 에 적합한 정의론은, 만일 그 이론이 그[정의의] 원칙들에 대한 '정치적 정당화political justification'를 제시하는 것으로 간주되려면, 특정한 요건들을 만족해야 한다고 주장한다. 이것은 만일 그 원칙들에 대한 정치적 정당화를 제시할 수 없다면, 좋은 삶을 매우 다른 방식으로 이해하는 시민들의 합당한 지지를 얻을 수 없을 것이므로 중요하다. 롤스에 따르면 한 이론은 그것의 주제, 지위, 그리고 정당화의 근원에 관한 세 가지 요건을 만족할 경우 정치적 이론으로 간주된다.[14] 정치적 정의론에 관한 첫 번째 요건은 그것이 사회의 기본 구조라는 제한된 주제를 갖는다는 것이다. 우리가 보았듯이, 이는 그 이론이 사회의 주요 정치적·사회적·경제적 제도들의 상호 연관된 운용에 적용된다는 것을 의미한다. 그러한 이론은 보다 일반적인 범위를 갖고자 하지 않을 것이다. 그것은 모든 상황에서 정의가 무엇을 요구하는지에 대한 문제에 답을 제시하지도 않을 것이다. 또한 그것은 모든 종류의 제도나 단체들을 규제하거나, 시민들의 개인적 삶에 대한 세부 측면들을 규제하기 위한 원칙을 제시하지도 않을 것이다. 둘째, 정치적 정의론은 독립적인freestanding 것으로, 즉 선에 대한 어떠한 특정 포괄적 교설comprehensive doctrine로부터도 파생되지 않는 것으로 제시되어야 한다. 이는 그 이론과 관련된 핵심 개념들이 일반적으로 사람들이 삶을 어떻게 살아야 하는지에 대한 철학적, 종교적,

14 Rawls(1996), pp. 11~15.

혹은 도덕적 견해에 의존하지 않는다는 것을 의미한다. 오히려 그 이론은 선에 대한 다양한 포괄적 견해들을 고수하는 시민들에게 수용 가능한 방식으로 정당화될 수 있다. 셋째, 그 이론의 내용은 민주 사회의 공적 문화public culture에 내포된 어떤 근본 개념들에 기초해서 전개되어야 한다. 공적 문화는 그것들을 해석하는 공적 전통과 아울러 입헌 체제의 정치 제도들을 포함한다. 이런 식으로 그 이론은 주요 정치적·사회적 제도들에 구현된 어떤 직관적 개념들, 즉 암묵적으로 공유된 것으로 볼 수 있는 개념들의 체계적 표현을 제공하고자 한다.

롤스의 정의론의 핵심적인 규범적 공약은 다음 절에서 검토할 정의의 두 원칙에 내포되어 있다. 롤스는 정의의 두 원칙을 위한 주요 논변을 전개하기 위해 (a) 이상적으로, 사회는 공정한 협동[협력] 체계fair system of cooperation로 이해되어야 하며, (b) 시민들은 자유롭고 평등하다는 (공적 문화에서 가져온) 두 가지 직관적인 개념을 사용한다.[15] 이 두 개념을 간단하게 살펴보자. 롤스가 이해하듯이, 공정한 협동 체계로서의 사회라는 개념은 사회생활을 규제하는 공인된 규칙 및 절차들이 있으며, 모든 시민이 이 규칙 및 절차들을 합당하게 수용할 수 있음을 전제로 한다. 롤스에 따르면 사회적 협동의 조건은 그것이 상호성reciprocity 개념을 표현할 때 공정하다. 즉 모든 사람들이 규칙 및 절차에 따라 자발적으로 자신의 역할을 하고, 그 결과로 생기는 공동의 사회 활동으로부터 모두가 이익을 얻게 된다.

이러한 개념 이면에 있는 직관을 명확히 하기 위해 상호성의 상황을 어떤 사람들이 강제로 노예 상태에 처하게 되어 그들이 일을 자

15 Rawls(1996), pp. 11~15.

발적으로 맡지도 않고 그들이 이익을 얻는 것도 아닌 상황과 대비할 수 있다. 협동 체계로서의 사회라는 개념은 사회의 공유된 활동이 각 참여자의 관점에서 반드시 그의 합리적 이득이나 선이 되어야 한다는 것을 요구한다.[16] 이 같은 사회 개념은 시민들이 각자의 선 관념[가치관]conception of the good을 추구할 여지를 만들어줄 뿐 아니라, 정의로운 배경적 제도를 유지하기 위한 공동의 헌신을 요구한다.

한 사회의 시민들 간에 정의로운 사회 체제가 가능해지려면, 시민들 스스로 지녀야 할 어떤 특성이 있다. 이 특성에 대한 설명의 일부로, 롤스는 시민들이 자유롭고 평등하다는 일반적인 개념에 대한 특수한 해석을 제시한다.[17] 이러한 개념에 대한 그의 해석은 일반적인 합리적 능력뿐만 아니라 두 가지 특정한 도덕적 능력[도덕적 역량]moral capacities을 소유하는 것과 관련된다. 첫 번째 도덕적 능력은 정의감을 위한 능력capacity for a sense of justice이다. 이는 정의로운 규칙 및 절차에 따라 이해하고 적용하고 행위할 수 있는 능력이다. 두 번째 도덕적 능력은 선 관념[가치관]을 위한 능력capacity for a conception of the good이다. 이는 한 사람이 자기 삶에서 실현하고자 하는 목적 또는 목표 체계를 형성하고 수정할 수 있는 능력이다. 이러한 목적 체계는 개인과 집단에 대한 애착과 충성심을 포함한다. 왜냐하면 우리들 (거의) 모두에게는 우리와 가까운 타인들의 선이 우리 선 관념의 일부이기 때문이다. 시민의 선 관념은 때로는 그러한 목적과 애착의 가치 및 의의를 설명하는 보다 일반적인 종교적, 철학적,

16 Rawls(1996), pp. 16~17.

17 Rawls(1996), pp. 18~20.

또는 도덕적인 포괄적 교설들로 통합되기도 하지만, 꼭 그럴 필요는 없다. 이제, 롤스는 시민들이 자유로운 것으로 간주된다고 주장한다. 정치적 목적을 위해, 시민들은 그들이 보유하게 된 선 관념에 의해 필연적으로 구속받거나 결정되는 것 같지 않기 때문이다. 그런데 또한 그는 시민들이 두 번째 의미에서 자유로운 것으로 간주된다고 주장한다. 우리는 시민들을 타당한 주장[요구]의 원천sources of valid claims으로 간주하기 때문이다. 즉, 우리는 시민들이 어떤 권리를 가질 자격이 있다고 생각한다. 그리고 끝으로, [세 번째 의미에서] 시민들은 자유롭다고 여겨지는데, 왜냐하면 우리가 그들을 자신이 떠맡은 목적에 대해 책임이 있는 존재로 간주하기 때문이다. 그래서 롤스에게 시민의 자유는 세 가지 측면을 포함한다. 즉 특정 선 관념[가치관]으로부터의 자유, 권리와 연관된 자유, 책임과 연관된 자유가 그것들이다. 자유롭고 평등한 시민이라는 이상에서 작동하는 평등의 적절한 의미에 대한 롤스의 설명은 보다 간단하다. 그것은 시민들이 사회의 완전한 협력적 구성원이 될 수 있을 정도로 두 가지 도덕적 능력과 여타 합리적 능력을 최소한 필요한 정도로는 갖고 있기 때문에 평등하다는 사실만을 포함한다.[18]

18 자유롭고 평등한 시민이라는 개념에 대한 이러한 해석은 여러 근거로 비판받아 왔다. 오해를 피하기 위해, 롤스가 필수 임계점threshold에 이를 수 없을 것 같은 심각한 정신적 장애를 가진 개인들의 권리를 부정하지 않는다는 점을 분명히 하는 것이 중요하다. 롤스의 모형은 인간을 전 생애 동안 사회의 완전한 협력적 구성원으로 이상화한다. 그리고 그의 정의의 원칙은 이런 식으로 이해된 시민들의 관계를 규제할 목적으로 전개된다. 그러나 그렇다고 해서 임계 조건을 충족하지 못하는 사람들을 타당한 요구권을 지닌 시민들로 간주해서는 안 된다는 결론이 뒤따르지는 않는다. 오히려 그들의 이익이 이론의 후속 단계에서 고려된다는 결론이 따라 나올 뿐이다. 심각하게 정신적으로 장애가 있는 시민들의 이익을 충족하기 위해 롤스의 정의론을 확장한 사례로는 Richardson(2006)을 참조하라.

정의의 원칙을 위한 논변

공적 문화에 내재하는 두 가지 개념, 즉 공정한 협동 체계로서의 사회와 자유롭고 평등한 시민을 토대로, 롤스는 정의의 원칙[들]을 위한 논변을 전개하며 그 중심에 [근대 계약론의 '자연 상태state of nature'에 상응하는] '원초적 입장original position'이라고 알려진 장치가 놓인 사고 실험thought-experiment을 도입한다. 원초적 입장은 자유롭고 평등한 시민들 사이의 공정한 협동 체계로서의 사회라는 이념에 어떤 식으로든 상응하는 가상의 상황이다. 특히, 그것은 사회적 협동의 기본 조건에 대해 시민의 대표들이 합의하는 일련의 공정한 조건을 기술한다. 원초적 입장은 정의의 원칙을 정당화하기 위한 체계적 논변에서 핵심적 역할을 하고자 의도된 것이다. 일단 우리가 특정 판본의 원초적 입장에서 선택될 일련의 원칙들을 갖고 있다면, 그 원칙들 자체는 그 직관적 신빙성을 고려하여 독립적으로 평가될 수 있다. 이 평가는 그 자체로 원초적 입장이 구상되는 방식에 어떤 변화를 가져올 수 있다. 그런 다음 그 사고 실험이 반복되어 약간 다른 원칙들이 도출된 후 평가를 받는다. 그리고 이 과정은 우리가 안정된 평형 상태equilibrium[즉 반성적 평형reflective equilibrium]에 도달할 때까지 반복된다.

원초적 입장은 '합의 당사자들parties'이라고도 불리곤 하는 시민의 대표들을 포함한다. 롤스는 이 대표들이나 합의 당사자들이 '무지의 베일veil of ignorance' 뒤에 있는 것처럼 상상할 것을 제안한다. 이는 대표들이 자신들이 대표하는 사람들의 사회적 지위라든가 그들이 지지하는 선에 대한 포괄적 교설을 알지 못한다는 의미이다. 그들은 또한 자신의 인종, 민족, 성별, 타고난 능력, 재능, 또는 기타 개인적 특성들에 대한 정보를 가지고 있지 않다. 하지만 합의 당사자들이 완전히 무지한 것은 아니다. 그들은 사회 조직, 정치 문제, 경제, 그리고 인간 심리 등과 관련된 어떤 [일반적] 사실들에 대한 지식을 갖고 있고, 이러한 지식의 도움으로 그들은 과연 어떤 원칙들이 안정적인 사회적 협동을 이끌 공산이 더 크다고 여겨지는지를 결정하게 된다.[19]

정의의 원칙을 선택하게 될 대표들에게 이용 가능한 정보에 제한을 가하는 것은 불공정한 이득으로 타협할 가능성을 제거하고 채택된 원칙들이 모두에게 수용 가능하게 되어 모두의 주장을 자유롭고 평등한 것으로 존중하게 될 것임을 보장하고자 하는 것이다. 『정의론*A Theory of Justice*』에서 롤스는 당사자들의 동기와 심리에 관한 여타 가정들과 함께 명시되는 불확실성의 조건 아래 무엇을 선택하는 것이 합리적인지에 대한 특수한 주장을 함으로써 원초적 입장에서의 원칙들의 선택을 정당화한다. 그러나 나중에 롤스는 합리성에 대한 이 같은 주장들이 원칙들의 정치적(앞에서 설명된 '정치적'이라는 의미에서) 정당화를 위한 토대를 제공하기에는 지나치게 논쟁적임을 깨닫게 된다. 『정치적 자유주의*Political Liberalism*』에 제시된 바와 같이 그의 후기 견해는 이성[이유]의 천칭[균형]balance of reasons이 시민들의 핵심적 도덕 능력의 개발 및 행사를 위해 가장 적절한 것으로서 그가 제시한 정의의 두 원칙을 선택하는 쪽으로 기운다는 것이다. 즉, 그의 원칙들은 시민들이 자신의 가치관을 형성·추구·수정하는 것뿐만 아니라 공정한 협동의 조건을 제시하고 준수하기 위한 능력을

19 Rawls(1999a), p. 119.

개발하도록 가장 잘 허용해준다는 것이다. 비록 자신의 특정한 정의의 원칙을 위한 폭넓고 새로운 정치적 논변을 제시하지는 않지만, 그는 다른 대안들에 맞서 그가 생각하기에 이러한 원칙들에 유리한 쪽으로 천칭을 기울게 하는 어떤 이유들을 재구성할 수 있게 해주는 여러 간명한 논의들을 제공한다. 다음은 이러한 논점들 중 가장 중요한 일부이다.

정의의 원칙들이 서로 다른 가치관을 지닌 시민들 간의 공정한 협동의 조건을 명시하고자 한다면, 그들의 합리적 이득을 논하거나 그들의 선을 증진하기 위한 어떤 단일 통화common currency가 필요하다. 이러한 목적으로 롤스는 기본적인 사회적 가치primary social goods[사회적 기본재]의 비교적 짧은 목록에 의거한 선에 대한 '최소[얇은]' 이론thin account을 제안한다. 기본적 가치의 이 목록은 우리가 좋은 삶에 대한 매우 다른 관점을 지닌 시민들 사이에 개인 간 비교를 할 수 있게 한다. 서로 다른 사람들이 지닌 기본적 가치의 양을 살펴봄으로써 우리는 더 유리한 그리고 덜 유리한 위치에 있는 사람들을 구분할 수 있다. 기본적 가치의 목록은 다음과 같다.

(a) 첫째, (또 하나의) 목록으로 제시될 기본적 자유들. 예를 들면, 사상의 자유와 양심의 자유, 결사의 자유, 법의 지배the rule of law뿐만 아니라 인신person의 자유 및 불가침성에 의해 규정되는 자유, 그리고 끝으로 정치적 자유들.
(b) 둘째, 다양한 기회들의 배경하에서의 거주 이전과 직업 선택의 자유.
(c) 셋째, 책임 있는 직책과 직위에 따르는 권한 및 특권, 특

히 주요 정치적·경제적 제도들에서의 권한 및 특권들.

(d) 넷째, 소득과 부.

(e) 끝으로, 자존감의 사회적 기반social basis of self-respect.[20]

롤스는 이 기본적 가치의 목록이 수정을 요할 수 있고 어떤 다른 가치들이 추가될 수도 있다는 생각에 열려 있다. 하지만 여기서의 목적을 위해 우리는 이 목록을 확정적인 것으로 간주할 수 있다.[21] 초기 저작에서 롤스는 기본적인 사회적 가치를 범용의all-purpose 수단, 즉 자신이 어떤 선 관념을 지지하든 간에 합리적인 사람이라면 누구나 원하는 수단으로 서술한다. 후에 그는 그것들을 시민의 도덕적 능력의 개발 및 행사에 필요한 가치로 서술하기를 선호한다. 그러나 기본적 가치에 대한 이 두 가지 서술은 완벽히 양립 가능하다. 양자의 주된 차이는 후자에 따르면 기본적 자유들이 다른 가치들보다 더 중요해진다는 것인데, 그 이유는 그것들이 도덕적 능력의 개발과 행사에 필수적이기 때문이다. 전자의 서술은 다른 선들의 가치와 마찬가지로 기본적 자유의 가치를 한 시민이 실제로 지지하는 특정 선 관념에

20 Rawls(1999c), pp. 362~63.

21 롤스가 거론하는 한 가지 가능한 추가적 가치는 노동 후에 남는 시간으로 정의되는 여가 시간leisure time이다. 이 가치를 포함시키면 소득만 이용할 때보다 서로 다른 사람들의 집단 간에 보다 정확한 개인 간 비교interpersonal comparisons를 하는 데 도움이 될 수 있다. 두 집단의 상황은 그들의 소득만 놓고 보면 매우 달라 보일 수 있다. 그러나 한 집단의 사람들이 다른 집단의 사람들보다 두 배로 돈을 벌지만 두 배로 일한다면 두 집단의 상황은 대충 동등할 수도 있다. 그러나 보다 복잡한 문제는 모든 사회적으로 유용한 노동이 직접적인 금전적 보상을 받지는 않는다는 점이다. 특히, 이것은 가족 중 장애나 질병을 가진 구성원들뿐만 아니라 아이들을 돌보는 일처럼 여성에게 사회적으로 기대되는 많은 노동에 해당한다. 따라서 유급 노동에 종사하지 않는 사람들이 여가라는 가치를 더 많이 갖는다고 단순히 가정할 수는 없다.

더 많이 의존하게 하며, 사람들은 이러한 가치들의 일부를 다른 것들보다 더 소중히 여길 수도 있다. 예를 들어, 어떤 사람들은 좋은 삶에 대한 금욕적 견해를 가지고 있어서 소득과 부가 그다지 가치가 없다고 생각할지도 모른다. 다른 사람들은 그들이 자란 작은 공동체의 전통적 생활 방식을 지지하여 광범위한 기회를 갖는다든가 거주 이전의 자유를 갖는 것이 그들의 인생 계획에 딱히 중요하다고 생각하지 않을 수도 있다. 그리고 또 다른 사람들은 그들의 정치적, 도덕적, 또는 종교적 견해 등을 표현할 자유를 갖는 데 관심이 없을 수도 있다. 그러나 이러한 유형의 어떠한 시민이라도 그가 자신의 인생 계획을 개발하고 추구할 수 있으려면, 그리고 아마도 어떤 시점에서 그것을 수정할 수 있으려면, 자원, 기회, 자유들로 구성된 최소한의 꾸러미가 필요할 것이라는 점은 여전히 유효하다.

원초적 입장에서 성립하도록 규정된 조건, 즉 대표들이 그들이 대표하는 사람들이 지지하는 실제 가치관에 대한 정보를 갖지 못하는 조건에서는 가능한 한 많은 기본적 가치를 확보하는 것이 유리하다고 추정할 수 있다. 정보에 대한 바로 이 같은 제한은 협상에서 어떤 중요한 형태의 공평성impartiality을 보장하기 위해 필요한데, 매우 다른 인생 계획, 다른 능력, 다른 사회적 배경을 가진 다양한 사람들의 이해관계가 모두 고려되기 때문이다. 정보에 대한 제한은 이런 식의 공평성을 가져다주기 때문에 공정한 결정을 산출할 수 있는 그럴듯한 방법처럼 보인다. 대표들에게 그러한 제한이 없다면 무슨 일이 일어날지 생각해 보라. 대표들 중 일부가 원칙들이 적용될 사회에 다수의 가톨릭 신자가 있고 자신들이 대표하는 시민들이 가톨릭 신자들이라는 사실을 알게 된다면, 더 큰 종교적 자유라든가 교회와 국가의 분리[정교 분리]를 보장하는 원칙을 기꺼이 수용하려 하지 않을 수 있으며, 그 대신 다수의 종교를 매우 우대하는 정책을 주장할 수도 있다. 그러나 누군가가 선에 대한 특정한 도덕적, 종교적, 철학적 교설을 갖고 있다는 사실이 똑같은 교설을 주장하는 자들에게만 이득이 될 원칙을 제안하고 다른 이들의 정당한 주장을 무시해도 되는 좋은 이유가 아니라는 것은 분명하다. 마찬가지로 누군가가 특정한 사회적 지위를 차지하고 있다는 사실은 원칙을 지지하거나 다른 사람들이 원칙을 받아들이기를 기대할 충분한 이유가 아니며, 그것은 그의 특정한 사회적 지위에 있는 사람들만 유리하게 할 것이다. 결국 우리는 사회적 협동의 공정한 조건이 무엇인지 이해하기 위해 노력하고 있는 것이다.

[원초적 입장에서] 대표들은 그들이 대표하는 사람들의 특정 가치관에서 도출되는 고려사항들에 호소할 수 없다고 가정된다. 따라서 그들은 선택 대상인 원칙들이 사회적 기본 가치에 대한 접근을 확보할 수 있는 정도를 고려하여 그러한 원칙들을 평가하게 된다고 롤스는 주장한다. 사회적 기본 가치는 시민들의 도덕적 능력을 개발하고 행사하기 위해 필요하며 상이한 가치관들을 추구하기 위한 다목적 수단이다. 대표들이 다원주의의 사실을 고려한다면, 그들은 그들이 대표하는 사람들이 단지 종교적 소수자에 속하거나 인기 없는 포괄적 교설을 지지하여 고통을 받게 될 가능성에 대비해 보장책을 강구할 것이라고 롤스는 지적한다. 이러한 고려사항들은 모든 시민들에게 [가능한 한] 많은 기본적 자유를 보장하는 원칙의 선택을 지지하며, 정의감과 가치관의 행사 및 개발을 위한 그 중요성을 고려할 때 기본적 자유의 불평등한 분배를 선호할 어떤 타당한 이유는 없는

듯하다.[22] 따라서 원초적 입장에서 대표들은 다음을 정의의 제1원칙 the first principle of justice으로 선택하게 된다.

> 각자는 평등한 기본적 권리와 자유에 입각한 완전한 적정 구조fully adequate scheme에 대한 동등한 주장을 할 수 있는 권리를 가진다. 이 구조는 모든 사람에게 해당되는 동일한 구조와 양립할 수 있다. 그리고 이 구조에서는 평등한 정치적 자유들, 그리고 오직 그러한 자유들만이 공정한 가치를 보장받을 수 있도록 되어야 할 것이다.[23]

지금까지의 논의로써 우리는 정의의 제1원칙을 위한 정치적 논변을 갖게 되었다. 그러나 롤스의 다음과 같은 제2원칙the second principle의 선택을 뒷받침하는 통일된 정치적 논변을 어떻게 구성해야 할지는 분명하지 않다.

> 사회적·경제적 불평등은 다음 두 조건을 만족시켜야만 한다. 첫째, 이들 불평등은 공정한 기회균등의 조건하에 모든 사람에게 개방된 직위와 직책에 결부되어야 하며, 둘째, 이들 불평등은 사회의 최소 수혜자the least advantaged에게 최

22 Rawls(1999d), p. 491.

23 Rawls(1996), p. 5. 나는 이 원칙과 다음 원칙의 세부 사항들을 다음 절, 그리고 6장에서도 검토한다.

대한의 이익을 가져올 수 있도록 해야 할 것이다.[24]

두 부분으로 나뉘는 이 원칙은 두 가지 이익을 보장하지만, 또한 두 부분 간의 축차적[사전 편집적] 우선성lexical priority을 확립한다['축차적 우선성'이라는 말은 사전 편집법lexicography처럼 가령 'a'로 시작하는 단어가 모두 끝나야 'b'로 넘어간다는 것, 즉 제1원칙을 모두 만족한 후에 제2원칙을 만족해야 한다는 것, 그리고 제2원칙 내에서도 공정한 기회균등을 모두 만족한 이후에 차등의 원칙을 만족해야 한다는 것이다]. 공정한 기회균등에 우선성이 주어지고, 다음으로 경제적 자원의 분배가 최소 수혜자의 최대 이익을 위해 작동하도록 설정된다.

브라이언 배리Brian Barry는 제2원칙의 두 번째 부분의 선택을 위한 정치적 정당화와 유사한 것을 제공하려는 시도로 다음과 같은 고려사항을 제안했다. 즉, 대표들은 그들이 대표하는 사람들이 참을 수 없는 빈곤 수준으로 떨어져서 그들의 능력을 개발하거나 인생 계획을 추구할 수 없게 될 가능성을 제거하는 데 관심을 가질 것이라고 생각할만하다는 것이다.[25] 이런 이유로 그들은 최소 수혜자들의 인생 전망이 어떤 최소치 이상이 되게끔 사회 제도가 수립되도록 요구하는 원칙을 선택할 것이다. 그러나 배리의 제안은 제2원칙 중 두 번째 부분의 특수한 내용을 위한 논변은 정확히 아니다. 왜냐하면 그 내용은 최소 수혜자가 어떤 최소치의 기대를 갖는다는 것뿐만 아니라 특

24 Rawls(1996), p. 6.

25 Barry(1995), p. 894.

히 어떠한 불평등도 그들에게 최대 이익이 되도록 작용한다는 것을 포함하기 때문이다. 이 후자의 원칙은 차등의 원칙difference principle으로 알려져 있다. 차등의 원칙을 도출하기 위해 대표들은 자신들이 사회의 가장 불리한 구성원이 될 수 있음을 염두에 두고 각자가 받는 자원의 양이 가능한 한 최고 수준이 되도록 보장하고자 할 것이다. 이런 결과를 얻기 위해 우리는 대표들이 각자를 위해 가능한 한 많은 자원을 확보하려고 노력하면서도 모든 사회적·경제적 자원의 평등한 분배에 합의함으로써 출발할 것을 요구할 수 있다. 다음으로, 만일 가장 적게 받는 사람들에게 분배된 양이 모두가 평등한 양을 분배받는 경우의 양보다 많다면, 그들은 불평등한 분배를 수용하기로 합의할 것이다. 이러한 합의는 사회적·경제적 불평등이 때로는 어떤 유용한 결과를 가져올 수 있다는 그럴듯한 가정 아래 발생할 수 있을 것이다. 예를 들어 그러한 가능성은 재화와 서비스에서 더 높은 생산성을 산출하는 인센티브를 제공할 수 있다. 이러한 일련의 수정된 합의의 결과는 최소 수혜자에게 최선의 상황일 것이다.

그러나 전술한 고려사항들이 올바르다 해도 그것만으로는 왜 대표들이 공정한 기회균등, 그리고 차등의 원칙에 대한 공정한 기회균등의 우선성을 확보하는 데 관심을 가져야만 하는지를 완전히 설명하지는 못한다. 복합적인 제2원칙 전체에 대한 정치적 정당화를 개발하기 어려운 이유는 그 원칙이 축차적으로 서열화된 두 부분, 즉 선호할만한 사회적 지위에 접근할 수 있는 공정한 기회균등을 보장하는 첫 번째 부분, 최소 수혜자에게 이득이 되는 조건으로 물질적 자원의 불평등을 가능하게 하는 두 번째 부분을 갖는다는 사실에서 기인한다. 그리고 이는 교육 기회와 선호할만한 일자리를 늘리는 데 상당한 자원을 할애하는 제도적 체제 A와 최소 수혜자를 위해 더 많은 경제적 이익을 창출하는 제도적 체제 B 사이의 선택에 직면하게 되면, 제2원칙은 A 체제를 선택할 것을 요구한다는 것을 의미한다.

지금까지 우리는 원초적 입장을 활용하는 두 가지 논변을 언급했다. 하나는 평등한 자유를 위한 논변, 다른 하나는 차등의 원칙을 위한 논변이다. 이 두 논변 모두 그들이 대표하는 사람들이 어떤 측면에서 불이익을 받게 될 가능성을 고려해야 하는 대표들의 추론을 설명한다. 자유의 원칙을 채택하는 경우 대표들은 사회의 나머지 구성원들이 공유하지 않는 가치관을 지닌 소수자들에 대해 생각할 것이다. 차등의 원칙의 경우 대표들은 그들의 인생 전망이 더 적은 기본적 가치(또는 우리가 다른 기본적 가치들에 대한 대용물을 사용한다면 경제적 자원)를 포함하는 사람들의 집단의 이익을 고려할 것이다. 이 집단은 덜 유리한 사회적 지위로 태어난 사람들, 선호할만한 직업을 얻을 기회가 더 적을 것 같은 사람들, 그리고 타고난 재능이 더 적은 사람들, 시장성 있는 기능을 계발할 가능성이 더 적을 것 같은 사람들을 포함한다. 그러나 롤스의 관점은 자원에 대한 기회의 우선성을 내포하고 있기 때문에, 이 두 가지 논변 모두 롤스가 생각하는 대로 제2원칙을 지지하지 않는다. 제2원칙의 두 부분 및 축차적 서열을 위한 통합적 논변을 구성하기 어려운 이유는 공정한 기회균등의 원칙이 가장 불리한 사회적 지위로 태어난 사람들에게 주로 이득이 되려면, 그들이 선천적으로 재능이 있고 또 가용한 기회를 활용하고자 하는 동기를 갖고 있다고 가정할 **경우에만** 그럴 수 있다는 생각이 일견 타당하다는 데 기인한다. 원초적 입장의 대표자들은 (1) 인기 없을지도 모르는 소수의 포괄적 교설을 가진 자들, (2) 타고난 재능이 없는 자들, (3) 덜 유리한 사회적 지위로 태어난 자들 등 세 가지 유형의 집단이 기본 구조가 확립되는 방식에 의해 불이익을 받게 되는 것으로 생각할 수 있다. 전술한 이유 중 어느 하나에 의해 불이익을 받을 가능성은 각각 (1) 평등한 자유의 원칙, (2) 차등의 원칙, 그리고 (3) 공정한 기회균등의 원칙의 선택을 촉구할 것이다. 그러나 만일 차등의 원칙에 대한 공정한 기회균등의 원칙의 롤스적인 축차적 서열을 옹호하고자 한다면, 공정한 기회균등을 누리게 되는 데 대한 이해관심이 더 많은 경제적 자원을 얻을 전망이 증가하는 데 대한 이해관심보다 무지의 베일하에서 어떻게 더 큰 중요성을 지닐 수 있는지를 보여주는 어떤 논변이 여전히 필요하다.[26]

나는 정의로운 기본 구조가 어떤 것인지 결정하는 데 정의의 두 원칙이 적절하다는 점을 부정하고 싶지 않다. 또한 나는 롤스의 축차적 서열이 그럴듯하다는 점도 부정하고 싶지 않다. 게다가 나는 적어도 시민들의 기본적 필요가 이미 충족된 비교적 부유한 민주 사회에서 롤스가 왜 평등한 기본적 자유가 제2원칙의 요구보다 우선되어야 하는지 설명해준다는 것도 인정한다. 그 이유는 기본적 자유는 시민의 도덕적 능력을 개발하고 행사하는 데 핵심적이기 때문에 기본적 자유에 대한 제한은 경제적 이득의 전망에 의해 정당화되지 않을 것이기 때문이다. 그러나 그는 왜 원초적 입장에서 대표들이 불평등이 최소 수혜자의 이득을 위해 작용해야 한다는 요구보다 공정한 기회균등의 보장에 우선순위를 두기로 결정하게 되는지를 설명하지 않는다. 그래서 나의 결론은 원초적 입장이 롤스가 의도한 것과 같이 원

26 Pogge(2007), pp. 126~33의 논의를 참조하라.

칙들과 그 특수한 우선성을 위한 논변의 기초를 제공하지 않는다는 것이다.

그러나 일단 원초적 입장을 벗어나 비교적 부유한 사회의 맥락에서 원칙들을 평가하면, 롤스의 원칙들의 서열은 더욱 그럴듯해진다. 즉, 우리가 무지의 베일을 걷어 올릴 때, 사회가 정의롭기 위해서는 공정한 기회균등을 보장하기 위한 조치를 취해야 하며, (중요한 물질적 필요가 이미 충족되었다고 줄곧 가정한다면) 시민들에게 그들의 인생 계획을 추구할 수 있는 광범위한 기회를 제공하는 것이 최소 수혜자를 비롯한 모두에게 이용 가능한 더 많은 경제적 자원을 갖는 것보다 더 중요하다는 생각은 직관적으로 타당한 듯하다. 평등한 자유의 원칙과 차등의 원칙에 의해서만 규제되는 기본 구조를 가진 사회는 대부분의 사람들에게 직관적으로 불공정해 보인다. 그런 사회는 모든 구성원들에게 기본적 자유를 보장해 줄 것이고, 경제적 불평등은 모든 사람들, 특히 가장 빈곤한 사람들의 이익을 위해 작용할 것이다. 그러나 극빈층의 물질적 필요가 완전히 충족된다 하더라도 선호할만한 사회적 지위 및 직업에 접근할 수 있는 기회는 심각하게 제한되거나 아예 없을 수도 있다. 즉, 그런 사회는 사회적 이동의 기회를 거의 제공하지 않을 수도 있다. 이러한 고찰로부터 이끌어 내야 할 결론은, 일단 중요한 물질적 필요가 충족되면, 최소 수혜자를 위한 경제적 자원을 가능한 한 최고 수준으로 늘리지 않는 것보다는 선호할만한 일자리와 사회적 지위에 접근할 수 있는 중요한 기회를 제공하지 못하는 것이 더 심각하게 부당해 보인다는 것이다. 즉, 롤스의 축차적 서열은 타당한 것 같다.

롤스는 자신의 정의의 두 원칙이 민주 사회의 공적 문화에 내재된 정치적 이상들에 의거한 절차에서 비롯된 것이기 때문에 타당하다고 보아야 한다고 주장한다. 더욱이 그 원칙들은 엄밀히 말해 **진리***truth*가 아니라 가장 합당한the most reasonable 것으로서, 원칙적으로 수정의 대상이 될 수 있다. 롤스는 규범적 원칙의 본성을 다루는 형이상학적 관점에 연루되기를 피한다. 자신의 원칙들은 서로 다른 포괄적 교설들에 들어맞을 수 있는 독립적 '모듈module'[일반적으로 '모듈'은 교환 가능한 구성 부분을 의미함]로 볼 수 있고, 형이상학적 교설을 명시적으로 옹호하는 것은 원칙의 수용 가능성을 불필요하게 제한할 것이라는 게 그의 생각이다. 그의 두 원칙은 민주 사회 구성원들이 이미 승인한 규범적 판단을 명료화하는 것 이상의 일을 하기 위한 것들임을 강조할 필요가 있다. 롤스의 논변은 민주 사회의 시민들이 공유하는 확신들convictions[즉, '노예제는 그르다'와 같은 숙고된 판단]에 비추어 직관적으로 수용 가능해 보이는 특정한 개념들을 제시하는 것으로 시작된다. 그런 다음, 그의 논변은 원초적 입장이라는 장치를 포함하는 사고 실험을 설계한다. 그의 생각은 이러한 사고 실험이 공유된 확신들을 조직하고 그것들을 활용하여 그의 원칙들을 옹호하는 방법이며, 이러한 옹호는 공유된 확신들이 그 확신들의 상호 지지를 통해 정당화되는 일련의 정합적인 규범적 헌신들normative commitment의 일부를 형성한다는 것을 보임으로써 부분적으로 가능하다는 것이다.

정의의 원칙의 몇 가지 함의

일단 정의의 두 원칙과 그것들의 축차적 서열의 세목을 입수하게 되면, 무엇이 정당하거나 부당한 사회 정책으로 간주되는가에 대한 우리의 숙고된 판단considered judgments에 비추어 그것들의 신뢰도를 평가할 수 있다. 롤스의 이론은 정의로운 사회란 그 기본 구조가 정의의 두 원칙에 의해 규제되는 사회라고 주장한다. 두 원칙의 함의를 명확히 검토함으로써 우리는 롤스가 제안하고 있는 정의로운 사회의 모습에 대한 더 분명한 관념을 얻을 수 있다.

평등한 자유의 원칙에서 시작해 보자. 이 원칙은 모든 시민들에게 평등한 기본적 권리와 자유의 평등한 분배를 보장한다. 그것은 무엇보다도 구성원들에 대해 기본적 자유를 부정하는 사회는 정의로운 것으로 여겨질 수 없다는 것을 의미한다. 이러한 권리와 자유 중 일부가 (성인) 시민들의 제한된 부분 집합에만 부여된다 해도 정의로운 것으로 간주될 수 없다. 그러나 이 원칙의 함의에 대한 보다 실질적인 견해를 얻기 위해 우리는 어떤 권리와 자유가 기본적인 것으로서 간주되는가에 대한 설명이 필요하다.[27] 롤스는 다음과 같은 기본적 권리와 자유basic rights and liberties의 목록을 제시한다.[28]

27 하트H.L.A. Hart는 1971년 판 『정의론』에 일반적 용어로 자유를 언급한 단락들과 시민의 기본적 자유를 언급한 단락들 간에 긴장이 존재한다고 지적했다. 롤스는 이 비판을 인정하고, 그에 따라 기본적 자유의 분배에만 초점을 맞춰 그의 이론을 수정했다. Hart(1989); Rawls(1996), pp. 289~371을 참조하라.

28 Rawls(1996), p. 291. 각각의 기본적 자유에 해당하는 활동들에 대한 다음의 설명은 Freeman(2007), pp. 44~59에서 많은 도움을 받았다. 이 목록에 대한 평가로는 Martin(1985), pp. 45~61; Nickel(1993~94)를 참조하라.

1. 양심의 자유와 사상의 자유: 양심의 자유Liberty of conscience는 어떤 특정 종교도 믿을 수 있는 자유, 또는 어떤 종교도 믿지 않을 수 있는 자유를 포함한다. 그것은 또한 철학적, 도덕적, 형이상학적 견해에 근거한 일련의 가치를 추구할 자유를 포함한다. 사상의 자유freedom of thought는 매우 다양한 주제, 가령 예술, 과학, 문학 등에 관한 신념의 표현에까지 확장된다.
2. 결사의 자유Freedom of association: 이것은 우리가 선택한 누구와도 교제할 수 있는 자유, 그리고 다양한 목적을 증진할 목표를 갖는 상이한 종류의 집단을 형성할 자유를 포함한다.
3. 평등한 정치적 자유Equal political liberties: 이것들은 투표할 권리, 공직을 담당할 권리, 정치적 표현의 자유, 집회의 자유, 정부를 비판할 자유, 그리고 정당을 결성하고 가입할 자유 등을 포함한다.
4. 인신의 불가침성integrity 및 자유를 보호할 권리 및 자유: 이것들은 무엇보다 강제, 신체적 해악, 그리고 노예화에 대한 금지, 직업 선택의 자유, 그리고 일정한 사유 재산을 소유할 권리 등을 포함한다.
5. 법의 지배에 의해 보장되는 권리 및 자유: 이것들은 자의적 체포와 재산 몰수로부터의 자유, 공정한 재판을 받을 권리, 불리한 진술을 강요받지 않을 권리, 그리고 기타 적법 절차due process의 권리 같은 것들을 포함한다. 롤스는 법의 지배[법치주의]가 수많은 자유의 향유를 위한 전제 조건이라고 주장한다. 왜냐하면 그것은 법적으로 허용 가능한 것과 그렇지 않은 것의 경계를 설정하여 시민들이 타인들의 행동에 대해 합당

한 기대를 형성할 수 있게 해주기 때문이다.

롤스는 주로 지난 몇 세기에 걸친 현실 민주주의의 역사적 발전 과정을 검토함으로써 시민의 기본적 권리 및 자유의 목록을 만든 것으로 보인다. 이는 그 목록이 왜 그렇게 이질적인 요소들의 집합체를 포함하고 있는지를 설명하는 데 도움이 될 것이다. 분명 그 목록에는 수많은 국가들에서 헌법적 보호를 이끌어 낸 정치 투쟁 와중에 핵심적인 것으로 선별된 자유의 유형들이 포함되어 있다. 그러나 또한 롤스는 기본적인 것으로 간주되는 자유의 집합을 정련하기 위해 추가 기준을 사용한다. 이 기준은 그들의 가치관을 추구하는 데 관심이 있을 뿐만 아니라 그들의 도덕적 능력(정의감의 능력과 가치관의 능력)을 개발하고 행사하는 데 관심이 있는 자유롭고 평등한 존재로서의 시민들이라는 롤스 자신의 개념에서 도출된다.[29] 그가 자유와 평등에 대한 이러한 설명을 견지하고 있기 때문에, 그에게 어떤 권리와 자유들, 즉 도덕적 능력을 소양 있고 효과적으로 행사하는 데 본질적인 것으로 여겨지지 않는 것들은 기본적인 것으로 간주되지 않는다. 예를 들어, 생산 수단을 소유할 권리나 무기를 소지할 권리 등이 그것이다.

롤스의 목록에 있는 자유들은 법제도의 규칙들에 의해 보호된다. 그가 말하듯이 "기본적 자유는 시민들이 원한다면 다양한 일을 할 수 있는 자격을 부여하고 다른 사람들이 간섭하지 못하도록 하는 제도적 권리 및 의무에 의해 구체화된다. 기본적 자유는 법적으로 보

29 Rawls(1996), pp. 292~93.

호되는 경로와 기회의 틀이다."[30] 기본적 자유의 제도적 특성은 법과 사법 체계가 어느 정도 그 범위와 한계를 규정하게 된다는 것을 함축한다. 그러나 이러한 자유를 기본적이라 부르는 것은 또한 정부가 부정의 없이는 그것을 침해할 수 없다는 것을 의미한다. 시민들은 기본적 자유를 양도하거나 다른 재화와 교환할 수도 없다.

사유 재산을 소유할 권리에 대한 롤스의 언급은 일부 오해를 불러일으킬 수 있기 때문에 그가 이 권리에 포함되는 것으로 여기는 바를 명확히 해둘 필요가 있다. 롤스는 사유 재산에 대한 권리는 개인의 자립을 위해서나 자존감의 개발을 위해서도 꼭 필요하다고 생각한다. 사무엘 프리먼Samuel Freeman에 따르면 사유 재산을 소유할 권리는

> 자신의 생활공간을 통제할 수 있는 권리요 국가나 타인들의 간섭 없이 그 공간을 향유할 수 있는 권리다. 사유 재산에 대한 이 같은 권리의 존재 이유는 개인의 소유물에 대한 통제와 자신의 생활공간에 대한 평온한 향유 없이는 많은 기본적 자유들을 누리거나 행사할 수 없기 때문이다.[31]

이상의 논의가 사유 재산을 소유할 기본권을 정당화하는 적절한 설명이라면, 그 권리는 무제한의 재산 축적권에 해당하지 않으며 소득에 대한 높은 과세 수준과도 완벽히 양립 가능하다는 점을 강조

30 Rawls(1996), p. 325.

31 Freeman(2007), pp. 48~49.

할 필요가 있다. 또 사유 재산에 대한 권리는 생산적 재산[생산 수단] productive property이 사적으로 소유되어야 하는지, 공동으로 소유되어야 하는지에 대한 문제에서 어느 한쪽 편을 드는 것과도 무관하다. 끝으로, 기본적 자유에 사유 재산의 이용을 포함시키는 것은 시민들에게 일정량의 경제적 자원에의 접근을 보장하는 것과도 동등한 것이 아니다. 이러한 접근은 롤스의 이론에서 보장되는 것이지만, 그 보장은 정의의 제2원칙에 의해 제공된다.

롤스는 자유 그 자체와 '자유의 가치worth of liberty'를 구분하는데, 후자는 특정한 자유가 서로 다른 시민들이 저마다의 인생 계획을 추구하는 데 있어 가질 수 있는 잠재적으로 가변적인 유용성variable usefulness으로 이해될 수 있다.[32] 자유를 **갖는다**는 것은 단적으로 다른 개인들이나 국가에 의한 어떤 형태의 간섭으로부터 안전을 보장받는다는 것이다. 그러나 특정 유형의 자유가 특정 시민에 대해 갖는 **가치**는 그가 가진 가치관, 그리고 그가 그 자유를 이용하는 수단이 되는, 그가 가진 자원에 달려 있다. 비록 롤스가 기본적 자유 그 자체는 시민들 사이에 평등하게 분배되어야 한다고 주장하지만, 그는 이러한 자유의 가치마저도 평등하게 분배될 필요가 있다고는 생각하지 않는다. 사실 그는 특정한 자유의 가치는 시민들의 가치관에 달려 있기 때문에 자유의 전체적 가치를 평준화하려고 하는 것은 바람직하지도 가능하지도 않다고 주장한다. 예를 들어, 좋은 삶에 대한 나의 가치관을 충족시키려면 내가 인도로 영적인 여행을 떠나야 하고 내가 깨달음의 참된 길로 여기는 바를 옹호하는 전면 광고를 주요 신문

32 Rawls(1999a), pp. 178~79.

에 게재해야 한다고 가정해 보자. 이렇게 하려면 물론 내 자원의 상당한 양을 소비해야 할 것이다. 좋은 삶에 대한 상이한 관점을 지닌 다른 사람들은 종교의 자유와 표현의 자유를 최대한 이용하기 위해 훨씬 적은 자원을 필요로 할 것이다. 하지만 나의 기본적 자유를 의미 있게 행사하기 위해 무엇이 필요한지에 대해 내가 유별난 이해 방식을 갖고 있기 때문에 내가 다른 사람들보다 더 많은 자원을 받아야만 한다고 결론 내리는 것은 말도 안 된다.

그러나 롤스가 후기 저작들에서 실질적으로 평등해야 한다고 주장하는 특별한 일군의 기본적 자유들이 있다. 바로 정치적 자유이다.[33] 이 같은 추가 요구의 이면에는 더 많은 경제적 자원을 가진 사람들이 정치적 결정의 결과에 대해 통제하고 영향을 미치는 것을 막아야 한다는 생각이 깔려 있다. 이는 법과 정책을 채택할 때 그들의 이익이 지나치게 중시될 것이기 때문이다. 시민들의 정치적 자유가 매우 불평등한 가치를 갖게 되면 시민들의 정치적 평등이 위태롭게 될 것이다. 이 때문에 롤스는 더 많은 경제적 자원을 가진 시민들이 나머지 시민들을 장악하여 자기들의 특정 이익을 위해 법을 제정하는 것을 막기 위해 정치 캠페인 자금 조달 제한, 민간 정치광고 제한, 정치 단체 공영방송 접근 제한 등과 같은 조치가 있어야 한다고 생각한다.

이제 정의의 제2원칙 중 첫 번째 부분[즉, 공정한 기회균등의 원칙]으로 넘어가자. 이 원칙은 직책, 직위 및 선호할만한 직업에 접근

33 이러한 변화는 노먼 다니엘스Norman Daniels의 비판을 계기로 이루어졌다. Daniels(1989b)를 참조하라.

할 수 있는 공정한 기회균등이 있는 한 사회적·경제적 불평등이 용인될 수 있다고 주장한다.[34] 롤스는 그러한 가치들은 개방적인 경쟁에 의해 할당되어야 한다는 관념을 제시함으로써 이 원칙에 대한 그의 옹호에 착수한다. 이러한 관념은 '재능이 있으면 출세할 수 있다 careers open to talents'라는 슬로건으로 요약할 수 있다. 이 같은 관념의 한 가지 분명한 함의는 선호할만한 사회적 지위에 접근하는 데 어떠한 종류의 법적 제약도 있어서는 안 된다는 것이다. 특히 성별, 인종, 종교, 또는 관련 업무를 수행하는 사람의 자격과 무관한 기타 요인에 기반한 법적 차별이 있어서는 안 된다. 그러나 개방적인 경쟁이 있다는 것만으로는 충분하지 않다. 롤스는 특권적인 사회적 위치에서 태어난 사람들에게 교육과 직업의 기회가 더 많이 주어지는 경향이 있기 때문에 차별을 금지하는 조치만 시행한다고 해서 공정한 기회균등의 원칙이 충족될 수는 없다고 주장한다. 사회적 불이익을 시정하거나 최소한 완화하기 위해서는 다른 조치가 필요하다. 그러므로 롤스는 공정한 기회균등의 요구 사항에 대해 다음과 같은 해석을 제시한다.

> 이것만으로는 의미하는 것이 무엇인지 분명치 않지만, 유사한 능력과 재능을 가진 사람들은 유사한 인생의 기회를 가져야 한다고 말할 수 있을 것이다. 더욱 분명하게 말하면, 천부적 자산이 분배되어 있다고 가정할 경우 동일한 수준의 재능과 능력을 가진 사람들로서 그것을 사용할 동일한 의향

34 나는 4장과 6장에서 이 원칙으로 되돌아간다.

> 을 가진 사람들은 사회 체제 내에서의 그들의 최초의 지위에 관계없이 동일한 성공의 전망을 가져야 한다는 것이다. 사회의 모든 계층에 있어서 유사한 동기와 능력을 가진 사람들은 대체로 교양이나 기능에 대한 동등한 전망을 가져야 한다.[35]

이러한 원칙에 따르면 유사한 재능과 동기를 가진 사람들이 선호할만한 사회적 지위를 위해 공정한 조건에서 경쟁할 수 있도록 교육 기회를 제공하는 조치를 취해야 한다. 앤드류 메이슨Andrew Mason은 공정한 기회균등의 원칙이 기본 구조의 제도들의 운용만 규제할 뿐, 개별 선발 절차에 협소하게 적용하고자 의도된 것은 아니라고 정확히 지적한다.[36] 따라서 이 원칙은 사회 전반에 걸쳐 제정되는 선발 절차들의 전체 집합을 검토한다. 이러한 논점의 한 가지 흥미로운 결과는, 어떤 선발 절차가 만일 유사한 능력과 동기를 가진 사람들이 유사한 인생 전망을 갖게 되리라는 것을 보장하는(또는 보장하지 않는) 제도들의 집합의 일부가 아니라면 그 원칙의 요구를 만족한다(또는 만족하지 않는다)고 정확히 말할 수 없다는 것이다.[37]

롤스 자신은 공정한 기회균등의 원칙을 실현하는 데 많은 현실

35 Rawls(1999a), p. 63.

36 Mason(2006), pp. 72~73.

37 수전 몰러 오킨Susan Moller Okin에 따르면 노동 시장의 구조가 갖는 한 가지 결과는 매우 선호할만한 것들을 포함한 많은 직업과 직위들이, 불균형적으로 여성들의 몫이 되는 경향이 있는 육아 책임과 결합되기 어렵거나 불가능하다는 것이다. Okin(1989)를 참조하라. 나는 롤스의 정의론에 대한 오킨의 흥미로운 비판들 중 일부를 4장에서 검토할 것이다.

적 어려움이 따를 것이며 아마도 그 원칙이 완전히 충족될 수는 없을 것이라는 점을 인정한다.[38] 아동의 초기 교육은 상당 부분 가족에 의해 제공되는 것이 사실이며, 가족을 폐지해야 한다고 생각하지 않는 한 이러한 사실은 아동의 미래 전망에 큰 영향을 미칠 것이다. 이는 학교가 아이들이 받는 다양한 유형의 비공식적 교육이 초래하는 불평등을 완화하는 데 중요한 역할을 해야 한다는 점을 시사한다. 롤스는 이러한 문제에 대해 많이 말하지 않으며 학교 시스템이 어떻게 구성되어야 하는지에 대한 문제에 대해서도 어느 편에 서지 않는다. 그러나 기회균등 원칙이 충족되려면 최소한 공적 규제가 필요하다는 것은 분명하다. 시장의 지배력이 아이들, 특히 가장 불리한 사회적 지위에서 태어난 아이들에게 어떤 종류의 교육 기회가 이용 가능한지 결정하도록 내버려 두는 것은 결코 유사한 인생 전망으로 인도하지 않을 것이다. 그러나 교육은 복합적인 사회적 가치이기 때문에 그 가치를 순전히 도구적으로, 즉 바랄 만한 직업과 권위 있는 직위를 위해 성공적으로 경쟁하기 위한 수단으로만 이해할 수는 없다. 그보다 교육은 시민의 정의감, 개인의 인생 계획을 형성할 수 있는 능력 같은 지성적·도덕적 능력의 개발을 위해 필요하다. 따라서 교육을 어떻게 분배해야 하는지 결정하는 데 도움이 되는 추가적인 고려사항들이 있다. 이러한 사항들은 (앞에서 정의한 엄밀한 의미에서) 공정한

38 여기서의 롤스의 비관론 이면에 놓인 공정한 기회균등 원칙의 이해 방식은 매우 지나친 요구를 한다. 즉, 그것은 선호할만한 사회적 직위에의 접근이 어떤 사람이 자라난 사회적 배경에 전혀 의존하지 않을 것을 요구한다. 보다 온건한 해석은 단지 사회적 배경의 영향을 감소시키기 위해 설계된 정책들이 존재할 것만을 요구하지 사회적 배경이 어떤 사람의 인생 전망에 전혀 영향을 미쳐서는 안 된다고까지 요구하지는 않는다. 온건한 해석에 대해서는 Daniels(2003)과 Freeman(2007), pp. 86~98을 참조하라.

기회균등을 확보하려는 목표와는 무관하다. 이러한 추가적인 고려사항들 중 일부는 모든 아동 및 청소년들이 높은 수준의 역량을 달성할 수 있도록 학교에 넉넉한 공적 자금을 지원하는 방안에 설득력을 더해 줄 것이다.

롤스의 정의의 원칙들에 관한 대부분의 학문적 논의는 제2원칙의 두 번째 부분, 즉 차등의 원칙에 집중되었다. 처음엔 어떤 생각이 들지 모르나 이에 대해[제2원칙에 대한 학문적 논의의 집중에 대해] 우리가 특별히 놀랍다고 생각해서는 안 된다. 왜냐하면 이 원칙은 다른 두 원칙들보다 더 참신하고 논쟁적이기 때문이다. 그러나 여기서 차등의 원칙에 관한 방대한 문헌을 검토하는 것은 적절치 않을 것이다. 그보다 나는 우리가 롤스의 이론에 따라 정의로운 사회란 무엇인지에 대해 보다 완전한 그림을 가질 수 있도록 그 이론의 함의를 명료화하기 위해 그 원칙에 관한 몇 가지 핵심적인 논점들만 간략히 제시하고자 한다. 이 원칙에 대해 가장 먼저 주목해야 할 것은 — 제1원칙과 제2원칙의 첫 부분에도 해당하지만 — 그것이 개인적 행동이나 특정 제도의 기능을 규제하기 위한 것이 아니라는 점이다. 오히려 차등의 원칙은 시장의 구조, 재산 소유 체제, 과세, 계약, 그리고 경제의 여타 측면들과 같이 상호 연결된 배경적 경제 규칙들의 집합에 적용된다. 이 원칙은 우리가 소득과 부 같은 사회적 기본 가치의 측면에서 인생 전망을 이해하면서 경제 체제를 구조화하는 방안들 중 최소 수혜자 집단의 인생 전망을 최대한 향상시키는 방안을 선호해야 한다고 말한다. 여기서 주목해야 할 점은 최소 수혜자 집단을 특정한 계층, 즉 가장 적게 고용되고 가장 소득이 적은 사람들의 계층으로 이해해야 한다는 것이다. 차등의 원칙에 대한 논의에서 흔히 저지르는 실수는 그 원칙이 현재 가장 소득이 적은 실제 개인들의 소득을 극대화해야 한다는 생각에서 비롯된다. 이러한 생각은 다음과 같은 반론으로 이어진다: 그 원칙은 다른 사람들보다 적게 일하는 것을 선호하거나 전혀 일하지 않는 것을 선호하는 사람들에게 혜택을 줄 것이다. 왜냐하면 이 사람들이 가장 가난할 것이기 때문이다. 그러나 롤스는 그 원칙을 **대표적** 개인들의 인생 전망이라는 관점에서 제시한 것이다. 이 개인들이 대표로 간주된다는 점을 감안할 때, 그 집단들은 그 구성원들의 타고난 재능과 그들이 태어난 사회적 지위의 관점에서 묘사될 수 있다. 따라서 차등의 원칙은 경제를 규제하는 배경적 규칙들의 집합이 최소 수혜자의 지위로 태어나 가장 시장성 없는 재능을 가지고 태어난 사람들의 인생 전망이 최대한 높아지도록 수립되어야 한다고 말한다. 어느 유복하게 태어난 재능 있는 개인이 자신의 재능과 부를 낭비하고 결국 매우 가난하게 될 수도 있다는 것은 — 적어도 차등의 원칙에 대한 반론을 구성할 가망성에 있어서는 — 적절한 반론이 아니다.[39] 그러한 사람의 가능성에 근거한 어떠한 반론도 차등의 원칙을 이행하는 방법이 현금 지급 같은 것에 의한 것이라고 잘못 가정한다. 그러나 이것은 실수이다. 차등의 원칙은 단지 대표적 개인들의 인생 전망을 결정하는 배경적 경제 규칙들만을 규제한다. 그것은 결국 가장 가난한 사람이 되고 마는 **특정한 사람들**이 그들의 개인적인 선택과 상관없이 보상을 받아야 한다고 요구하지 않는다.

차등의 원칙은 원칙적으로 다양한 사회적 체제와 양립 가능하

39 이러한 종류의 반론에 대한 검토로는 Schaller(1998)을 참조하라.

다. 도대체 어떤 과세, 시장 규제, 그리고 실현 가능한 프로그램이 실제로 다른 사람들과 동등한 입장에서 사회의 완전한 구성원이 될 수 있도록 최소 수혜자의 인생 전망을 향상시킬 것인지 결정하는 것은 사회 조사social research의 과제이다. 어떤 사회 체제는 배경 문화의 차이로 인해 일부 사회에서는 최소 수혜자의 인생 전망을 극대화하는 반면, 다른 사회에서는 그렇지 않을 수도 있다. 게다가 사회 조사는 일시적 또는 영구적으로 자신과 가족을 부양하기에 충분한 수입을 얻을 수 없는 사람들을 위해 실현 가능한 다른 보조 프로그램을 설계하는 데 도움을 줄 수 있다.[40] 실행 가능한 프로그램 중 관리가 쉽고 간섭이 적은 프로그램이 선호될 것이다. 차등의 원칙을 옹호하는 것은 확실히 자본주의 사회의 현실 복지 정책을 지지한다는 것을 자동적으로 의미하는 것은 아니며, 그 원칙이 상당히 급진적인 정책 요구를 지지하는 것으로 판명될 수도 있다. 사실, 롤스는 현실 복지 자본주의 사회가 그의 정의의 두 원칙을 충족시키는 것과는 거리가 멀다고 주장한다. 왜냐하면 경제적·정치적 권력은 정치적 자유의 가치가 평등하지 않고 다른 기본적인 자유들의 가치가 극대화되지 않는 방식으로 집중되는 경향이 있기 때문이다. 현실의 복지 자본주

40 『정치적 자유주의』에서 롤스는 그의 정의의 원칙이 사회적 최소치social minimum의 보장으로 보완되어야 한다고 말한다. 사회적 최소치는 시민들이 그들의 기본적 필요를 충족시키기 위해 요구되는 최소 자원으로 이해된다. Rawls(1996), p. 7을 참조하라. 월터 셸러Walter Schaller는 이러한 추가 요건에 대한 이유를 다음과 같은 방식으로 설명한다: 차등의 원칙이 최소 수혜자 집단의 인생 전망이 가능한 높을 것을 보장한다 해도, 어떤 개인이 벌 수 있는 실제 소득은 그의 가족의 필요를 충족시키기에 필요한 수준에 못 미칠 수도 있다. 이것은 질병, 실업, 배우자 사망, 또는 기타 요인들의 결과일 수 있다. Schaller(1998)를 참조하라. 무조건적 기본 소득unconditional basic income을 위한 토대로서 차등의 원칙을 급진적으로 해석하고자 한 사례로는 Van Parijs(2003)을 참조하라.

의 사회도 공정한 기회균등과 차등의 원칙을 충족시키는 데 부족하다는 것이다. 롤스는 재산과 경제력이 보다 널리 분배되는 '재산 소유 민주주의property owning democracy'라고 그가 부르는 모형을 선호한다.[41] 그가 이 모형을 지지하는 것은 이러한 종류의 경제 체제가 정치적 자유의 동등한 가치 그리고 최소 수혜자를 위한 다른 기본적 자유들의 가치의 극대화를 확보하기 위한 최선의 방법이라는 경험적 가정에 근거할 수 있다.

41 Rawls(2001), pp. 135~140.

Rawls,
Citizenship,
and Education

제3장

안정성과 사회 변화

안정성 문제

앞 장에서 검토한 정의의 두 원칙은 공정으로서의 정의론의 핵심적인 규범적 처방을 담고 있다. 정의로운 사회, 롤스의 보다 전문적인 표현으로 '질서 정연한 사회well-ordered society'는 이미 설명한 대로 특정한 축차적 서열lexical order이 있는 정의의 두 원칙이 그 기본 구조를 유효하게 규제하는 사회이다. 그러나 롤스는 사회의 기본 구조를 구성하는 근본 규칙들의 집합이 단지 올바른 내용을 갖기 때문에 완전 기계적으로 정의의 원칙들을 만족할 수 있다고는 생각하지 않는다. 특히, 그는 기본 구조가 시민들의 도덕적 성향 및 헌신과 관계없이 그 원칙들을 만족할 수 있다고 생각하지 않는다. 오히려 질서 정연한 사회의 이상은 (a) 정의의 원칙들이 기본 구조를 규제한다는 것이 공적으로 알려지고, (b) 시민들이 이 원칙들을 공정한 것으로서 지지하며, (c) 그들이 정의로운 사회 제도의 유지를 뒷받침하는 식으로 행동할 동기를 충분히 갖추고 있다는 것을 함축한다. 이러한 조건들이 충족될 때 정의의 원칙들은 시민들이 그들의 경합하는 요구들을 판정하기 위해 이용할 수 있는 공유된 관점shared point of view을 제공한다.[1]

1 Rawls(1996), p. 35.

다원주의의 사실 때문에 롤스는 정의의 원칙들이 그가 '정치적 원칙들political principles'이라고 부른 것일 경우에만 공유된 규범적 기준으로서 공적 역할을 수행할 수 있다고 주장한다. 롤스에게 이것은 정의의 원칙들의 범위가 특정한 방식으로 제한된다는 것, 그리고 그 원칙들이 민주 사회의 공적 문화에 내재하는 공유된 이상들shared ideas에 기초하여 옹호된다는 것을 함축하기도 한다. 롤스에 따르면, 이렇게 이해되는 정치적 원칙들만이 좋은 삶에 대한 서로 다른 견해, 즉 다양한 포괄적 교설들에 근거한 견해를 지닌 시민들의 지지를 얻을 수 있다. 이 이유 중 하나는 우리가 앞 장에서 보았듯이 정치적 정의의 원칙을 시민들이 지지하는 서로 다른 포괄적 교설들 각각에 들어맞을 수 있는 하나의 모듈을 형성하는 것으로 생각할 수 있기 때문이다. 물론 어떤 시민들은 정의의 원칙들을 그들의 특정한 종교적, 형이상학적, 도덕적 교설에 깊이 뿌리박고 있는 것으로 이해할 수도 있다. 예를 들어, 어떤 이들은 그 원칙들을 신이 제정한 자연법natural law의 표현으로 생각할 수 있고, 다른 이들은 그것들을 실천 이성practical reason을 발휘한 결과로 얻은 인간의 구성물이라 생각할 수도 있다. 그러나 그 원칙들에 대한 어떤 하나의 심오한 정당화가 다원주의적 민주 사회의 시민들에 의해 폭넓게 공유될 것이라 기대해서는 안 된다. 그런 [심오한] 정당화가 아닌 그 원칙들 자체는 잠재적으로 매우 상이한 포괄적 교설들을 지닌 시민들 사이의 '중첩적 합의overlapping consensus'라고 롤스가 부른 것의 초점focus에 위치하는 것으로 합당하게 기대될 수 있다.

정의의 두 원칙이 이와 같이 정치적 원칙들로 이해될 수 있음을 주장한 후, 롤스는 그 원칙들을 뒷받침하는 흥미로운 추가 고려사항들을 도입한다. 그는 이 원칙들에 의해 유효하게 규제되는 사회가 이른바 '안정적stable'일 것임을 입증하고자 한다. 안정성stability 개념은 정의로운 사회에서 교육이 담당하는 역할에 대한, 따라서 정의롭기를 열망하는 [즉 아직 완전히 정의롭지 못한] 현실 사회에서 교육이 담당해야 할 역할에 대한 어떠한 논의에서도 중요한 함의를 지닌다. 롤스에 따르면 안정성에 대한 고려는 원초적 입장에서 다른 대안들이 아니라 그의 정의의 원칙들을 선택하는 데 유리하게 작용한다. 안정성의 의미를 설명하면서, 롤스는 우리에게 정의의 두 원칙에 따라 작동하는 이상적인 질서 정연한 사회에 대해 생각해 보고, 이러한 사회가 세대 간 사회 통합과 협력을 안정적으로 유지할 수 있을지 스스로 질문해 볼 것을 청한다. 우리가 이 질문에 대한 답이 '예'이기를 기대한다면, 적어도 그 이론이 말하는 정의로운 사회 제도 아래 성장한 시민들이 그 사회 제도를 따르고 지지할 유효한 동기를 부여할 만큼 충분히 강한 정의감을 계발할 것이라고 우리는 믿어야 한다. 그러나 안정성에 대한 롤스의 해석은 자유 민주적 체제가 상당 기간 지속할 것이라는 단순한 가능성 이상의 것을 포함한다. 그것은 또한 헌법의 구조를 정당화한다고, 또 기회균등과 기본적인 물질적 필요의 만족을 보장하는 사회 정책들을 정당화한다고 공적으로 알려진 이유들이 시민들의 지지를 기대할만한 것이어야 한다는 것을 요구한다.

민주 사회의 다원주의는 질서 정연한 사회가 그의 이론이 요구하는 바와 같이 상당 기간 안정적일 수 있고 시민들의 자유롭고 자발적인 지지를 계속 받을 수 있다는 롤스의 주장에 의문을 제기한다. 다원주의의 사실을 전제하면 우리는 아이들이 다양한 포괄적 교설들에 따라 가족 내에서 교육받게 될 것이라 기대할 수 있다.[2] 시민들에게 광범위한 자유를 보장하는 질서 정연한 사회에서는, 시민들이 정의로운 사회 체제에서 성장하고 살아간다고 가정한다 해도, 좋은 삶을 규정하는 궁극적 가치들에 대한 지속적인 불일치가 존재할 가능성이 매우 높다. 그런데 우리가 보았듯이 안정성에 대한 고려는 상당히 많은 시민들이 정의감을 얻으리라 기대할 수 있게 해주기 때문에 롤스에게 중요하다. 하지만 그렇다 하더라도 그것만으로는 안정성을 확보하는 데 충분하지 않다. 왜냐하면 정의의 원칙들은 시민들이 지지하는 가치들의 집합 중 **일부**에 불과한 모듈을 구성하므로, 시민들이 종종 정의의 요구를 제쳐두고 그들의 특정한 포괄적 교설에서 도출된 경쟁적인 도덕적 고려사항들에 우선성을 부여하고 싶은 유혹을 느낄 수 있기 때문이다. 예컨대 만약 충분히 다수의 시민들이 자신들의 종교적 견해를 근거로 자신들과 신념을 공유하지 않는 사람들의 기본적 자유를 심각하게 제한하는 데 찬성한다면 안정성은 위협받게 될 것이다.

합당한 도덕 심리

정의의 두 원칙에 의해 규제되는 질서 정연한 사회가 안정적일 것이라는 주장을 옹호하는 논변을 제시하기 전에, 롤스가 시민성에

2 나는 아이들이 그들 부모의 포괄적 교설을 물려받을 수밖에 없다고 주장하려는 것이 아니다. 각각의 새로운 세대가 좋은 삶에 대한 강력하고 상충할 수 있는 다양한 견해들을 가지고 활동적인 정치적 삶에 진입하게 되리라는 것이다.

대해 제시하는 설명을 간단히 검토하는 것이 유용할 것이다. 정의에 대한 정치적 이론을 전개할 목적으로 롤스가 자유롭고 평등한 시민의 이상the ideal of citizens as free and equal을 활용한다는 것을 상기하라. 그는 이러한 이상이 민주 사회의 공적 문화에 내재한다고 주장한다. 그러나 또한 롤스는 정의로운 사회가 가능하려면 시민들이 지닐 필요가 있는 특징들을 고려함으로써 자유롭고 평등한 시민성이라는 이상에 대한 보다 상세한 해석을 제시한다. 나는 이러한 상세한 이상을 '합당한 시민의 이상the ideal of a reasonable citizen'이라고 부를 것이다. 앞 장에서 이미 이러한 시민성의 이상이 지닌 특징들 중 일부를 서술한 바 있다. 우리가 보았듯이 합당한 시민들은 두 가지 특수한 도덕적 능력[도덕적 역량]과 함께 사고, 판단, 추론을 위한 일반적 능력을 갖는다. 이 두 가지 도덕적 능력은 (a) 정의감을 위한 능력[정의감 능력]과 (b) 가치관을 위한 능력[가치관 능력]이다. 이 중 첫 번째 능력은 정의로운 규칙이나 원칙에 따라 이해하고 행동할 수 있는 능력을 포함하고, 두 번째 능력은 자신의 삶을 구조화하는 목표 및 가치들을 형성하고 추구하며 아마 결국에는 수정할 능력을 포함한다. 이미 언급했듯이 각 시민은 저마다 추구하는 특정한 가치관[선관념]을 지니는데, 이 가치관은 다소 논리 정연한 도덕적, 종교적, 철학적인 포괄적 교설과 결부된 것일 수 있다. 이런 특징들 이외에 롤스가 그의 설명을 완성하기 위해 추가하는 합당한 시민들의 두 가지 다른 중요한 특징이 있다. 첫째, 합당한 시민들은 다른 사람들도 똑같이 그렇게 한다는 조건하에 사회적 협력의 공정한 조건을 기꺼이 제시하고 준수할 의지가 있다. 그리고 둘째, 합당한 시민들은 이른바 '판단의 부담burdens of judgment'을 인정한다. 이 같은 '부담'은 사실적 문제들과 평가적 문제들에 대한 의견 불일치의 다양한 가능한 원천들로 이루어진다. 이러한 불일치는 추론 및 판단 능력을 신중하게 행사하는 사람들 사이에서조차 지속될 수 있다.

판단의 부담은 다원주의적 민주 사회의 맥락에서 많은 평가적 그리고 사실적 문제들에 대해 지속적인 불일치가 존재하는 사실을 설명하는 데 도움을 주고, 또한 이러한 불일치가 사람들의 이성 능력의 올바른 사용과 양립 가능한 이유를 설명할 수 있는 일련의 고려사항들로 간주할 수 있다. 롤스는 사람들이 자기 이익에 눈이 멀지 않을 때조차, 또 오류 있는 방식으로 추론하지 않을 때조차 수많은 문제들에 대한 판단에서 여전히 불일치할 수 있다고 주장한다. 이 같은 합당한 불일치reasonable disagreement는 가령 특정 사건의 증거가 피고인에게 유죄 판결을 내리기에 충분한지에 대한 양심적인 배심원단의 심의 중에, 또는 제안된 정책의 예측 가능한 결과에 대해 잘 알고 있고 성실한 학교 이사회 구성원들의 심의 중에 일어날 수 있다. 이러한 불일치를 설명하는 판단의 부담의 목록은 다음과 같다: 특정 문제에 대한 증거가 복잡하고 상충한다는 사실, 상이한 고려사항들의 상대적 가중치가 명확하지 않을 수 있다는 점, 사용된 개념들이 모호할 수 있고 그것들에 대한 그럴듯한 해석들이 다수 존재할 수 있다는 점, 사람들의 서로 다른 인생 경험이 그들이 특정 고려사항들을 평가하는 방식에 영향을 미칠 수 있다는 점, 그리고 사람들이 특정 사례를 판단하기 위해 사용할 수 있는 관련 규범적 고려사항들이 다수 존재할 수 있다는 점 등. 이 목록은 합당한 사람들 사이의 불일치를 설명하는 데 도움이 되는 추가 고려사항들을 포함하도록 쉽게 확장될 수 있다. 합당한 시민들이 판단의 부담을 수용한다는 롤스의 주장은 나중에 검토할 여러 가지 비판의 대상이 되어 왔다. 현재의 목적상 중요한 것은 그의 견해에 따르면 합당한 시민들은 사실 및 규범적 문제들에 대한 특정한 불일치를 합당한 것으로 간주할 수 있다는 것이다. 즉, 그들 자신이 그런 불일치의 당사자인 경우에도 그들은 그 불일치를 자신들과는 다른 결론에 도달한 동료 시민들의 합당성과 일관적인 것으로 볼 수 있다는 것이다. 물론 합당하지 않은 형태의 불일치들도 있다. 예를 들어, 무지, 중대한 논리적 오류, 지나친 자기 이익이나 파벌적 이익에 근거한 불일치들이 그것들이다. 그러나 롤스의 논변은 합당한 시민들이 정의의 원칙들을 지지할 수 있고 그 원칙들을 준수할 동기를 충분히 지닐 수 있음을 보여주기 위한 것일 뿐이다. 그 원칙들을 거부하는 일부 합당하지 못한 시민들이 있을 수 있다는 것은 그의 이론의 안정성에 절대로 문제가 되지 않는다. 그것은 현실적 삶의 문제로, 그 영향을 제한하기 위해서는 분별 있는 조치가 필요하다.

이제 정의의 두 원칙이 규제하는 사회가 과연 안정적인가 하는 문제로 돌아가자. 롤스는 그러한 사회에서 성장한 시민들이 합당한 시민의 특징이자 대대로 정의로운 제도를 유지하는 데 요구되는 성향들을 시간이 지남에 따라 갖추게 될 것이라는 생각이 타당하다고 주장한다. 이를 뒷받침하기 위해 그는 합당한 시민의 특징이 정상적인 환경에서 성장한다면 대부분의 인간이 갖출 수 있는 것이라고 주장한다. 이러한 생각을 명료화하기 위해 비교가 유용할 수 있다. 잠시 모든 기본적 가치가 전체 쾌락을 극대화하는 식으로 분배되어야 한다고 말하는 조야한 공리주의적 정의의 원칙을 고려해 보자. 이 원칙은 불운한 소수자의 고통이 사회의 다른 구성원들의 더 큰 쾌락으로 초과 균형을 이루는 한, 그 소수자의 기본적 권리, 자유, 기회, 심지어 적정 수준의 삶을 위해 필수적인 물질적 자원조차 부정되는 것과도 양립 가능하다. 이 따위 사회가 정의로운 사회 질서에 대한 우리의 반성적 판단과 양립 가능한가 하는 문제는 제쳐두자. 그보다 현재 관심을 둘 문제는 그런 공리주의 사회에서 자란 사람들이 그 사회의 근저에 있는 공리주의적 원칙을 자유롭게 지지하고 그 원칙을 준수하는 성향을 계발하리라고 합당하게 기대할 수 있는가 하는 것이다. 이 경우 매우 타당한 대답은 '아니요'이다. 불운한 소수 집단 구성원들이 자신들의 고통이 그 사회의 다른 구성원들이 누리는 더 큰 행복으로 적절히 보상받는다고 느끼게 되리라 기대하는 것은 합당하지 않다. 물론 우리는 모르는 타인들을 위해 기꺼이 커다란 희생을 감수하고 자신의 삶을 숭고한 대의를 위해 줄곧 헌신할 예외적 인간이 있을 가능성을 인정해야 한다. 그러나 문제는 그런 사람들이 존재하거나 존재할 수 있는가 하는 것이 아니다. 그보다는 대부분의 사람들이 공리주의 사회를 안정적으로 만들어 줄 심리 유형을 계발하리라 기대하는 것이 타당한가 하는 게 문제이다. 롤스는 정의의 두 원칙 그리고 그 원칙들에 기반한 사회를 뒷받침하는 데 필요한 도덕 심리 유형에 대해서도 같은 질문을 던진다. 그리고 그의 대답은 '예'이다. 롤스는 여기서 요구되는 종류의 도덕 심리를 '합당한 도덕 심리 reasonable moral psychology'라고 부른다. 그리고 그는 그러한 도덕 심리가 질서 정연한 사회에서 발견되는 유리한 조건에서 광범위하게 존재하리라 기대할 수 있다고 주장한다.

시민들이 합당한 도덕 심리를 지닌다고 주장하는 것은 무엇보다 다음을 주장하는 것이다: (a) 시민들이 사회적, 정치적, 경제적 제도들이 공정하다고 믿을 때, 그들은 다른 사람들도 기꺼이 따르리라는 것을 전제로 그 제도들을 기꺼이 따를 것이다. (b) 다른 사람들이 공정한 체제에서 제 몫을 다할 때, 시민들은 그들을 신뢰하고 공정한 방식으로 대하는 경향이 있을 것이다. (c) 신뢰와 확신은 공유된 협력이 상당 기간 지속될 때, 특히 협력이 시민들의 중요한 이익 관심interests을 만족시킬 때 증가한다. 그리고 (d) 끝으로, (자유 민주적 사회에서 성장한) 시민들은 다원주의의 사실과 판단의 부담을 인정할 것이다.[3]

주장 (a), (b), (c)를 뒷받침하기 위해 롤스는 『정의론』에서 그가 제시한, 아동에 있어 정의감의 심리적 발달에 대한 초기의 설명을 다시 언급한다. 내가 알기로 그는 (d)에 대한 어떠한 설명도 제시하지 않는다. 즉 그는 시민들이 어떻게 판단의 부담을 인정하게 되는지를 설명하지 않는다. 아마도 시민들은 합리적이고 합당해 보이지만 선에 대한 매우 다른 견해를 지닌 다른 시민들을 알게 됨으로써 숙고를 통해 판단의 부담을 인정하게 될 수 있다고 그는 생각할 것이다. 그런데 주장 (a), (b), (c)는 그 자체로 그럴듯하지만, 롤스는 그것들이 설명과 정당화를 필요로 한다고 생각하는 듯하다. 그는 도덕적 행동의 심리적 기초에 대한 상이한 사상적 전통들의 요소들을 결합한 도덕성 발달론을 제시한다.[4] 롤스가 선호하는 도덕성 발달 이야기story

3 Rawls(2001), pp. 196~97을 참조하라.

4 Rawls(1999a), pp. 397~449를 참조하라. 롤스의 이야기가 도덕적 감정의 역할과 도덕적 추론의 역할에 동등한 강조점을 둔다는 점을 언급할 필요가 있다. 이것은 그가 받은 일부 비판들의 근거를 약화시킨다. 그 비판들은 롤스가 유대 관계, 감정, 애착으로부터 자유로운 자아, 즉 초월적[무연고적] 자아disembodied self라는 자아에 대한 칸트적 설명을 지지한다고 주장한다. 이러한 비판들은 원초적 입장에 대한 롤스의 규정을 부당하게

는 장 피아제Jean Piaget와 로렌스 콜버그Lawrence Kohlberg의 저작들에서 착안한 것으로, 3단계의 계열을 포함한다.[5] 아주 간단히 그 단계들은 다음과 같다.

1. 권위의 도덕The morality of authority: 아동은 부모의 사랑과 애정을 경험하고 보답으로 부모를 사랑하고 신뢰하게 되는 정의로운 가족에서 성장한다. 이러한 감정들은 부모가 제시하는 지침을 존중하고 준수하려는 성향을 강화한다. 이 단계에서 도덕성에 대한 아동의 최초 관념proto-conception은 일련의 임의적 명령들이라는 데 있으며, 아동은 계율과 규범이 정당화될 수 있는 보다 포괄적인 체계를 이해하지 못한다. 아동은 부모와 비슷해지기를 바라며 부모의 지시를 행동의 평가 기준으로 내면화한다. 이러한 이유로 아동은 자신의 행동이 부모를 실망시킬 때 죄책감을 경험한다.

2. 공동체의 도덕The morality of association: 아동이 성숙해 감에 따라 아동은 사회적 협력이 이루어지는 여러 다른 공동체에

확대 해석하며 롤스의 도덕성 발달론을 완전히 무시한다. Sandel(1998)을 참조하라.

5 Piaget(1932); Kohlberg(1984)를 참조하라. 콜버그의 도덕성 발달 이론은 여러 가지 비판들을 받았다. 이 비판들 중 가장 영향력 있는 것은 캐럴 길리건Carol Gilligan의 비판이다. 길리건은 콜버그의 이론이 배려care 활동을 중심으로 하는 도덕적 사고를 고려하는 데 실패했다고 주장한다. Gilligan(1982)를 참조하라. 피아제, 콜버그, 길리건의 연구를 둘러싼 방법론적 논쟁은 도덕성 발달에 대한 롤스의 설명에 직접적인 영향을 주지 않는다는 점을 강조할 필요가 있다. 왜냐하면 롤스의 설명은 인간 심리에 대한 과학적 이론으로서 옹호되지 않기 때문이다.

참여한다. 공동체들 중에서도 특히 가족과 학교가 중심이 되어, 그 안에서 협력적인 정규 활동이 많이 이루어진다. 이런 식으로 아동은 상이한 권리 및 의무의 체계를 배우게 되는데, 이것은 공동체의 유형 및 복잡성 수준에 따라 달라진다. 이러한 서로 다른 공동체에 참여하는 것은 또한 아동에게 다른 참여자들의 관점을 이해하는 법을 가르쳐 준다. 아동은 각종 단체 활동의 장점을 인식하면서 다른 참여자에 대한 신뢰와 우정의 감정, 그리고 자신의 의무를 존중하려는 욕구를 발달시킨다. 아동은 또한 협동 체제에서 자신이 제 몫을 하지 못할 때 죄책감을, 다른 사람들이 제 몫을 못할 때는 분노resentment를 느낀다.

3. 원칙의 도덕The morality of principle: 청소년 또는 청년은 그와 그가 관심을 기울이는 사람들이 정의로운 사회 제도로부터 혜택을 받는다는 것을 이해하게 되고 정의의 원칙들 자체에 대한 애착을 갖게 된다. 일단 정의의 원칙들이 자신의 선과 자신과 가까운 다른 사람들의 선을 증진한다는 것을 깨닫게 되면, 그는 정의로운 협동의 이상을 인식하고, 완전히 일반적인[보편적인] 원칙들 자체에 따라 행동하고 싶은 욕구를 키우게 된다. 즉, 이 단계에는 정의감의 일반화가 포함되며, 이것이 사랑이나 우정의 감정에 의해 매개되지 않는 협동을 설명한다. 우정과 신뢰의 감정이 개인적인 정의의 덕을 발휘하는 데 도움이 되는 경우가 많다. 그러나 어떤 상황에서는 특정한 사람들에 대한 사랑과 우정의 감정 없이도 정의로운 규

칙과 절차를 준수하려는 성향이 발휘된다. 초기 단계처럼 정의의 원칙을 따르지 않는 것에 죄책감이 동반된다. 정의감이 완전히 발달하는 것은 바로 이 단계이다.[6]

롤스 자신도 인정하듯이, 그의 도덕 심리학은 다분히 사변적 speculative이다. 그런데 아마 놀랍게도 그 각론이나 심지어 그 전체적 개요에 대한 의구심은 롤스의 프로젝트에 그리 큰 피해를 주지 않을 것이다. 그의 목적을 위해 정확히 필요한 것은 사람들이 어떻게 정의의 원칙들을 적용하고 그에 따라 행위할 확고한 성향을 갖게 될 수 있는지를 설명하는 그럴듯한 이야기가 있어야 한다는 것이다.[7] 내 생각에 이러한 사변적 도덕성 발달론이 지닌 문제는 주장 (a), (b), (c)보다 설득력이 덜하며 경험적 반증에 더 열려 있다는 것이다. 더욱이 판단의 부담을 인정하는 것과 관련된 주장 (d)로 이어지는 과정과 상황에 대한 설명도 없다. 물론 우리는 롤스가 시민들이 판단의 부담을 인정하게 되는 방식에 대한 설명을 『정의론』에 포함시키리라 기대할 수 없었을 것이다. 결국, 합당한 불일치와 판단의 부담이라는 개념은 그가 후기 저작에서 추가한 것이다. 그러나 우리가 주장 (a), (b), (c)로만 한정해서 보더라도 도덕성 발달에 대한 초기의 설명은 합당한 도덕 심리의 획득에 대한 불완전하고 논쟁적인 이야기를 제공할 뿐이다. 차라리 위의 네 가지 주장과 보다 직접적인 관련이 있는 경험

6 롤스의 도덕성 발달론에 대한 추가적 논의는 4장과 7장을 참조하라.

7 롤스의 도덕성 발달론에 대한 보다 상세한 논의는 Brennan and Noggle(2000)을 참조하라.

적 연구들을 곧장 참조하는 것이 차라리 나았을지도 모른다.

중첩적 합의

우리가 보았듯이 안정성 문제의 한 측면은 질서 정연한 민주 사회에서 성장한 시민들의 정의감 발달에 대한 심리학적 신빙성에 관한 것이다. 그러나 이것만이 문제는 아니다. 시민들은 서로 다른 선 관념을 추구할 것이라 가정되며, 이러한 선 관념은 포괄적 교설에 근거할 수 있다. 이것은 안정성 문제의 두 번째 측면, 즉 시민들의 선 관념과 정의의 원칙들 사이의 합치성[합동]congruence에 관한 것이다. 왜냐하면 비록 우리가 모든 시민들이 상당히 확고한 정의감을 지니고 있다고 가정하더라도, 그들이 지닐 수 있는 다른 핵심적 동기들을 압도할 수 있을 만큼 충분히 강할 수 있을지는 여전히 의문이기 때문이다. 만약 시민들이 추구하는 목적과 가치들이 — 그들이 지지하는 포괄적 교설에 비추어 해석될 때 — 종종 정의의 원칙들과 강하게 대립한다면, 우리는 그 원칙들이 공정하고 안정적인 체제의 기초가 될 수 있는지 의심할만한 이유를 갖게 된다.

안정성 문제의 두 번째 측면에 대한 롤스의 대응은 시간이 지남에 따라 변화하였다. 후기 저작들에서 그는 정의의 원칙들이 합당한 포괄적 교설들의 중첩적 합의의 초점에 놓일 수 있기 때문에 안정성이 가능하다고 주장한다. 중첩적 합의의 개념은 자신의 독특한 도덕적, 종교적, 철학적 견해를 지닌 각 시민이 그 자신의 관점과 연계해서 공정으로서의 정의라는 모듈을 수용 가능한 것으로 여길 것을 요구한다. 여기서 '수용 가능한acceptable'은 매우 강한 방식으로 이해되어야 한다. 즉, 정의의 원칙들이 시민들의 중요한 신념 및 가치들과 양립 가능해야 하며, 단순히 전략적 편의를 이유로 수용되어선 안 된다는 것이다. 그런데 어떤 시민들에게는 정의의 원칙들과 그들의 포괄적 교설의 특정 측면 간에 모종의 긴장이 있을 수 있다. 그런 경우에는 원칙들에 우선성이 부여되어야 한다. 롤스는 중첩적 합의와 잠정 협정[모두스 비벤디]modus vivendi을 구분한다. 전자는 도덕적 이유에 근거한 합의를, 후자는 실용적 합의를 의미한다. 잠정 협정은 이해관계의 우연한 일치와 힘[권력]의 균형balance of power에 의존하기 때문에 불안정할 것이다. 예를 들어, 서로 다른 종교 집단의 구성원들은, 어느 한 집단도 정치 과정을 통제하여 그 견해를 사회의 나머지 구성원들에게 강요할만한 다수를 소유하지 않기 때문에, 잠정 협정으로서 국가가 모든 집단에게 종교적 자유를 부여하는 데 합의할 수 있다. 그러나 이들 집단의 구성원들은 그들이 사회 정책에 영향력을 행사할 만큼 충분히 강력해지자마자 이전에 합의한 종교적 자유의 권리를 즉시 억압할 수 있다. 이와 달리 종교적 자유의 권리에 대한 중첩적 합의는 올바른 종류의 이유에 근거한 합의이다. 여기서의 이유는 반드시 정치적 또는 공적 이유일 필요는 없다. 그것들은 특정한 포괄적 교설에 근거한 이유일 수도 있다. 중요한 것은 그러한 이유들이 상이한 종교 집단들의 상대적 정치권력이 변화해도 계속 존재할 이유일 것이라는 점이다. 이는 시민들 간의 상호 신뢰와 존중이 성취될 수 있는 유일한 방법은 기본적 권리가 집단들 간의 권력 균형에 의거한 우연히 수용 가능한 협상[흥정]bargain에 지배받지 않고 확보되는 것이기 때문이다.

안정적 정의론이 포괄적 교설들의 중첩적 합의의 초점이 될 수 있는 이론이라는 주장은 상당한 비판적 관심을 받았다. 더욱이 이 주장이 무슨 뜻인지조차 분명하지 않아서, 그 불분명함이 롤스의 프로젝트에 대한 많은 오해를 낳았다. 일각에서는 이 주장을 현대 자유민주적 사회에서 정의의 원칙들에 대한 현실적 합의가 존재한다는 이론에 대한 적합성 조건condition of adequacy을 진술하는 것으로 해석하기도 한다. 이러한 조건은 충족하기 불가능할 것만 같지만, 사실 그러한 사회에서는 사회가 정의로우려면 모든 구성원에게 동등한 기본적 권리 및 자유를 인정해야 한다는 중대한 합의가 있다. 게다가 우리는 공정한 기회균등의 원칙의 중요성에 대한 합의가 존재한다고 적어도 그럴듯하게 주장할 수 있다 — 적극적 우대조치affirmative action 정책처럼 이 원칙에 고무된 일부 정책들이 많은 논쟁을 불러일으킨다 해도 말이다. 그러나 불행히도 차등의 원칙이나 이와 유사한 재분배 원칙에 대해서는 어떠한 합의도 없는 것 같다. 차등의 원칙 같은 것에 대한 현실적 합의가 존재하지 않기 때문에, 일부 비판자들은 롤스의 연구가 보수적으로 전환되었고, 그가 경제 정의의 요구를 포기했다고 결론지었다. 그러나 롤스의 후기 저작을 주의 깊게 읽어보면 공정으로서의 정의론의 일부로서, 그리고 중첩적 합의의 일부로서 그가 차등의 원칙을 계속 옹호하고 있음을 알 수 있다. 이는 롤스가 그의 정의론을 위해 기존 합의에 호소하는 실용적 논변을 펼쳤던 것이 아님을 강력히 시사한다. 따라서 우리는 중첩적 합의의 역할에 대한 대안적 해석, 즉 이론의 규범적 내용을 현실적 시민들의 견

해에 의존하게 하지 않는 해석을 찾아야만 한다.[8]

내 생각에 중첩적 합의는 합당한 포괄적 교설을 믿는 합당한 시민들이 적절한 심의 후에 도달해야 할 가상적 합의의 한 형태로서 가장 잘 이해된다. 이것이 무엇을 의미하는지 더 명확히 하기 위해, 합당한 포괄적 교설의 개념을 검토하는 것으로 시작하자. 롤스는 그러한 교설을 다음과 같은 세 가지 특징을 가진 것으로 규정한다.

1. 합당한 교설은 이론 이성theoretical reason의 행사이다. 그것은 인간 삶의 주요한 종교적, 철학적, 도덕적 측면을 다소 일관되고 정합적인 방식으로 다룬다. 그것은 인식된 가치들을 서로 양립 가능하게 조직하고 특징지으며 이해 가능한 세계관을 표현한다.
2. 어떤 가치들을 특히 중시할지, 그리고 그것들이 충돌할 때 어떻게 균형을 맞출 것인지 선정하는 데 있어서, 합당한 포괄적 교설은 또한 실천 이성practical reason의 행사이다.
3. 합당한 포괄적 견해가 반드시 고정불변의 것은 아니지만, 보통 그것은 사상 및 교설의 전통에 속하거나 의존한다. 상당 기간 안정적이며 갑작스럽고 설명할 수 없는 변화에 영향 받지 않지만, 합당한 포괄적 견해는 그것의 관점에서 무엇을 훌륭하고 충분한 이유들로 보는지에 비춰볼 때 천천히 진화하는 경향이 있다.[9]

8 현실적 합의에 의존하는 잘못된 해석에 대한 상세한 논의는 Kaufman(2006)을 참조하라.

9 Rawls(1996), p. 59. 여기서 나는 세 가지 조건을 보다 수월하게 구별할 수 있도록 롤스의 글을 편집하였다.

롤스는 합당한 포괄적 교설에 대한 이러한 규정이 "의도적으로 느슨한 것이라"고 경고하며 내용에 대해 어떠한 중대한 제약도 가하지 않는다. 이런 식으로 제한적이지 않기 때문에, 많은 친숙한 전통적인 교설들이 합당한 것으로 간주될 수 있다. 그러나 합당한 포괄적 교설의 느슨한 성격 규정은 중첩적 합의의 일부일 수 있는 교설을 선택할 때 합당성의 충분조건으로 이용될 수 없다. 전통에 일관적이고 통합된 전체주의적이거나 근본주의적인 포괄적 교설이 롤스의 세 가지 기준을 충족시킬 것이기 때문이다. 그러나 그러한 교설들을 '합당한' 교설이라고 부르는 것은 타당해 보이지 않는다. 더욱이 우리는 단지 그러한 교설들의 신봉자들의 지지를 받을 수 없다는 이유로 정의의 원칙들에 어떤 결함이 있다고 단정할 필요는 없다.

중첩적 합의 개념의 해석을 위한 보다 나은 전략은 앞에서 검토한 '합당한 시민'에 대한 설명을 참조하는 것이다. 특히 정의의 원칙들이 **합당한 시민들이 지닌** (느슨하게 규정된) 합당한 교설들의 중첩적 합의의 초점이 될 수 있다고 주장할 수도 있다. 우리가 보았듯이, 합당한 시민들은 다른 사람들도 지지할 수 있는 공정한 협동의 조건을 기꺼이 제안하고 다른 사람들도 그렇게 한다면 이 조건에 따라 행동할 수 있는 정의감 능력을 지닌다. 더욱이 합당한 시민들은 판단의 부담을 인식하며 다른 시민들이 지지하는 포괄적 교설에 관한 판단 부담의 결과, 즉 그들이 국가 권력에 의해 억압되어서는 안 된다는 것을 받아들인다. [정의의] 원칙들이 이런 의미에서 합당한 시민들 간의 중첩적 합의의 초점이 될 수 있다는 것이 이론의 안정성을 위해 중요하다면, 불관용적이고 타인의 평등한 권리를 인정하지 않는 교설들은 [이론의 안정성에] 아무런 문제가 되지 않는다. 이러한 교설들은 상호성의 도덕morality of reciprocity에 기초하지 않으며 다른 사람들이 지지할 수 있는 공정한 협력 조건을 제시하는 성향과 일관되지 않기 때문에, 합당한 시민들이 지지할 수 있는 교설로 간주하지 않는다.

혹자는 전술한 중첩적 합의 개념에 근거한 정의의 원칙들의 안정성을 위한 어떠한 논변도 진정 흥미로운 그 무엇도 입증할 수 없다고 이의를 제기할 수 있다. 결국 그러한 논변은 합당한 시민들이 어떤 특징, 즉 그들이 원칙들을 계속 지지하는 것을 예사 일로 만들어주는 특징을 가지고 있다는 약정에 결정적으로 의존한다는 것이다. 이와 함께 어떤 비판자들은 합당한 시민의 이상은 좋은 삶에 대한 자유주의적 견해에 편향되어 있다고 주장해 왔다. 이런 종류의 통상적인 비판에 따르면, 합당한 시민에 대한 롤스의 이해는 종교 신자인 일부 준법 시민들의 확신과 자기 이해를 수용하지 못하기 때문에 너무 부담스럽다. 이런 비판의 핵심인 합당한 시민들의 특징은 그러한 시민들이 정치권력의 행사로 인한 판단의 부담과 그 결과를 받아들여야 한다는 요건과 관련된다. 많은 저자들에 따르면 이것은 일부 종교적 시민들에게 문제를 일으키는데, 왜냐하면 (그들의 독법에 따르면) 이 요건은 시민들이 자신의 신념에 대해 회의적이거나 오류 가능주의적fallibilist 태도를 취해야 하기 때문이다.[10] 이러한 해석에 있어서 판단의 부담을 받아들이는 것은 자신의 확신이 잘못될 가능성을 인정하는 것을 내포한다. 이 같은 오류 가능주의적 태도는 약간의 추가 전제들과 함께 관용tolerance과 타인들의 신념 및 삶의 방식에 대한 수

10 Barry(1995); Callan(1997), pp. 25~36; Wenar(1995)를 참조하라.

용을 위한 토대를 형성할 것이다. 그것은 또한 사람들이 법과 정책을 공적 이성public reason에 근거하여 지지 가능한 것으로 볼 수 있는 한에서만 지지하도록 이끌 것이다. 레이프 워나르Leif Wenar 같은 비판자들은 이 요건이 상당수의 종교 신자들이 자신의 신앙을 이해하는 방식, 그리고 그들이 기존의 사회적 다원주의를 해석하는 방식과 양립할 수 없다고 주장한다. 그러한 신자들은 다원주의를 이성의 자유로운 행사로 인한 것이 아니라 인간의 약점에서 비롯된 불운한 사건으로 본다.[11]

오류 가능주의적 태도를 함축하는 것으로 합당성을 비판하는 것은 흔한 일이다. 하지만 나는 그러한 비판이 유효하다고 생각하지 않는다. 롤스는 판단의 부담이 한 사람이 자신의 포괄적 교설의 가치와 타당성에 대한 의심, 확실성의 결여 또는 회의주의를 함축한다는 것을 분명히 부인한다. 내가 보기에 판단의 부담의 중요성은 그것들이 여러 형태의 다원주의를 합당한 것으로 해석할 수 있도록 허용하여 특정한 규범적 그리고 사실적 문제들에 대한 불일치가 불일치하는 사람들의 합당성 및 합리성과 일관적일 수 있게 해준다는 데 있다. 결국 합당한 불일치를 수용하면 사람들은 정치 논쟁에서 공적 이성을 이용하게 된다. 게다가 한 사람이 자신의 견해에 대해 오류 가능주의적 태도를 취한다 해도, 이것만으로 다른 사람들에게 관용적

11 워나르는 가톨릭교회의 공식 문서를 예로 들면서 모든 합당한 시민들이 판단의 부담을 받아들일 것이라는 생각에 반론을 제기한다. 그의 논변의 한 가지 문제점은 그가 포괄적 교설의 내용을 잘 정의되고 확정된 것으로 가정한다는 것이다. 그러나 공식 교리가 특정 신앙의 합당한 신봉자들의 입장을 반드시 반영하는 것은 아니다. 동일한 교리가 합당하거나 합당하지 못한 방식으로 신봉될 수 있으며, 특정 신앙의 신봉자들 사이에도 많은 합당한 불일치들이 있다. Krasnoff(1998)을 참조하라.

인 태도를 보이기에는 충분하지 않을 것이다. 한 사람이 자기 교설의 진리에 대해 잘못 알 수 있음을 자인하는 것은 타인들을 관용하고 존중하는 태도를 취하도록 강요하지 않는다. 합당한 시민들이 판단의 부담에서 기인하는 다원주의를 포용해야 한다고 주장한다고 롤스가 주장하는 것으로 간주하고 그를 비판하는 것은 유효하지 않다. 그는 모든 사람이 지속적 불일치에 대한 똑같은 설명을 공유해야 한다거나 불일치가 합당하다 해도 그것에 대한 똑같은 태도를 취해야 한다고 요구하지 않는다. 따라서 종교 신자들은 그들의 신앙과 양립할 수 없는 불일치에 대한 어떠한 설명도 인정할 필요가 없다. 노먼 다니엘스Norman Daniels는 합당한 사람들이 불일치와 다원주의의 사실에 대해 가질 수 있는 여러 독특한 태도들을 제시했다. 다니엘스에 따르면, 도덕적 진리가 존재한다고 생각하는 사람은 미래에 극복해야 할 장애물로서 판단의 부담을 실용적 양보practical concession 차원에서 수용할 수 있다. 진리가 신에 의해 계시된다고 생각하는 사람은 특정한 진리가 선택된 소수에게만 전해질 뿐이며, 신앙을 강요할 수는 없다고 생각할 수 있다. 철학적 근거에서 도덕적 진리가 존재한다는 것을 부인하는 또 다른 사람은 다원주의를 도덕적 삶의 근본적 사실로 생각할 수도 있다. 이런 식으로, 판단의 부담을 받아들이는 것은 시민들이 원칙적으로 자신과 의견이 다른 사람들의 합당성을 받아들일 수 있어야 한다는 것, 그리고 그들이 잘못 알고 있다고 간주한다 하더라도, 어떤 합당한 교설을 억압하기 위해 국가 권력을 사용하는 것은 부당하다고 여겨야 한다는 것만을 요구할 뿐이다.[12]

12 Daniels(1996), p. 157을 참조하라.

사회 변혁

지금까지 우리는 정의의 두 원칙으로 질서 정연해진 이상[적] 사회의 안정성을 뒷받침하기 위한 롤스의 논변을 검토했다. 그 원칙들이 합당한 시민이 지닌 교설들의 중첩적 합의의 초점에 놓일 수 있기 때문에 그런 사회가 안정적이라는 게 그의 주장이다. 그러나 롤스는 또한 어떻게 사회가 정의의 두 원칙에 깊고도 폭넓은 도덕적 합의에 도달할 수 있는지를 보여주는 독립적인 논변을 제시한다. 이 논변은 잠정 협정 상황에서 출발하여 그가 '헌법적 합의constitutional consensus'라고 부르는 중간 단계를 거친다. 롤스는 심원하고 광범위한 도덕적 합의가 존재하는 마지막 단계를 '중첩적 합의'라고 부름으로써 문제를 복잡하게 만든다. 그러나 사실 그는 서로 관련되지만 약간 다른 두 가지 중첩적 합의 개념을 사용하고 있다. 하나는 (합당한 시민들이라 불리는) 이상적 시민들이 그의 이상적 정의론의 안정성을 가능케 하는 정의의 원칙들에 도달할 수 있다는 이상적 합의이다. 다른 하나는 내가 '깊고 넓은 도덕적 합의deep and wide spread moral consensus'라고 부르는 개념으로, 유리한 조건하에서 자유 민주적 사회의 시민들 중 상당 비율이 정의의 원칙들이나 다른 매우 유사한 원칙들을 지지하게 되는 과정의 결과를 말한다. 롤스는 사회가 어떻게 정의의 원칙들에 입각한 깊고 넓은 도덕적 합의를 이룰 수 있는지를 설명하기 위해 일종의 서사[내러티브]narrative를 사용한다. 그가 사용하는 서사는 흥미롭다. 왜냐하면 그것은 롤스가 어떻게 그의 이상적 정의론을 비이상적[현실적]non-ideal 맥락에 적용하는지에 대한 몇 가지 단서를 제공하기 때문이다. 이는 이 책의 5장부터 8장까지의 논의들과 관련이 있을 것이다. 이 논의들은 공정으로서의 정의론에서 파생될 법한 유형의 교육 정책들을 고찰한다.

롤스의 서사적 설명은 특정한 역사적 시점에 한 사회 내에서 갈등하는 서로 다른 집단들이 단지 잠정 협정으로서 자유주의적 정의의 원칙들을 존중하기로 마지못해 합의한다는 가정에서 시작한다. 따라서 이러한 원칙들은 그들의 정치 제도로 통합된다. 그러나 시간의 경과에 따라 그 원칙들은 선거와 법 제정을 위한 절차를 확립하는 헌법의 일부가 되고, 이는 사회의 정치적 경쟁 관계를 완화하는 데 도움이 된다. 다시 시간이 흘러 이러한 자유주의적 원칙들이 정치 제도를 규제하면서, 다음과 같은 세 가지 추가적인 결과가 나온다. (a) 특정 자유들과 기본적인 정치적 원칙들의 내용이 확정되어 더 이상 정치적 논쟁의 대상이 되지 않는다. (b) 이러한 원칙들의 적용은 시민들이 동료 시민들을 설득하기 위해 정치적 논변을 구사하고 공적 이성을 사용하도록 이끈다. 그리고 (c) 자유주의적 원칙들을 반영하고 공적 이성의 사용을 장려하는 정치 제도는 합당성 그리고 합의를 모색하려는 성향 같은 협력적 덕성을 증진한다. 이 모든 결과가 산출될 때 롤스는 이러한 일반적인 상황을 **헌법적 합의**라고 부른다. 이 시점에서 그 합의는 아직 시민들의 포괄적 교설들 내에서 심원하고 광범위한 기초를 결여하고 있을 수 있다. 그러나 그 사회의 정치 제도로 통합된 자유주의적 정의의 원칙들은 시민들의 포괄적 교설들에서 조정adjustment을 일으키는 경향이 있는데, 이때 시민들은 민주 정부의 정치적 절차를 규범적으로 타당하다고 받아들이게 된다. 이 상황은 시민들이 그들 중 특정 집단이 정부를 통제할 만큼 강력해질 때까지 민주주의를 일종의 타협compromise으로 받아들이는 것과는 다르다. 헌법적 합의로부터 깊고 넓은 도덕적 합의로 이행하는 단계에서는 더 깊고 더 넓은 합의의 산출이 이루어지는데, 이러한 합의에는 정치적 정의론에 바탕을 둔 사회의 기본 구조를 규제하는 이상과 원칙들이 포함된다.

롤스는 정확히 언제 특정 사회에서 깊고 넓은 도덕적 합의(그가 오해의 소지가 있게 '중첩적 합의'라고 부르는 합의)가 달성된다고 생각하는가? 한 가지 요건은 특정 '헌법적 본질들[헌법의 핵심 요소들]constitutional essentials'과 기본적인 정의basic justice의 조항들에 대한 실제 시민들 사이에 실질적인 합의가 이루어지고, 이러한 본질적 조항들이 법에 통합되어야 한다는 것이다. 관련 조항들은 (a) 정부의 일반적인 구조와 정치 과정을 명시하는 근본 원칙들: 입법부, 행정부, 사법부의 권한, 다수결의 범위, 그리고 (b) 입법적 다수가 존중해야 할 시민성[시민권]의 기본적 권리 및 자유들: 투표와 정치 참여의 권리, 양심의 자유, 사상과 결사의 자유, 법의 지배의 보호들이다.[13]

롤스는 또한 본질적 조항들은 기회균등의 원칙과 시민들이 그들의 기본적 필요를 충족시킬 수 있도록 보장하는 사회적 최소치social minimum의 보장도 포함한다고 덧붙인다. 그러나 이 마지막 두 원칙은 그의 정의의 제2원칙 형태를 정확히 취할 필요는 없다.[14] 이를 인정한다는 것은 그가 제2원칙을 포기한다는 의미도, 그 원칙이 가장 강력한 이유로 지지받는다는 것을 부인한다는 의미도 아니다. 롤스는 단지 사회 정의의 원칙들에 대한 깊고 넓은 도덕적 합의가 어떻게

13 Rawls(1996), p. 227.

14 Rawls(1996), pp. 228~29.

산출될 수 있는지에 대해 추정하고 있을 뿐이다. 그리고 그는 시민들에게 동등한 기회와 자원을 보장하도록 고안된 정책들이 모든 세부사항에서 그의 제2원칙과 일치할 필요는 없다는 것을 인정한다. 그러나 여전히 그는 사회가 정의로운 것으로 간주되려면 그러한 정책들이 충분히 유사한 조항들을 포함해야 한다고 생각한다.

정의의 원칙들(또는 유사한 원칙들)에 대한 깊고 넓은 도덕적 합의의 기원origin에 대한 롤스의 서사는 공적 이성의 행사에 대한 관용과 헌신의 전통을 발전시키는 일의 중요성을 강조한다. 그가 올바른 정치적 가치들로의 수렴을 산출하는 일종의 기계적인 사회-역사적 과정에 호소하는 것은 주목할 필요가 있다. 이러한 과정들의 실행에서, 공유된 정치 제도는 의도치 않게 교육적 역할을 한다. 정의로운 정치 체제하에서 살아가는 것은 정의의 원칙들을 널리 받아들여지게 하고 그것들을 따르도록 하는 동기를 부여한다. 그러나 이러한 설명은 사회 변혁social transformation을 일으키기 위한 보다 자의식적인[의도적인] 노력이 정의의 원칙들에 대한 깊고 넓은 합의의 산출에 필수적일 수 있다는 사실을 완전히 무시한다. 롤스가 제공하는 서사는 보이지 않는 손invisible hand 같은 것에 호소한다. 이것은 그 자체로 너무 낙관적이다. 더욱이 그것은 민주 정부의 기본 측면과 사회 정책에 대한 합의를 발전·유지시키기 위한 의도적인 교육적 노력의 필요성을 인정하지 않는 듯하다. 5장에서 보게 될 것처럼, 롤스는 교육 제도의 역할에 대한 아주 간단한 소견만을 제공한다. 그는 학교가 미래 시민들에게 그들의 권리와 의무에 대해 가르쳐야 하며, 정치적 덕성

political virtues을 장려해야 한다고 말할 뿐이다.[15] 그러나 이러한 짧은 소견은 정의의 원칙들의 안정성이 중요하며, 이는 시민들이 합당성을 위한 능력을 계발할 것을 요구한다는 그의 주장과 화해시키기 어렵다. 롤스의 이론은 교육 제도의 역할에 대한 보다 실질적인 설명으로 보완될 필요가 있다.

15 Rawls(1996), pp. 199~200; Rawls(2001), pp. 156~57을 참조하라.

Rawls,
Citizenship,
and Education

제4장

가족

가족 형태의 다양성

롤스는 가족이 사회의 기본 구조를 형성하는 제도들 중 하나라고 주장한다. 그런데 그는 가족에 대해 기본 구조를 형성하는 다른 제도들만큼 길게 논하지 않는다. 이것은 실망스러운 일이다. 왜냐하면 가족 제도는 공정으로서의 정의론에 대해 많은 흥미로운 방법론적, 규범적 문제를 제기하기 때문이다. 이 문제들 중 일부는 중요한 교육적 함의를 갖는다. 이 장의 한 가지 중요한 논점은 이러한 함축적 의미를 밝히는 것이다. 그러나 이 주제로 눈을 돌리기 전에 거론해야 할 예비 질문이 있다. 롤스적 정의론의 관점에서 가족으로 간주해야 하는 것은 무엇인가 하는 것이다. 정의론자들은 종종 가족이 어떤 제한된 형태를 취한다고 가정하므로, 그들이 제안하는 정책마저도 너무 제한적이어서 기존의 다양한 가족 형태에는 적합하지 않은 것으로 판명되는 경우가 많다. 특히 가족의 도덕적·정치적 지위에 관한 논의들은 가족이 이성애자 (기혼) 부부, 그리고 그 부부와 생물학적 관계를 맺고 있거나 법적으로 부부가 입양한 자녀로 구성되며, 이들 모두 같은 집에서 산다고 전제하는 경향이 있다. 때로는 전통적인 노동 분업division of labor이 가족 중 성인 구성원 간에 유지되며, 남성의 일차적 책임은 가계 소득을 제공하는 것이고, 여성의 일차적 책임은 자녀를 돌보고 집안일을 하는 것으로 전제하기도 한다. 이러한 전제에 근거하여 가족에 대해 생각하는 것은 구성원들이 같은 집에서 함께 사는 확대 가족뿐만 아니라, 한 부모 가족, 남성 동성애자gay나 여성 동성애자lesbian 부부 가족, 이혼 상태로 법적 보호 및 양육을 계속 분담하는 부부(이들은 재혼했을 수 있고 새 배우자의 자녀와 함께 살 수도 있음)로 이루어진 가족 등이 있다는 것을 고려하지 못한다.[1]

제한적 가족 모형으로 작업할 때 발생하는 한 가지 문제는 그렇게 함으로써 자신이 선호하는 설명에서 벗어난 가족 형태에 대해 무시하는 것처럼 보일 수 있다는 점이다. 이 장에서 논의되는 주제는 주로 자녀를 양육하는 한 쌍의 이성애자 성인들이 주도하는 가족에 적용되는 경향이 있지만, 이러한 가족 형태가 제기하는 똑같은 문제들 중 일부는 다른 가족 형태에도 마찬가지로 적용될 것이다. 더욱이 이 장은 다양한 가족 형태가 정의론에 제기하는 문제를 포괄적으로 검토하기 위해 마련된 것이 아니다. 다수의 가족들이 단순한 두 부모 한 가정two-parent single home 모형에 맞지 않는데, 이 사실은 기존의 다원주의적 민주 사회에서 시민들 간 협동의 이익과 부담의 공정한 분배에 중요한 결과를 가져온다. 이런 결과들 중 상당수는 유급 노동과 자녀 돌봄의 무급[무보수] 노동을 결합해야 하는 성인 가족 구성원들에게 미치는 결과이다. 그런데 가족 형태는 아이들에게도 매우 중요한 영향을 미친다. 특히 가족은 아이들이 현재, 또 미래의 어른으로서 좋은 삶을 살기 위해 없어서는 안 될 필수 재화에 접근하는 데 있어 중요한 차이를 초래한다. 예컨대 다양한 교육적 재화에 대한

1 이러한 전제에 근거한 정책들에 대한 비판으로는 Burtt(2002); Young(1994)을 참조하라.

아이들의 접근은 그들이 양육되는 사회의 교육적·사회적 정책 유형 못지않게 또는 그 이상으로 그들이 속한 가족 유형에 의해 영향을 받는다.[2]

그런데 가족이 무엇인지를 어떻게 이해해야 하는지에 대한 문제로 되돌아가면, 콜린 맥클레오드Colin Macleod는 지나치게 제한적인 이해로 발생하는 문제를 피하는 유용한 정의를 제시했다.

> 정서적 가족affective family은 (예컨대 생물학적 친족 또는 입양이라는) 특별한 역사와 상호 애정의 감정으로 함께 연결된 한 명 이상의 성인과 한 명 이상의 자녀로 구성되는 사회집단이다. 이러한 집단의 성인 중 일부는 그 집단의 자녀에 대한 특별한 권한과 책임의 기준을 부여하는, 사회적으로 그리고 법적으로 인정된 부모나 보호자로서의 지위를 갖는다.[3]

이 정의는 다양한 가족 형태들을 포함할 수 있을 만큼 충분히 광범위하기 때문에 현재 상황에서 특히 유용하다. 맥클레오드의 정의는 한 집단이 가족으로 간주되기 위해 그 성인 구성원이 자녀를 갖도록 요구하는 게 사실이다. 이러한 제한은 어떤 목적을 위해서는 중요할 수 있는데, 왜냐하면 어떤 맥락에서 우리는 그들이 자녀를 갖지 않는다 (또는 앞으로도 갖지 않는다) 하더라도, 장기간 정서적 관계를 유지하는 한 쌍의 성인이 가족을 이루는 것으로 생각하길 바랄 수

2 가족 형태와 가족의 가치의 다양성에 대해서는 Halstead(1999)를 참조하라.

3 Macleod(2002), pp. 213~14.

있기 때문이다. 그러나 현재 우리의 관심사는 가족이 자녀 교육에 미치는 영향, 그리고 자녀를 둔 가족이 공정으로서의 정의론에 제기하는 여러 가지 관련 문제들이다. 결국 매클레오드의 정의가 지닌 이러한 제한적 측면은 우리의 논의를 왜곡하는 결과를 가져오지는 않을 것이다.

롤스는 그의 초기 저작에서 전통적인 가족 모형, 즉 부모 두 명이 모두 있을 뿐만 아니라 성별 노동 분업까지 포함하는 가족 모형을 가정하고 있다는 강한 인상을 준다. 그 초기 저작에서 원초적 입장에 대한 서술은 정의의 원칙을 선택하는 당사자들을 '가장들heads of families'으로 지칭했다. 게다가 『정의론』의 도덕성 발달론에는 남편, 아내, 아들, 딸의 역할에 대한 언급도 포함되어 있었다.[4] 이것은 그가 가족을 이성애자 부부와 그들의 생물학적 혹은 입양된 자녀들로 구성되는 것으로 간주하며, 가족 구성원, 심지어 자녀의 역할이 그들의 성별에 근거하여 할당되는 것으로 생각하고 있었음을 암시한다. 그러나 가족 관련 초기 소견에 대한 여성주의의 비판에 대응하여, 롤스는 그가 어떤 특정한 가족 형태, 또는 가족 내 이익과 부담의 분배를 위한 특정한 체계를 전제하고 있지 않음을 분명히 했다.[5] 그런데 그는 정확히 무엇을 의미하는지 어떤 논변이나 설명도 없이 '어떤 형태의 가족'은 정의로운 사회 제도라고 주장한다. 이 장에서는 이러한 주장의 의미를 밝히고자 노력할 것이다.

4 Rawls(1999a), 8장을 참조하라.

5 롤스에 대한 초기의 여성주의적 비판들 중 일부로는 English(1977); Kearns(1983); Okin(1989)를 참조하라. 보다 최근의 여성주의적 비판들에 대한 개관을 위해서는 Nussbaum(2003)을 참조하라. 롤스는 이러한 비판들 중 일부에 대해 Rawls(1999b)에서 간략히 응답한다.

그가 이상적 이론[이상론]ideal theory에 방점을 두고 있음을 감안할 때, 롤스가 심각한 역기능이나 학대가 있는 부정의한 가족의 문제를 고려하지 않는다는 점을 언급해 둘 필요가 있다. 비이상적[현실적] 사회에서 그러한 가족이 존재한다는 것은 그 구성원들, 특히 가장 취약한 구성원들에게 야기할 피해를 예방하거나 완화하기 위해 특수한 공적 대응 방안이 마련되어야 함을 요구한다. 그러나 롤스의 이론은 정의의 기본 요건을 준수하지 않는 이러한 유형의 상황들에 대해 지침을 제공하는 것을 목표로 하지 않는다. 그보다 그의 주된 관심사는 정의로운 가족을 포함하는 정의로운 사회의 모형을 제공하고 논변하는 것이다.

정의의 원칙들은 가족에도 적용되는가?

롤스는 분명 가족을 사회의 기본 구조의 일부로 포함시키지만 정의의 원칙들이 가족에도 **직접** 적용된다는 것을 거부한다. 이 거부는 이해하기 힘들 수도 있으며, 롤스에 있어 가족은 정의의 기본적 제약에서 면제된다는 인상을 줄 수도 있다. 하지만 공정으로서의 정의의 주제에 대해 롤스가 말한 바는 그의 소견을 보다 그럴듯하게 해석할 수 있는 근거를 제공한다. 이미 강조한 바와 같이 롤스에게 정의의 일차적 주제는 주요 사회 제도들의 체계로 구성되는 기본 구조이다. 무엇을 사회적 기본 가치[기본재]의 공정한 분배로 간주하는지를 결정하는 것이 정의의 원칙들인 것도 사실이다. 그런데 이 원칙들은 하나의 기능적 단위로 여겨지는 **주요 사회 제도들의 집합**이 그러한 공정한 분배를 보장하는 한, 해당 사회를 정의로운 사회로 분류한다. 그렇다고 해서 각각의 주요 사회 제도가 그 자체로 정의의 두 원칙을 모두 충족해야 한다(혹은 심지어 충족할 수 있다)는 뜻은 아니다. 그보다는 주요 사회 제도가 다른 제도들과 상호 관련되어 기능함으로써 정의의 원칙들을 충족하는 결과를 낳는다는 것을 의미할 뿐이다.[6]

누구나 인정하듯 모든 사회 제도는 시민의 기본적 권리와 자유를 존중해야 한다. 이 사실은 정의의 제1원칙이 모든 사회 제도에 직접 적용된다는 주장에 어떤 최소한의 의미를 준다. 그러나 물론 이런 의미라면 그 원칙은 단체나 심지어 개별 시민에게도 적용된다. 그렇다면 주요 사회 제도가 제1원칙과 맺고 있는 특별한 관계는 무엇인가? 나는 다음과 같이 제안하고자 한다. 주요 사회 제도는 모든 시민들에게 평등한 권리와 자유를 분배하는 법적 · 정치적 제도이다. 즉 주요 사회 제도는 모든 시민들에게 평등한 기본적 권리와 자유를 보장하는 제도이다. 예를 들어, 특정 사회에서 법이 내가 투표할 수 있도록 해 준다면 나는 투표할 권리를 갖는다고밖에 말할 수 없다. 물론 개인과 단체는 내가 이 권리를 행사하는 것을 막지 말아야 한다. 하지만 그들이 그러든 말든 나는 여전히 권리를 **지닌다**. 더구나 투표권을 포함한 정치적 자유에 대한 권리가 항상 민주적인 방식으로 단체가 조직되어야 한다는 것을 의미하는 것은 아니다. 자신의 종교를

6 정의의 원칙들이 가족에 직접 적용되지 않는다는 주장에 대한 이러한 해석을 뒷받침하는 논의로는 Lloyd(1995), pp. 1326~29를 참조하라. 이와 달리 오킨Susan Moller Okin은 정의의 원칙들이 가족에 직접 적용되어야 한다고 주장한다. 그러나 내가 나중에 주장하겠지만 오킨의 입장은 독립적으로는 그럴듯하지만 롤스의 원전 텍스트를 넘어서는 공정한 기회균등의 요건과 차등의 원칙에 대한 독해에 의존한다. Okin(1989); Okin(2004)를 참조하라.

실천할[믿고 행할] 권리, 자신의 견해를 표현할 권리 등과 같은 다른 기본권들에 대해서도 유사한 언급이 가능하다. 그래서 우리는 기본적 권리와 자유를 **존중해야***respect* 한다는 요건과 특정한 권리와 자유를 **보장해야***ensure* 한다는 요건을 구분해야 한다. 정의의 제1원칙에서 표현되는 것은 두 번째 요건이며, 이 원칙은 특정한 주요 제도, 즉 공식적 권리를 부여하는 법적 권위를 지닌 제도에만 직접적으로 적용된다.

정의의 제2원칙에 대해서는 조금만 생각해도 각각의 분리된 사회 제도가 이 복잡한 원칙의 두 부분을 충족시킬 필요는 없다는 점이 분명해진다. 예를 들어 가족은 공정한 기회균등의 원칙에 따라 자원을 분배할 필요가 없다. 사실 가족이 이렇게 해야 한다고 기대하는 것은 이치에 맞지 않는다. 제2원칙을 충족시키기 위해서는 바람직한 직업과 권위 있는 지위에 접근할 수 있는 공정한 배경적 사회 여건을 조성할 필요가 있으며, 가장 불리한 사회적 지위에 태어난 사람들이 보다 유리한 지위에서 태어난 사람들과 유사한 인생 전망을 갖도록 보장해야 한다. 가족은 도저히 이렇게 할 수 없다. 어떤 이는 그 원칙을 가족에 '내부적으로' 적용해서, 가족은 그 구성원들이 (그들에게 동등한 재능과 동기가 있다면) 유사한 삶의 기회를 갖도록 재화를 분배해야 한다고 말하려 할 수 있다. 하지만 더 큰 사회에서는 비슷한 재능과 동기를 지닌 개인들의 집단이 있을 수 있지만, 일반적으로 가족 내에서는 그렇지 않다. 게다가 가족 구성원의 인생 전망은 그가 속한 세대에 의해 크게 영향을 받을 것이다. 성인의 경우 그들의 전망은 어떤 종류의 직업과 생활 방식을 추구할 것인지에 대한 과거의 결정에 의해 영향을 받을 것이다. 우리는 아이들에게 초점을 맞추어, 즉 아이들이 가족으로부터 받는 혜택과 이러한 혜택이 그들의 삶의 기회에 어떤 영향을 미칠지에 초점을 맞추어 이러한 문제들을 피해보고자 할 수 있다. 그러나 이 전략은 아이가 하나뿐인 가족을 생각할 때는 무용지물이다. 그리고 아이가 둘 이상인 가정의 경우에도 아이들이 받는 혜택과 그들의 인생 전망에 대한 결과를 비교한다면, 우리는 롤스의 공정한 기회균등의 원칙을 사용하지 않을 것이다. 그보다 우리는 아이들의 이익을 공정하게 고려하는 어떤 원칙을 사용할 것이다.

공정한 기회균등의 원칙을 가족이라는 제도에 직접 적용할 수 없음을 받아들이는 것은 가족이 그 구성원의 인생 전망에 상당한 영향을 끼친다는 사실을 무시하는 게 아니다. 성인의 경우에 가족은 유급 노동, 집안일, 자녀 돌봄을 할당하는 방식으로 인해 이러한 영향을 끼친다. 아이들의 경우에 가족은 가족 내에서 이루어지는 교육, 그리고 학교뿐만 아니라 박물관, 극장, 캠프, 여행 등 기타 교육 자원들에 대한 접근을 통해 이루어지는 교육으로 인해 이러한 영향을 미친다. 어떤 가족은 아이들의 지적 능력과 시장성 있는 기능의 개발을 적극 뒷바라지하지만 다른 가족은 그렇지 않다. 롤스는 가족의 이러한 내적 기능의 차이가 아이들의 인생 전망과 기회에 불공정한 결과를 초래할 수 있음을 인정한다. 이런 이유로, 공정한 기회균등의 원칙을 충족시키려면 그러한 차이를 보상해 주는 사회 정책이 필요하다. 가령 학교에는 가족 배경이 다른 학생들 사이의 성취도 격차를 줄이기 위한 프로그램이 마련되어야 한다.

이제 차등의 원칙과 가족에 대한 그 원칙의 가능한 적용에 대해 생각해 보자. 분명히 가족 중 성인 구성원은 가능한 한 모든 구성원의 중요한 필요를 충족시킬 책임이 있다. 하지만 이것은 일부 롤스 비판자들의 주장에도 불구하고 가족 내 자원의 분배가 차등의 원칙에 부합해야 한다는 요구와 동등하지 않다. 엄밀히 말해 롤스는 차등의 원칙을 성인 근로자들에게만 적용되는 상호성의 원리principle of reciprocity로 특징짓는다. 내가 보기에 차등의 원칙을 이렇게 이해하는 것은 질병이나 장애가 있는 가족 구성원뿐만 아니라 아이들을 돌보는 사회적으로 꼭 필요한 무급 노동을 고려하지 못하기 때문에 중대한 결함을 안고 있다.[7] 그러나 우리는 이런 걱정을 잠시 접어둘 수 있다. 왜냐하면 차등의 원칙이 아이들과 다른 가족 구성원들에 대한 돌봄 노동을 인정하도록 수정된다 해도, 그 원칙을 가족에 직접 적용할 수 없는 것만은 여전히 사실이기 때문이다. 차등의 원칙은 사회의 최소 수혜 근로자 구성원들이 소득과 부(그리고 다른 사회적 기본 가치들)에 접근할 인생 전망이 극대화되는 것을 요구한다. 여기서 '최소 수혜'란 시장성 있는 기능marketable skills을 가장 적게 가진 것을 의미한다. 확대 가족을 비롯한 가족의 구성원들은 서로 부양하고 그들의 필요를 충족시키고자 서로 도울 수 있다. 하지만 이런 식의 가족 연대family solidarity가 반드시 사회의 가장 못사는 구성원들의 전망이 항상 극대화되는 결과로 이어지는 것은 아니다. 어떤 경우 가족 구성원들이 서로 돕는다는 사실은 그 가장 중요한 결과가 사회의 더 잘사

7 나는 자녀가 있는 모든 가족에게 자녀 돌봄 노동에 대한 일정 금액의 보수를 지급하는 정책을 선호한다. 혹자는 많은 나라에서 가계 소득이 [가족의] 공동 재산으로 간주되기 때문에 가사 노동과 자녀 돌봄을 '무급 노동'이라고 부르는 것이 정확하지 않다고 반대할지도 모른다. 그러나 유급 노동을 하는 성인이 (적어도 이혼할 때까지는) 가계 소득의 사용에 대한 직접적인 통제권을 갖는 것이 여전히 사실이다. 게다가 많은 나라들에서 가계 소득을 이런 식으로[가족 공동 재산으로]조차 다루지 않는다. 그리고 아직도 많은 곳에서는 이혼 시 적정 수준의 위자료를 법으로 보장하지도 않는다.

는 구성원들의 전망이 향상되는 것이 될 수도 있다. 예를 들어, 부유한 부모들은 성인 자녀를 위해 주택을 구입할 수도 있고, 재산의 일부를 그들에게 양도할 수도 있다. 또다시 어떤 이는 그 원칙을 [가족에] '내부적으로' 적용해서, 기본적 가치에서의 불평등은 가족의 가장 열악한 구성원에게 이익이 되어야 한다고 말할지도 모른다. 이 제안의 주된 난점은 '가장 열악한worst-off'에 대한 유효한 해석을 옹호하기 어렵다는 데 있다. 아이들은 틀림없이 가족 중 가장 취약한 구성원이다. 하지만 가장 취약하다most vulnerable는 것은 가장 열악하다는 것과 동일한 것이 아니다. 상황에 따라, 아이들의 (기본적 가치에 접근할 인생 기대치의 측면에서 측정된) 인생 전망은 부모의 인생 전망보다 훨씬 더 나을 수 있다.

혹자는 가족이 정의의 제2원칙의 두 부분을 엄격히 충족하지 못하기 때문에 왜 가족이 기본 구조의 일부로 포함되는지 의아해 할 수 있다. 그러나 사실 우리는 방금 **어떠한** 제도도 그 자체로는 그 원칙을 충족시킨다고 여길 수 없음을 보았다. 그럼에도 불구하고 왜 롤스가 가족을 기본 구조의 일부로 포함하는지 의아해 할 만한 이유가 여전히 있다. 실제로 그는 때때로 가족을 교회나 동호회와 같은 협회[단체]associations와 견주기도 한다. 이런 협회는 기본 구조의 일부를 구성하지 않으며, 그 기능은 구성원의 권리, 자유, 기회를 침해해서는 안 된다는 최소한의 의미에서만 정의의 원칙들에 의해 제약을 받는다. 그러나 그러한 협회와 가족 간에는 많은 중요한 차이점이 있다. 회원 자격이 진정 자발적이며 정의로운 사회 체제의 배경이 있다면, 협회는 그 내부 활동을 위한 다양한 규칙들이 허용된다. 자발적 회원 자격이라는 협회의 특징과 달리, 가족은 성인 구성원들 사이의 관계만이 자발적이다.[8] 부모와 자식의 관계는 부모 편에서만 자발적이다. 그리고 나머지 가족 관계는 전적으로 비자발적이다. 즉, 우리는 부모, 형제자매, 사촌, 의붓 부모를 자발적으로 선택할 수 없다. 여러 가족 관계의 비자발적 특성과 가족이 제공하는 가치의 중요성은 가족과 자발적인 협회의 차이를 현저하게 만든다. 롤스는 가족을 기본 구조의 주요 사회 제도에 포함시킬 한 가지 분명한 이유를 제시한다. 그는 "한 세대에서 다음 세대로 사회의 질서 있는 생산과 재생산"을 확립하는 문제에서 가족의 본질적 기능에 호소한다.[9] 현대 민주 사회에서 가족은 아이들을 양육하는 데 가장 중요한 역할을 한다. 특히 아동의 초기 도덕성 발달과 특정 문화로의 최초 진입은 가족에 달려 있다. 이런 의미에서 가족은 시민들의 인생 전망, 인성과 목표에 깊은 영향을 미치는 제도이며, 이것이 기본 구조에 가족이 포함되는 이유를 설명한다. 베로니크 무노즈-다르데Véronique Munoz-Dardé는 롤스가 아이들을 양육하고 교육하기 위한 다른 대안적 사회 체제가 사회 전체가 정의의 원칙들을 충족시키도록 돕는 데 더 효율적이고 효과적일 가능성을 고려하지 않는다고 지적한다.[10] 예를 들어, 롤스는 가족 내 자녀 양육을 키부츠kibbutz 체제나 의무적 국영 기숙학

8 결혼에서 퇴거 비용이 매우 크다는 사실 때문에 성인들 간의 관계가 덜 자발적인 것이 되는 것은 아니다. 더군다나 협회를 탈퇴하는 비용도 마찬가지로 클 수 있다. 예를 들어, 자신의 직위를 그만두기로 마음먹은 가톨릭 신부나 수녀를 생각해 보라. [나는 서로 사랑하여 성직을 내려놓고 첩첩산중에 숨어 살 수밖에 없는 신부님과 수녀님의 이야기를 들은 적이 있다.]

9 Rawls(2001), p. 162.

10 일반적인 롤스적 기본 틀 내에서 아동의 양육과 교육을 위한 대안적 체제를 탐색하는 연구로는 Munoz-Dardé(1998); Munoz-Dardé(1999)를 참조하라.

교와 비교하지 않는다. 그가 이런 대안들을 고려하지 않은 것은 우리가 알고 있는 대로 가족을 폐지한다는 발상이 그들의 가치관에 따라 함께 살며 아이들을 키우는 어른들의 기본적 자유를 침해하는 것으로 보인다는 사실 때문일 것이다. 그리고 이러한 기본적 자유는 아이들의 중요한 이익이 충족되지 않을 때에만 제한될 수 있다는 것은 매우 설득력 있다. 게다가 아마 더 중요한 것은 롤스가 가족이 일반적으로 아이들의 중요한 이익을 충족시키기 위한 최선의 제도적 질서라고 생각하는 것 같다는 것이다. 사실 정의감 발달에 대한 롤스의 설명은 바로 이 같은 생각을 근거로 진행된다.

그러나 심지어 롤스의 질서 정연한 사회에서도 가족은 아이들의 능력 발달과 그들에게 이용 가능한 기회 및 자원에 차선의sub-optimal 영향을 미칠 수 있다. 이는 가족의 구조, 기능 및 가치에 있어 수용 가능한 편차가 불가피하게 인생 기회가 불평등해지는 결과를 초래하기 때문이다. 롤스의 이상적 이론조차도 이러한 허용 가능한 가족 격차family differences에 대해 여러 가지 보상 정책들을 필요로 한다. 하물며 이 같은 [이상적] 이론을 비이상적 사회에 적용하려면, 필요한 모든 자원과 관심을 제공하지는 못하지만 아이들을 부양하고 돌보는 가족들뿐만 아니라 부정의한 가족들의 존재를 다루기 위한 정책을 개발하는 데 훨씬 더 많은 관심을 기울여야 한다.

롤스가 가족을 기본 구조에 넣기 위해 이용할 수 있는 또 다른 정당화는 가족의 분배적 기능에 호소한다. 가족은 성인 간 사회적 협동의 혜택과 부담의 분배뿐 아니라 아이들이 받는 혜택에도 영향을 미친다. 어떤 이는 가족이 수행하는 중요한 분배적 기능만으로도 가족이 기본 구조에 포함되기에 충분하다고 주장할 수 있다. 그렇다면 사회 정의 담론의 핵심 주제 중 하나는 가족의 분배적 효과가 다른 사회 제도들의 효과에 의해 균형을 이루어 기본 구조 전체가 정의의 두 원칙을 만족시킬 수 있는 방법에 관한 것이 될 것이다. 그러나 롤스는 가족을 기본 구조에 포함시키는 것을 정당화하기 위해 이러한 노선을 따라 논증하지는 않는다. 사실 그는 가족의 분배적 효과에 대해 길게 고려하지 않는다. 우리는 '가족과 자녀 교육의 분배적 기능'이라는 제목의 절[이 장의 맨 마지막 절]에서 가족의 분배적 효과가 아이들의 교육 자원에 대한 접근에 영향을 미치기 때문에 제기되는 몇 가지 쟁점들을 탐구할 것이다. 그러나 롤스가 고려하지 **않는** 가족 관련 문제를 논하기 전에 그가 **다루는** 몇 가지 쟁점들에 대해 좀 더 친숙해지는 것이 좋겠다. 그중 하나가 '정의의 제1학교'로서의 가족의 역할이다.

정의의 제1학교

3장에서 우리는 롤스의 도덕성 발달론을 간략히 논의했다.[11] 이 이론에 따르면 가족은 정의의 제1학교로서 중요한 기능을 한다. 권위의 도덕을 받아들이는 것을 특징으로 하는 발달 단계 동안, 아이들은 가족의 맥락에서 최초의 규범을 배운다. 부모의 사랑과 지지는 부모처럼 되고자 하고 그들의 행동을 모방하고자 하는 욕구를 아이들

11 나는 롤스가 '공동체의 도덕', '원칙의 도덕'이라고 부르는 단계들에서 애국적 감정[애국심]의 역할을 논의하는 7장에서 롤스의 도덕성 발달론에 대해 좀 더 논의할 것이다.

에게 불러일으킬 뿐만 아니라, 그에 상응하는 규범의 내면화에도 결정적인 역할을 한다. 공동체의 도덕 단계에서 아이들은 가족 구성원들 간의 책임 분배를 위한 규칙을 배우고 받아들인다. 아이들은 이러한 규칙들이 그들 자신의 선과 가족의 다른 구성원들의 선을 증진시킨다는 것을 인지할 수 있기 때문이다. 공동체의 도덕의 내용은 아이들이 참여하는 협회의 다양한 역할에 부가된 특정한 기준에서 비롯된다. 아이들은 학교 동아리, 스포츠 팀, 함께 놀이를 하는 또래 집단 등과 같은 가족 외부의 다른 협회들에 참여한다. 이러한 [협회] 활동들은 다양한 규칙들로 구조화되며 그들에게 공정한 조건으로 다른 사람들과 협동하는 다양한 방법을 가르친다. 그러나 도덕성 발달에서 이 중간 단계의 특징인 역할 기반 도덕성role-based morality을 습득하는 동안, 계속 가장 큰 영향력을 행사하는 것들 중 하나는 바로 가족이다.

수잔 몰러 오킨Susan Moller Okin은 아이들의 도덕성 발달에서 가족의 역할이 롤스의 이론에서 심각한 내적 긴장을 야기한다고 주장한다. 오킨에게는 정의의 원칙이 가족의 내부 생활에 직접 적용되는 것은 아니지만 그럼에도 가족은 아이들의 도덕성 발달을 뒷받침할 수 있게 정의로워야 한다는 것이 핵심 쟁점이다.[12] 오킨은 정의로운 사회의 안정성이 가족의 맥락에서 시작되는 정의감 습득에 결정적으로 의존한다는 롤스의 의견에 동의한다. 아이들이 최초로 그들 자신, 그들의 권리와 의무, 그리고 다른 사람들과의 관계에 대한 감각을 습

12 Okin(1989)를 참조하라. 이 논변은 Kearns(1983)에서 처음으로 간략하게나마 진술되었다.

득하는 것은 가족의 맥락에서이다. 그러나 오킨에 따르면, 만일 정의의 원칙이 가족에 적용되지 않는다면, 가족적 정의family justice는 보장되지 않으며, 결과적으로 정의로운 사회의 안정성도 보장될 수 없다.

오킨이 롤스에 대해, 그리고 롤스가 아이들의 도덕성 발달에서 가족에 부여한 기능에 대해 제기하는 비판은 어른들이 이성애자인 가족에 초점을 맞춘다.[13] 그녀의 주장은 이러한 가족의 내적 기능이 평등한 관심과 존중equal concern and respect의 규범을 위반한다는 것이다. 가족 내에서 결정을 내릴 수 있는 힘은 종종 남편과 아내 간에 평등하게 공유되지 않는데, 그러한 힘은 소득 능력과 상관관계가 있고 많은 아내들이 남편에게 재정적으로 의존하고 있기 때문이다. 더욱이 남편이 하는 일과 아내가 하는 일은 일반적으로 동등하게 평가되지 않거나(이것은 한 사람은 급여를 받고 다른 사람은 급여를 받지 못하거나, 한 사람이 다른 사람에 비해 훨씬 많은 급여를 받을 때 발생한다), 또는 공평하게 분배되지 않는다(이것은 남편과 아내 모두 유급 일자리가 있지만 대부분의 집안일은 아내가 할 때 발생한다). 오킨은 가족 중 어른 구성원들 사이의 관계가 상호성과 평등한 고려가 아니라 지배와 착취에 기반한 것일 때, 아이들이 공정하고 평등주의적인 규범을 배우게 될 것 같지는 않다고 주장한다.

오킨에 따르면, 많은 가족에서 여아들과 남아들이 결정적인 인

13 오킨이 이성애자 부부로 형성된 가족에만 초점을 맞추는 데 대한 비판으로는 Kymlicka(1991)을 참조하라. 나중에 출간된 논문에서 오킨은 동성애자 가족들이 아마도 기존 문화 규범의 영향을 덜 받기 때문에 가사 노동 분업에서 보다 공정한 경향이 있다고 주장한다. Okin(1996)을 참조하라. 이후부터 나는 단순성을 기하기 위해 '남편'과 '아내'라는 용어를 사용하지만, [이 용어 사용과 관련되는] 주장들은 또한 아이들을 양육하는 결혼하지 않은 이성애자 커플에게도 해당한다고 봐도 무방하다.

격 형성기에 받는 교육은 그들의 성별을 근거로 가족 구성원들에게 차별적인 자격과 책임을 부여하는 성 역할에 대한 고정 관념을 영속화하는 경향이 있다.[14] 경험적 연구에 따라, 오킨은 남편과 아내 사이의 불평등한 노동 분업은 청소년기 아들과 딸의 집안일에 대한 불평등한 기여와 상관관계가 있는 경향이 있다고 주장한다. 그리고 이것은 '가족 부정의의 패턴'이 전형적으로 세대에서 세대로 전해진다는 것을 시사한다.[15] 고정된 성 역할이 널리 수용되는 것은 다시 현대 민주 사회에서 여성의 자유의 행사, 기회, 자원에 대한 접근에 부정적인 영향을 끼친다. 오킨은 여성이 주로 아이들을 양육하는 책임자로 인식되고 있고, 또한 직업 시장은 진정한 근로자라면 아이를 양육할 책임이 없다는 가정하에 형성되기 때문에 여성의 기회와 경제적 자원에 대한 접근은 불공정하게 제한된다고 주장한다. 오킨의 결론은 무엇보다 가족 내부 생활이 괄목할 만큼 바뀌지 않으면 사회는 정의의 원칙을 만족시킬 수 없다는 것이다. 이런 이유로 그녀는 남성과 여성에게 자녀 돌봄을 포함하여 유급 노동과 가사 노동을 공동으로[남녀의 역할 구분 없이] 담당하도록 장려하는 여러 가지 공공 정책들을 제안한다. 일부 가족은 유급 노동과 가사 노동에 대한 책임을 전통적인 노선에 따라 계속 분담할 것이기 때문에, 오킨은 또한 이혼 시 심각한 불이익을 당할 수 있는 전업 주부 어머니(혹은 아버지)와 자녀들을 보호하기 위해 마련된 추가 정책들을 제안한다.

14 또한 한 부모 가족은 십대 아들 말고 십대 딸에게 집안일을 거들도록 요구하여 성 고정 관념gender stereotype을 영속화할 수도 있다.

15 Okin(1994).

오킨의 롤스 비판의 핵심은 가족의 내부 활동에 정의의 원칙들을 적용하기를 거부하는 것은 공정으로서의 정의론의 안정성을 훼손한다는 주장이다. 이 주장을 평가해 보자. 우리는 이미 롤스의 경우 그 원칙들이 기본 구조 전체의 주요 제도들의 집합에 적용된다는 것을 보았다. 이미 언급했듯이, 이것은 가족이 정의의 **어떠한** 요구에도 내적으로 불투명하다는 것을 의미하지는 않는다. 오히려 가족생활에 관한 정의로운 규범이나 정의로운 의사 결정이 가족이라는 종류의 제도에 적합해야 한다는 것을 의미한다.[16] 롤스의 정의의 두 원칙은 가족생활에 직접 적용하려고 고안된 것이 아니다. 그는 그 원칙을 사회의 기본 구조에 적용하고자 했다. 롤스는 만약 아이들이 (심각하게) 부정의한 가정에서 자라면 도덕적 역량을 계발하고 성숙한 정의감이나 합당한 가치관을 갖는 데 어려움을 겪을 것이라는 오킨의 일반적인 주장에 동의할 것이다. 그러나 롤스와 오킨은 가족 내 과업의 분배가 정의롭거나 그렇지 않다고 간주하는 기준에 대해 의견이 다르다.[17] 롤스의 이론은 합당하게 정의로운 가족 체제의 다양한 관념들을 위한 여지를 남겨둔다. 특히 그는 가장 공정한 가족 체제가 성인들이 대략 동등한 양의 유급 노동, 가사 노동, 육아 노동을 하는 것이라 주장하지 않는다. 공정으로서의 정의는 다수의 허용 가능한 가치관들을 위한 여지를 남겨두고자 하므로, 공정한 가족 체제에 대한 어떤 매우 특수한 관념을 옹호할 수 없다. 이것은 합당한 시민들 간에

16 정의로운 학교 내부 조직에 대해서도 유사한 언급이 적용된다. 제도적 구조의 상이한 유형들은 상이한 정의의 원칙들에 의해 지배된다는 주장에 대한 일반적 옹호로는 Sangiovanni(2008)을 참조하라.

17 롤스와 오킨 사이에 불일치하는 논점들에 대한 상세한 논의로는 Baehr(1996)을 참조하라.

불일치가 존재하는 주제이기 때문이다.[18]

롤스의 이론은 가족 내 노동 분업을 위한 전통적 체제에 대해, 그것이 자발적 참여라는 전제하에 상황의 제약 때문에 (가령 그 지역에 적절한 보육 시설이 없거나 이용 가능한 유급 일자리가 육아 책임과 양립할 수 있을 만큼 유연하지 못하기 때문에) 발생한 결과로 받아들여지는 한, 부정적으로 평가하는 것을 삼갈 것이다. 그러나 이 문제에 대한 롤스의 허용 범위는 여전히 학대, 강요, 착취, 조작을 부당하다고 배제할 것이므로 가족 내부에서 일어나는 부정의를 외면한다고 비난받을 수 없다. 게다가 롤스는 남성들이 전처 그리고 자녀들과 소득을 나누어야 할 계속적인 의무 없이 결혼 생활을 중단해서는 안 된다는 오킨의 의견에도 동의한다.[19]

내가 보기에 정의의 두 원칙이 가족에 직접 적용되지 않기 때문에 정의론에 심각한 결함이 있다는 오킨의 주장은 그 원칙들의 범위에 대한 오해에 기인한다. 혹자는 공정으로서의 정의가 가족은 엄격하게 평등주의적인 가족적 정의관을 만족해야 한다는 요건을 포함하지 않는 한 안정적일 수 없다는 식으로 그녀의 비판을 재구성하려 할 수 있다. 오킨의 롤스 비판의 이러한 수정본은 사회의 기본 구조

18 샤론 로이드Sharon Lloyd는 가족 내 과업의 분배가 불평등하지만 가족의 성인 구성원들이 공유하는 가치관에 근거해 수용 가능할 수 있는 통찰력 있는 사례들을 제시한다. 그 사례 중 하나는 미래의 더 높은 가계 소득을 기대하면서 한 사람은 돈벌이와 육아를 전담하고 다른 사람은 대학원 과정을 마치는 데 전념하는 어느 부부의 사례이다. 로이드는 두 성인[부부] 모두 노동 분업을 공정한 것으로 인식하고 아이들도 그런 특수한 체제를 위한 이유를 아는 것이 중요하다고 지적한다. Lloyd(1995), pp. 1339~43을 참조하라.

19 Rawls(2001), pp. 165~67.

를 위한 정의의 원칙들이 가족적 정의의 원칙과는 다른 형태를 취할 수도 있다는 것을 인정한다. 그러나 이 같이 재구성된 비판을 뒷받침하기 위해서는 다음 두 가지 중 하나를 보여줄 필요가 있다: (a) 어른들이 유급 노동, 가사 노동, 육아 노동을 공동으로 담당하는 가족 체제만이 정의로우며, 따라서 이와 다른 가족 체제를 허용하는 것은 부정의를 묵인하는 셈이 된다는 점, 또는 (b) 다른 가족 체제는 그 자체로는 부정의하지 않더라도 틀림없이 사회의 배경적 정의background justice를 훼손하게 될 것이라는 점.

(a)의 문제는 그것이 공정한 가족 체제에 대한 많은 사람들의 숙고된 판단과 충돌하며, 과업의 [가족] 내부적 분배가 취할 수 있는 형식들의 수용 가능한 범위를 지나치게 제한하는 것으로 보인다는 것이다. 오킨이 생각하는 정의로운 사회의 이상은 '젠더 없는without gender' 사회이다. 오킨에 따르면 젠더는 성적 차이의 뿌리 깊은 사회적 제도화이다. 그래서 그녀가 꿈꾸는 이상적 사회에는 남성과 여성이 하는 역할의 구분이 없을 것이다. 분명 이러한 이상은 젠더화된 노동 분업에 기초한 가족 체제가 합당하게 정의롭다는 생각과 모순되는 것으로 보인다. 그녀는 다음과 같이 말한다.

> 롤스는 가족 제도가 정의롭다는 그의 가정의 근거를 설명하지 않는다. 만일 젠더화된 가족이 정의롭지 않고 오히려 거대한 사회적 의의에 물든 선천적 차이에 따라 역할, 책임, 자원이 분배되는 카스트나 봉건 사회의 유물이라면, 롤스의 도덕 발달의 전체 구조는 흔들리는 땅 위에 지어진 것처럼 보일 것이다. (…중략…) 성 역할이 고정적으로 할당된 계

> 층적 가족에서 우리는 롤스의 도덕성 발달 이론이 우리에게 요구하는 바와 같이 어떻게 "우리 자신을 다른 사람의 입장에 서 보게 하여 그의 입장에서 우리가 무엇을 할 것인지를 알아내는 것"을 배울 것인가? 그들이 양쪽 성별의 어른들에 의해 평등하게 양육되지 않는 한, 어떻게 양쪽 성별의 아이들이 원초적 입장에서 예시되는 부류의 정의에 대한 심의에 참여할 수 있도록 충분히 비슷하고 원만한 도덕 심리를 발달시킬 수 있을 것인가?[20]

또한 오킨은 남편과 아내가 유급 노동을 하지만 아내가 가사 노동과 육아 노동을 '2교대'로 하는 체제는 훨씬 더 부정의하다고 주장한다.[21] 이런 유형의 체제는 남편과 아내가 대략 같은 양의 일을 하지만 각자가 하는 일의 종류는 젠더화된 노동 분업에 기반을 둔 체제보다 더 착취적이고 불공평할 것이다. 오킨은 아마도 각 배우자가 하는 일의 종류가 일반적으로 동등하게 평가되지 않기 때문에 이 후자의 체제 역시 부정의한 것으로 간주된다고 주장할 것이다. 게다가 그러한 체제는 기혼 여성들에게는 더 적은 의사 결정 능력, 그리고 미래의 여성들에게는 줄어든 기회와 상관관계가 있는 경향이 있다.

이제 주장 (b)로 돌아가자. 이 주장은 대부분의 사회를 특징짓는 젠더 기반의 광범위하고 체계적인 노동 분업을 고려할 때 [주장 (a)

20 Okin(1989), pp. 99~100.

21 Okin(1994), p. 36을 참조하라. 이 점을 지적해 준 엘리자베스 브레이크Elizabeth Brake에게 감사한다.

보다] 방어하기가 더 쉽다. (b)의 배후에는 여성들이 높은 비율로 노동 시장을 떠나거나 보수가 좋지 않은 아르바이트에 종사할 경우, 정규직 여성들과 아이들을 양육하는 그들의 배우자들의 요구를 수용해야 하는 사회적 압력이 줄어들 것이라는 생각이 깔려 있다. 이렇게 되면 유급 노동과 육아 노동을 병행하려는 부부들이 더 어려워질 것이다. 게다가 만약 여성들이 높은 비율로 전업 주부의 길을 선택한다면, 이는 여성들은 특정 종류의 직업에 관심이 없거나 적합하지 않거나 아이를 가지면 노동 시장을 떠나기 쉽다고 가정하는 널리 퍼져있는 고정 관념을 강화시킬 공산이 크다. 나는 이런 문제들이 가족에서의 전통적 노동 분업에 대한 광범위한 선호 때문에 발생하는 결과들 중 일부라는 것에 동의한다. 하지만 (b)를 위한 이러한 논변의 한 가지 문제점은 가족 체제가 사회 정의에 미치는 영향은 다른 사회 제도 및 정책들이 미치는 영향과 분리되기 어렵다는 것이다.[22] 만약 앞서 언급한 고려사항들을 단지 가족 내부의 젠더화된 노동 분업에 반대하는 도구적 논변을 제공하는 것으로 받아들인다면, 이러한 [가족] 체제가 부정의하다고 간주되는지 아닌지는 특정 사회에서 그 체제가 미치는 영향에 달려있을 것이다.

오킨 자신이 설득력 있게 보여주었듯이, 여성의 기회, 자원에 대한 접근, 자유의 가치는 가족 체제에**만** 의존하지는 않는다. 오히려 그것들은 많은 근로자들이 자녀를 양육하고 있다는 사실과 결혼 안 한 개인들보다 가족이 그 구성원들의 중요한 필요를 충족시키려면

22 조슈아 코헨Joshua Cohen은 비슷한 노선을 따르는 오킨의 여러 주장들을 비판한다. Cohen(1992)를 참조하라.

더 많은 자원을 필요로 한다는 사실을 고려하는 사회 정책들이 있는지 여부에 크게 의존한다.[23] 나는 많은 부부들이 전통적인 가족 노선을 따라 노동을 분담하기로 결정하는 것이 여성(과 남성)의 제약 없는 선호 표출로 이루어지는 선택과 관련된다기보다는 노동 시장의 현행 구조, 적절한 보육의 가용성, 그리고 학교 수업 시간 길이[등하교 시간]와 훨씬 더 관련이 있다고 생각한다.[24] 내가 보기에, 사회 정책들이 일하는 부모의 요구를 더 잘 수용하고 일하는 환경을 여성에게 보다 적합하게 만들기 위한 방향으로 수립된다면, 전통적 노동 분업이 계속 만연한다든가 아이를 둔 여성들 중 그렇게 높은 비율이 보수가 좋지 않은 직업에 종사하고 말 가능성은 매우 낮을 것이다. 따라서 전통적인 노동 분업이 사회적 부정의를 영속화하는 경향이 있다는 것은 사실이지만, 가족생활에 대한 결정이 이러한 부정의의 주요 원인이라는 것은 내가 볼 때 분명치 않다. 사회적 여건과 특정 직업 선택에 따른 비용을 변화시키는 것으로도 부부들의 현실적 선택과 여성의 노동에 대한 사회적 기대를 변화시키기에 충분할지도 모른다.[25]

롤스와 오킨의 견해를 대조할 때 제기되는 한 가지 흥미로운 쟁

23 바람직한 정책들 중에서도 특히 출산 휴가 및 수당, 국가 보육 제도나 육아 수당, 유연 근무제, 근무 시간과 초과 근무에 관한 법률, 방과 후 돌봄 교실, 국가 지원 여름 캠프 등이 있다. 이들 정책과 추가 정책들은 유급 노동과 자녀 돌봄을 병행하기 위해 두 부모 가족보다 많은 어려움에 직면하는 한 부모 가족을 지원하는 데 필요하다.

24 예를 들어, 자녀가 있는 많은 대학 교수 부부들은 오킨이 제안하는 노선에 따라 일을 분담하는 경향이 있다. 이것은 물론 그들이 자유주의적 평등주의의 이상을 지지한다는 것으로 설명될 수 있다. 그러나 그것은 또한 대학 교수직이 비교적 근무 시간이 유연한 경향이 있고 강의 준비 같은 일들을 집에서 할 수 있게 허용한다는 사실과도 관련이 있을 수 있다.

25 이 점을 강조해 준 콜린 맥클레오드에게 감사한다.

점은 가족 내부의 일을 규제하는 원칙과 사회의 기본 구조를 규제하는 원칙 사이의 상당한 합치congruence가 필요한가 또는 필요 없는가 하는 것이다. 다시 말해, 가족이 아이들의 도덕 교육 및 정치 교육을 긍정적으로 지원하려면 과연 그러한 합치가 필요한지에 대한 의문이 생긴다. 롤스의 견해는 성인 시민들이 합당하게 가질 수 있는 다양한 가치관들의 범위에 상응하여 그것과 결부된 공정한 가족 체제들의 범위가 있다는 것이다. 그 결과, 한편으로는 가족에 대한 공정성의 규칙과 다른 한편으로는 사회의 기본 구조에 대한 정의의 원칙 사이에 불연속성discontinuity이 있게 된다. 오킨은 그 결과로 발생하는 불연속성이 가족이 진정한 정의의 학교로 기능하는 것을 방해할 것이라고 주장함으로써 롤스의 견해가 갖는 이러한 측면에 반대할 수도 있다. 그러나 사회와 가족의 기본 구조만큼 서로 다른 제도적 구조들 사이에 얼마만큼의 합치를 기대할 수 있을지는 분명치 않다. 게다가 우리는 아이들이 그들의 정의감과 합당한 가치관을 발달시키는 데 진정 필요한 것이 무엇인지 고려해야 한다. 분명 한 가지 중요한 것은 소년 소녀들 모두가 자신들에 대한 그리고 그들의 평등한 권리에 대한 확고한 감각을 습득하기 위해 충분한 사랑, 지지, 격려를 받아야 한다는 것이다. 또한 타인의 주장과 요구에 적절히 반응하는 법을 배우고, 공정성의 감각, 타인의 관점을 알 수 있는 능력, 그리고 분쟁 해결을 위한 타협 능력을 계발하는 것도 중요하다. 이러한 핵심적인 정치적 가치들을 가르치지 못하는 가족은 아이들이 자랄 때 지배와 굴종의 관계를 형성하는 것을 더 쉽게 할 수 있기 때문에 정의의 학교로서는 불충분하다.[26] 그러나 핵심적인

26 6장을 참조하라.

정치적 가치들을 가르치는 가족은 합당하게 요구받을 수 있는 모든 것을 하고 있는 셈이 될 것이다. 물론 가족생활에 대한 다양한 범위의 합당한 관념들을 수용하는 것이 부모들이 그들이 원하는 어떤 방식으로든 아이들을 양육할 수 있는 무제한적 권한을 가져야 한다는 것을 뜻하지 않음을 분명히 해야 한다. 그러나 다른 사회 제도들이 가족이 제공하는 도덕 교육 및 정치 교육을 보완한다면, 부모들에게 상당히 광범위한 자유재량이 있을 수 있다.

가족이 아동, 청소년, 성인들이 참여하는 유일한 제도나 협회는 아니기 때문에, 롤스의 이론은 특정한 **임계***threshold*의 도덕적 능력이 특히 가족 내에서 적절하게 길러져야 한다는 것만을 요구한다.[27] 도덕 교육과 정치 교육을 보완하기 위해 아이들은 [가족 이외의] 다른 사회 제도와 협회에 참여할 필요가 있다. 이것은 여러 가지 이유로 사실이다. 그리고 그 이유 중 다수는 가족이 현대 민주 사회의 다양성과 복잡성을 적절히 반영할 수 없다는 분명한 사실에 기인한다.[28] 이러한 이유들은 아이들이 학교에서 받는 교육이 왜 가족 교육family education에 대한 필수적 보완물인지를 설명하는 데 도움이 된다. 즉, 학교는 아이들이 가족 구성원이 아닌 어른 및 아이들과 교류해야 하는 더 다양한 환경을 제공한다는 것이다. 이런 식으로 아이들은 가정생활을 구조화하는 대안적인 방식들을 포함하여 대안적인 가치관들을 인식할 수 있는 더 큰 기회를 갖게 된다. 아이들이 합당한 시민의

27 Lloyd(1995), p. 1335를 참조하라. [여기서 그리고 이후에서 '임계'는 가족에서의 교육을 통해 그 지점을 통과하면 비로소 학교나 다른 사회 제도들의 교육적 도움을 받아 합당한 시민의 도덕적 능력을 갖추어 나갈 수 있게 되는 '문턱'이나 '시작점'을 의미한다.]

28 Okin and Reich(1999).

특징적 성향을 습득하려면 이러한 종류의 다양성에 대한 인식이 필수적이다. 게다가 학교는 아이들에게 정치적·법적 체계의 구조와 시민의 권리 및 책임에 대해 가르쳐야 한다. 왜냐하면 이러한 정보는 대개 부모가 완전히 (또는 부분적으로조차) 전해주지는 않기 때문이다. 이 모든 것을 염두에 두고, 롤스의 이론이 가족으로부터 기대하는 것은 합당한 시민성을 위한 임계 수준의 능력을 계발해 주는 것이다. 다른 사회 제도가 이 과업을 보완할 수 있으므로, 가족 내에서만 작동하는 원칙이 더 넓은 사회 정의의 원칙과 합치할 필요는 없다. 물론, 일부 가족은 이러한 임계 수준의 도덕적·정치적 능력 발달을 제공하지 못한다. 이것은 아이들이 다른 사람들의 관심, 관점, 또는 합리적 요구에 대해 충분한 관심을 갖지 않은 채 성년이 되면 일어날 수 있다. 아니면 그것은 아이들이 자신의 평등한 도덕적 지위와 그들이 사회의 다른 구성원에게 할 수 있는 특정한 요구의 타당성을 인식하는 법을 배우지 않고 자라면 일어날 수 있다. 롤스의 접근법에 따르면 이러한 일들 중 하나가 일어나는 가족은 정의의 학교로서 틀림없이 실패한다.

간단히 요약하자면, 롤스는 아이들의 돌봄과 교육 모두에서 필수적인 기능을 하기 때문에 가족을 사회의 기본 구조의 일부로 포함시킨다. 롤스는 아이들의 건강한 도덕적·정서적 발달은 적어도 한 명의 어른과의 친밀하고 사랑하는 관계를 필요로 하며, 이것이 가족이라는 제도의 존재를 정당화한다고 생각한다. 그의 이론에 따르면, 정의로운 사회는 시민들이 그들의 합당한 가치관을 추구할 수 있는 틀을 제공해야 하기 때문에, 그는 가족 체제에서 공정성에 대한 어떤 특정한 관념을 지지하기를 거부한다. 롤스는 가족 구성원들 간의 관계가 충족해야 하는 정의의 몇 가지 기본적 요구사항들(이것들 중 다수는 법으로 시행되어야 한다)이 있다고 주장한다. 그러나 그의 이론은 가족 구성원들이 서로에 대한 사랑과 관심의 감정에 의해 결합되고, 가족은 일과 자원을 분배하는 공정하고 합의된 방법을 찾을 것이며, 아이들은 가족이라는 맥락에서 적절하게 보살핌을 받을 것이라는 가정들 위에서 전개된다. 이 모든 것들은 이상적 이론의 수준에 초점이 맞춰져 있으며, 롤스는 심각하게 부정의한 가족의 문제를 거론하려조차 하지 않는다. 비이상적인 맥락을 위한 정책 제안을 개발하고자 하는 사람들은 분별 있는 정책을 제안하려면 사랑과 지원을 아끼지 않는 가족뿐만 아니라 심각한 결손 가족, 그리고 이 두 극단 사이의 어딘가에 해당하는 가족들이 있다는 것을 고려해야 함을 명심할 필요가 있다.

가족과 자녀 교육의 분배적 기능

가족은 단순히 아이들에 대한 보살핌과 교육을 제공하는 것 이상의 일을 한다. 가족은 또한 여러 가지 분배적 기능도 가지고 있다. 유급 노동을 하는 성인들은 종종 가족의 구성원이며, 만약 그렇다면 그들은 일반적으로 그들의 소득을 다른 가족 구성원들과 나누려는 경향이 있다(또 그러리라 기대된다). 이 때문에, 정의론은 공정한 가족 체제의 관념을 제공하지 않더라도 여전히 가족의 존재에 따른 재분배 효과를 고려해야 한다. 정의론과 사회 불평등에 대한 경험적 연구가 직면하는 한 가지 흥미로운 방법론적인 쟁점은 결국 소득 분배를 어떻게 이해하는가 하는 문제에 관한 것이다.[29] 특정 사회에서 소득 분배가 정의로운지를 평가할 때 개인 소득을 살펴보는지, 아니면 가계 소득을 살펴보는지, 또 가계 내의 소위 '부양가족dependents' 수를 고려하는지 아닌지에 따라 큰 차이가 있다. 여성주의자들은 분석 단위로 가계 소득에 초점을 맞추게 되면 한 가족 내에서 성인들의 소득 능력에 종종 큰 차이가 있다는 사실이 모호해지는 경향이 있다고 정확히 지적해 왔다. 이러한 [소득 능력] 차이는 다시 가족 내 성인들의 의사결정 능력, 각 성인이 하는 가사 및 육아 노동의 양, 그리고 이혼 시 각자의 인생 전망에 영향을 미치는 경향이 있다. 그러나 개인 소득에 초점을 맞추는 대안도 문제가 있어 보인다. 예를 들어, 소득이 없거나 낮은 사람을 꼭 최소 수혜자로 간주할 필요는 없다. 왜냐하면 그 사람은 (최소한 이혼할 때까지, 아니면 부유한 친족이 덜 관대하기로 마음먹기까지) 부유한 가족의 일원으로 온갖 종류의 자원에 충분히 접근할 수도 있기 때문이다. 반면에, 다른 누군가는 자신의 경제적 필요를 감당하기에 충분하고도 남는 수입을 올릴 수도 있지만, 그녀의 부양가족에게 충분히 제공하기에는 부족할 수도 있다.

가족의 분배적 측면에 관한 다른 난점들은 아이들 스스로가 정의의 문제로서 빚지고 있는 것과 관련이 있다. (공정한 조건에서) 소득을 올리는 성인은 그 소득을 가족과 함께 나눌 자격이 있다는 말은 직관적으로 옳은 것 같다. 그러나 이런 종류의 가족 불공평성family partiality의 영향을 완화시키는 기능을 하는 정책이 없는 상황에서, 사

29 이러한 쟁점은 Okin(1989), p. 95에서 제기된다. 소득의 정의와 측정에 대한 추가적 고려를 위해서는 Bojer(2002), 특히 pp. 400~401을 참조하라.

람들에게 가족과 소득을 공유할 수 있도록 하는 것은 결과적으로 아이들이 가족 배경[가정환경]에 의해 주로 결정되는 인생 전망(또는 롤스의 표현으로, 사회적 복권[추첨]social lottery)을 갖게 한다. 부유한 가족의 아이들은 가난한 가족의 아이들보다 훨씬 더 많은 자원에 접근할 수 있을 것이다. 이러한 차이는 일부 아이들에게는 불공정한 이득을, 다른 아이들에게는 불공정한 불이익을 초래할 가능성이 크다. 따라서 그들의 소득을 가족과 공유할 성인들의 자유와 공정한 인생 전망에 대한 아이들의 권리 사이에는 분명한 긴장이 존재한다.[30]

롤스의 정의론은 이러한 긴장을 다루는 데 필요한 도구를 구비하고 있는가? 롤스는 때때로 정의의 원칙이 성인들 사이의 재화 분배 문제를 해결하기 위한 것일 뿐인 양 서술한다. 그러나 우리의 목적에 쓸모 있는, 원초적 입장에 있는 당사자들의 숙의deliberation에 대한 그럴듯한 해석이 있다. 즉, 당사자들은 일단 [무지의] 베일이 걷히면 그들이 제한된 자원을 가진 가족의 아이들을 대표하고 있을 수도 있다는 사실을 고려해야 한다. 만약 당사자들이 자원 접근과 관련한 개인들의 인생 전망을 확보하는 데 관심이 있다면, 그들은 특정 기본재의 이용 가능성이 그 재화에 대한 가족의 지불 능력에 의존하지 않도록 보장하기 위해 노력할 것이다.[31] 혹은 논점을 살짝 다른 식으로 표현하면, 원초적 입장에 대한 그럴듯한 서술은 인간이 아동으로 살아가는 기간을 고려할 것이다. 내가 보기에 원초적 입장에서 이 점을 고려한다고 해서 거기서 선택될 정의의 원칙의 내용을 수정할 필요

30 Fishkin(1983); Macleod(2002); Brighouse and Swift(2009b)를 참조하라.

31 Bojer(2000)을 참조하라.

는 없을 것이다. 그러나 정의의 원칙을 올바르게 실행하기 위해서는 그 원칙의 수혜자들 중 일부는 아이들이라는 사실을 적절히 고려할 필요가 있다. 실제로 정의의 원칙을 충족시키기 위해서는 중요한 자원에 대한 아이들의 접근이 그들 가족의 소득에 좌우되지 않고 공적으로 보장되는 방식으로 가족의 분배적 기능이 (과세와 재분배 정책에 의해) 규제될 것을 요구할 것이다. 콜린 맥클레오드는 아이들이 **아이들로서** 좋은 삶을 살아가기 위해 필요로 하는 특수한 재화들이 있다고 주장한다. 그는 기존의 정의론이 아이들을 고려한다 해도 아이들이 성인으로서 갖게 될 미래의 기회와 자원에만 주목하는 미래적 접근법을 채택한다는 점에서 기존 정의론을 비판한다. 이 점에서 그는 옳다. 롤스의 사회적 기본재는 아이들이 좋은 삶을 살기 위해 필요로 하는 종류의 재화를 적절히 포착하지 못한다. 예컨대, 어린 아이들은 정치적 자유와 소득을 필요로 하지 않는다. 그들은 그러한 재화를 어떻게 이용해야 하는지 결정할 만큼 충분히 성숙하지 않았기 때문이다. 맥클레오드는 아이들에게 필요한 기본적 자원은 다음과 같다고 주장한다: 교육, 의료, 영양가 있는 음식, 주거, 사랑하는 가족, 그리고 놀이 기회 등. 공공 정책으로 접근 가능한 종류의 것들에 대해 생각할 때 이러한 재화들을 고려하면 도움이 될 것이다. 예를 들어, 맥클레오드는 정의의 문제로서 아이들이 마을 회관community center, 공원 등등의 형태로 여가와 오락의 기회를 이용할 수 있어야 한다고 주장한다.

그러나 전통적으로 성인들 간 불평등을 허용하도록 롤스주의자들Rawlsians을 이끌어 온 바로 그 고려사항은 [위와 같은 비판에도] 굴하지 않을 것이다. 즉, 일정량의 사회적 불평등은 그것이 최소 수혜자를 포함한 모든 사람에게 더 많은 재화가 이용 가능해지는 결과를 가져오는 인센티브 구조를 제공하는 한 허용된다는 것이다.[32] 따라서 아이들이 가족에서 양육되는 한 공정으로서의 정의론은 적어도 아이들 간의 **일정한** 불평등은 허용 가능한 것으로 받아들이자는 입장인 것으로 보인다.

정의론은 교육 재정과 교육 재화의 분배 기준에 대해 무슨 말을 해야 할까? 이것은 많은 분량의 추가 논의를 필요로 하는 주제이지만, 롤스의 이론과 가장 일관되는 종류의 대답을 약술해 볼 가치는 있다. 우리는 이미 아이들 교육의 상당 부분이 가족에서 이루어진다는 사실을 논했다. 그리고 아이들 간에 불평등이 초래될지언정 아이들을 가족에서 양육하도록 지원할 이유가 있다는 것도 논했다. 그러나 아이들 교육의 상당 부분은 학교에서도 이루어지며, 이 부분은 가족의 중요한 기능을 훼손하지 않고 공적 규제와 통제를 받을 수 있다. 게다가 가족이 아이들의 건강한 도덕적·심리적 발달에서 근본적인 역할을 한다는 것, 또는 부모가 소득을 아이들과 공유할 자격이 있다는 것을 인정한다고 해서 대부분의 사회에서 가족 불공평성이 미치는 영향이 있다는 것을 묵과할 필요는 없다. 이는 대부분의 사회에서 바람직한 사회적 지위와 소득의 분배가 공정하지 않고 정의의 제2원칙의 두 부분에 해당하는 요건들을 충족시키지 못하기 때문이

32 예를 하나만 들어보면, 학비가 비싼 사립학교는 허가하되 중과세하여 공립학교에 다니는 아이들의 교육을 위해 더 많은 재원이 마련되도록 할 수 있다. 이런 식으로 부모에 의한 불공평성은 최소 수혜 계층 아이들의 교육적 이익을 위해 작동하도록 조정될 수 있다. 보다 일반적인 표현으로, 학비가 비싼 사립학교는 만약 그러한 학교 형태가 사회의 최소 수혜 구성원들을 위해 기본적 재화에 대한 [그들의] 기대치expectations를 극대화시키는 결과를 가져올 경우 정당화될 수 있다.

다. 만약 어느 부모가 불공평하게 소득이 높다면, 부모가 자신의 모든 부를 자녀에게 유산으로 물려주어 부정의를 영속화하거나 사회적 부정의를 영속화하는 방식으로 소비하도록 허용할 것이다.

어떤 이는 롤스적 틀을 이용하여 어떻게 교육이 아이들에게 분배되어야 하는지를 해명하기 위해 공정한 기회균등의 원칙에 초점을 맞추려 할 수도 있다. 그러나 롤스주의자에게 그 원칙은 논의를 시작하기에 적절한 원칙이 아니다. 내가 보기에 그 원칙은 아이들을 위한 교육적 재화의 분배에 대해 결정할 때 우리가 호소할 주요 원칙이 되어서는 안 된다.[33] 오히려 우리는 평등한 자유의 원칙에서 시작해야 한다. 이 원칙이 공정한 기회균등의 원칙에 비해 축차적 우선성을 갖기 때문이다. 이 제1원칙은 아이들에게 직접 적용 가능하지 않다. 아이들은 자유를 누리기에 충분히 성숙하지 않았기 때문이다. 이 원칙의 합당한 적용은 아이들이 스스로의 가치관[선 관념]을 형성하고 추구하며 미래에 그들의 권리와 자유를 행사하는 것을 준비하는 교육을 받도록 권고할 것이다. 아이들이 미래에 누리게 될 자유의 가치는 장차 그들이 가치 있는 인생 계획을 선택하고 추구하는 데 이용할 수 있는 다양한 재능을 개발해야만 극대화될 수 있다. 따라서 아이들 교육은 평등한 시민으로서 그들이 가질 미래의 지위와 그들 자신의 가치관을 개발하고 추구하는 것에 대한 현재의 이익 관심을 주로 고려하여 설계되어야 한다. 이는 아이들 교육이 정치 체계와 노동 시장을 포함한 다양한 사회 제도와 협회에 아이들이 참여할 수 있는 역량을

33 Walzer(1983), pp. 197~226을 참조하라.

갖출 수 있게 해야 한다는 것을 의미한다.[34] 이러한 종류의 고려사항들은 초등학교에서 고등학교까지 모든 아이들을 위해 재정이 잘 뒷받침된 국가 의무 교육을 지지한다. 이러한 교육의 핵심 목표 중 하나는 가족 배경, 재능, 동기, 기능과 무관하게 비교적 높은 임계 수준의 관련 역량들을 성취하는 것이어야 한다.[35]

아이들이 저마다 타고난 재능, 관심, 그리고 동기에서 차이가 있다는 것은 사실이다. 이러한 차이를 보상하기 위해 설계된 가장 효과적인 정책하에서조차 아이들은 서로 다른 교육적 성취 수준에 도달할 것이다. 게다가 이러한 교육적 차이는 차별적인 사회적·경제적 전망으로 나타날 것이다. 그러나 모든 관심을 공정한 기회균등이라는 쟁점에 집중하는 것은 잘못이며, 특히 초·중등 교육에서 그러하다. 교육은 아이들이 단지 미래의 바람직한 사회적 지위를 위한 경쟁을 준비하는 것 이상의 목적을 갖는다. 해리 브릭하우스Harry Brighouse가 지적하듯이, 교육이 제공하는 많은 '내재적 가치들intrinsic goods'

34 Barry(2003)을 참조하라.

35 이러한 소견들은 Anderson(2004); Satz(2007); Satz(2008); and Curren(1994)이 제시한 논점들로부터 도움을 받았다. 현재 높은 (대체로 비상대적인) 임계 수준의 교육을 선호하는 이들 '충분성adequacy' 옹호자들과 보다 엄격하게 평등주의적인 (상대적인) 학생당 교육비 지출을 선호하는 '평등성equality' 옹호자들 사이에 활발한 토론이 이루어지고 있다. 평등성 옹호론에 대해서는 Koski and Reich(2006); Brighouse and Swift(2008); Brighouse and Swift(2009a)를 참조하라. 이들 두 진영 간의 이론적 논쟁은 일단 임계점에 도달하면 정의는 비평등주의적 교육 예산 지출을 허용하는가 아닌가 하는 문제에 주로 관심을 갖는다. 실천적 관점에서 양 진영은 미국에서 (그리고 다른 나라들에서도) 학생 일인당 공적 자금 지출에서의 현행 격차를 줄이는 것을 지지한다. 왜냐하면 충분성 옹호자들은 그 용어의 오해 소지가 다분한 어감에도 불구하고 매우 높은 임계점을 염두에 두고 있기 때문이다. 나는 이 논쟁을 해결하려 하지 않겠다. 나의 주된 관심은 롤스의 정의의 원칙의 복잡한 요구를 충족하는 데 도움이 되기 위해 가족과 학교가 상호 작용해야 하는 방식에 관한 지침을 제공하는 것이기 때문이다.

이 있다.[36] 아이들은 나중에 인생 계획을 선택하고 사회의 완전한 참여적 구성원이 되기 위해 이러한 가치들을 인식해야 한다. 이러한 가치들에 대한 인식은 책 읽기, 악기 연주하기, 물건 만들기, 음식 요리하기 등등의 다양한 과제들에 대해 관심을 갖고, 실행하며, 성찰하는 법을 배울 때 얻게 된다. 아이들이 좋은 삶에 대한 스스로의 관념을 개발하고 그들의 자유를 이용할 수 있으려면, 이러한 과제들 중 적어도 일부를 수행하고 이러한 가치들 중 적어도 일부를 향유하는 법을 배울 필요가 있다. 게다가 아이들이 미래의 법적·정치적 권리를 효과적으로 이용하려면, 법적·정치적 체계의 작동 방식에 대한 비교적 실질적인 지식 또한 요구된다. 이것은 정의의 제1원칙이 요구하는 것으로서, 그들의 정치적 자유의 공정한 가치를 보장하기 위해 필수적이다.

교육 정책의 관점에서, 평등한 시민성의 이상을 진지하게 받아들이는 것은 연방 수준에서뿐만 아니라 주 정부 (또는 지방 정부) 수준에서 지역 간 학생 일인당 교육비 지출을 평준화하는 방향을 선호한다. 물론 특별한 필요를 갖는 학생들에게 장애나 사회적 불이익을 보상하기 위해 일정한 추가 자원이 할당되어야 한다. 업적주의meritocracy에 기반한 공정한 기회균등 원칙의 실행이 비교적 희소한 교육 재화의 할당에 대해 결정하는 데 유용(하고 적절)한 경우는 오직 대학 이상 수준에서의 교육을 고려할 때뿐이다.[37] 롤스 정의론의 배

36 Brighouse(2000), pp. 121~22.

37 대학과 대학원에 접근할 기회를 부여하기 위한 공정한 절차로 간주되는 것은 무엇인가 하는 문제는 고등 교육 학위[학·석사]를 취득하는 사람들에 대한 공정한 소득 수준은 무엇인가 하는 문제와는 다르다. [대학(원)에 진학할 자격과 대학(원) 졸업자의 적정 소득은 다른 문제라는 것.] 업적주의적 이상에 대한 일부 비판들은 실제로는 보다 발달한 재능과 기능을 가진 사람들에게 상대적으로 희소한 사회적 지위를 할당하는 것 자

후에는 모든 사회 구성원들의 이익에 대한 관심이 깔려 있다. 이 관심은 아이들이 전 학년을 최대한 이용하도록 보장해야 한다는 생각을 뒷받침한다. 이것은 [대학 이상의] 고등 교육을 추구하지 않을 아이들에게 특히 해당한다.

이제 정의의 제2원칙을 간략히 고려해 보자. 교육적 재화의 특정 형태의 분배를 지지하기 위해 이 두 부분으로 구성된 원칙을 동원할 수 있는 다양한 방식들이 있다. 공정한 기회균등 원칙의 요구 사항들에서 시작해 보자. 유사한 재능과 동기를 지닌 사람들은 유사한 인생 전망을 가져야 한다는 생각은 아이들을 유사한 수준의 재능과 동기를 가진 그룹들로 구분하여 각 그룹에게 그들의 재능과 동기 수준에 '적합한' 교육을 제공하는 메커니즘을 개발하도록 해야 한다는 것을 시사할 수 있다. 우리가 보통 공정한 기회균등과 관련되는 종류의 재능으로 간주하는 것은 사실 '함양된 재능cultivated talent'이다. 우리는 학교에서의 초기 성취도에 근거해서 아이들이 미래에 얼마나 잘 해낼지를 신빙성 있게 예측할 수 없으며, 신뢰도 없는 예측에 근거하여 학생들을 차별적으로 대우해서는 안 된다. 게다가 아이들이 개발하게 될 재능의 종류는 교육적 결정에 크게 의존한다.[38] 따라서 모든 아이들에 대해 높은 수준의 교육적 성취를 목표로 하되, 교육 자원을 선별적으로 할당하는 메커니즘은 18세 이후에만 이용하는 것이 훨씬 더 설득력 있어 보인다. 학교가 아동 및 청소년들에게 제

체에 대한 비판이 아니라, 대신 이러한 지위에 동반되는 그들의 엄청난 사회경제적 이익[우위]에 대한 비판이다.

38 이러한 논점들은 초등 교육에서의 업적주의적 기회균등 원칙의 적용 가능성에 대한 엘리자베스 앤더슨의 반론으로부터 도움을 받았다. Anderson(2004)를 참조하라.

공할 수 있는 것에 차이가 있더라도 노동 시장에서 한 아이의 미래의 지위가 주로 가족 배경을 토대로 생애 매우 이른 시기에 결정되는 식이어서는 안 된다.

차등의 원칙에 관해서는 교육 정책이 다른 사회 정책들과 함께 수많은 방식으로 그것을 충족시키는 데 기여할 수 있다. 첫째, 교육 정책은 아이들이 피고용인으로서든 자영업자로서든 성인으로서 독립적인 소득을 얻을 수 있도록 아이들의 역량과 기능을 개발하는 것을 도울 수 있다. 경제적 자원에 접근하는 것은 다시 자유의 가치의 극대화가 요구하는 것의 일부이다. 둘째, 교육 체계 전체의 작동은 사회 모든 구성원, 특히 최소 수혜자에게 이익을 주는 재능과 기능의 개발로 이어질 수 있다.[39] 물론 이것은 아무리 많은 재능과 기능이 개발된다 하더라도 자동적으로 일어나지는 않을 것이다. 오히려 국가 의료 체계 같이 함양된 재능에서 비롯되는 전문 서비스와 기타 사회적 혜택을 사회 구성원 모두가 이용할 수 있도록 보장해 줄 많은 추가적인 사회 정책들이 있어야 할 것이다.

강조해야 할 중요한 논점이 있다. 가족이 정의로운 사회 제도이기 위해서는 기본 구조의 다른 부분들이 사회 정의의 요구로부터 벗어나려는 경향이 있는 가족의 그러한 영향을 보상하기 위해 작동해야 한다는 것이다. 하지만 그러한 경향들 중 다수는 불가피하며 완전히 극복되기는 어려울 것이라고 보는 게 온당하다.

39 Rawls(1999a), pp. 86~87을 참조하라.

Rawls,
Citizenship,
and Education

제5장

합당한 시민

정의의 원칙을 가르치는 제도?

정의로운 사회라는 이상은 기본적 권리 및 자유, 기회의 평등, 물적 자원에 대한 접근을 보장하는 제도들, 즉 사회의 기본 구조를 이루는 제도들의 존재를 필요로 한다. 그러한 이상은 또한 합당한 시민reasonable citizens에 대한 특정 설명을 전제로 한다. 특히, 합당한 시민은 일련의 도덕적 역량과 성향을 지니며, 정의로운 제도를 자발적으로 지지한다. 이 마지막 논점은 규범적 정의론을 뒷받침하는 중요한 고려사항, 즉 그 이론이 안정적이라는 것과 관련이 있다. 다시 말해 그러한 이론은 상당 기간 동안 자체적인 지지를 산출할 수 있어야 한다. 이는 정의로운 제도하에 사는 시민들이 합당한 도덕 심리를 발달시킬 수 있고, 정의의 원칙을 좋은 삶에 대한 그들의 개인적 관점에 통합해서 그 원칙을 지지하게 될 수 있다는 것을 의미한다.

롤스가 어떻게 **현실** 사회에서 정의의 원칙에 대한 폭넓고 깊은 도덕적 합의가 가능한가 하는 문제, 즉 어떻게 그런 합의가 장기간에 걸쳐 유지될 수 있는가 하는 쟁점과 밀접하게 관련된 문제를 고려할 때, 그는 학교가 합당한 시민을 양성하는 데 기여할 수 있다는 데 그다지 관심을 기울이지 않는다. 이 무관심은 롤스의 확신에 의해 일정 부분 설명될 수 있다. 즉 정의로운 제도의 기능이 그 제도하에 사는 시민들에게 정의의 원칙에 필요한 지지를 '저절로' 산출할 것이며 합당한 시민의 특징인 덕성의 개발 및 행사를 장려할 것이라는 확신이 그것이다. 기본 구조는 이러한 결과에 기여할 수 있는 여러 제도들을 포함하지만, 롤스는 주로 정치적·사법적 제도들의 기능이 갖는 효과에 의존한다. 그는 특히 이 제도들이 넓은 의미에서 교육적 역할을 담당한다고 생각한다. 그는 다음과 같이 말한다.

> 그런 사회에서 성장하는 이들은 상당 부분 공적 정치 문화와 그것에 함축되어 있는 인간관과 사회관으로부터 시민으로서의 그들 자신에 대한 관념을 형성할 것이다. 그들은 그들 자신을 어떤 기본적 권리와 자유, 즉 그들이 그들 자신을 위해 요구할 수 있는 자유뿐만 아니라 그들이 타인들에 대해 존중해야 하는 자유를 갖는 자들로 볼 것이다. 이렇게 하는 것은 평등한 시민의 지위를 공유하는 그들 자신에 대한 관념에 속한다. … 시민들은 공적 정치 문화와 기본적인 헌법적 가치들을 해석하는 전통을 이해하게 된다. 그들은 판사들이 중요한 헌법적 사안들에서 어떻게 그 가치들을 해석하고 정당들이 그것을 재승인하는지를 고려함으로써 이러한 이해를 획득한다. 만약 — 생겨나기 마련인 — 논쟁적인 사법적 결정이 심의적 정치 토론을 요구하고, 그 과정에서 헌법적 원칙을 통해 그러한 결정의 장점이 합당하게 논쟁된다면, 그렇게 논쟁적인 결정들조차 시민들을 공적 논의에

끌어들임으로써 중요한 교육적 역할을 할 수 있다.[1]

위 구절에서 롤스는 공적 문화에 내재된 특정한 개념들이 이것들을 기본적 제도들로 구현하는 정의로운 민주 사회의 구성원들에 의해 이해되고 수용되리라 주장한다. 이런 개념들 중에는 예컨대 자유롭고 평등한 시민이라는 개념과 공정한 협동 체계로서의 사회라는 개념이 있을 수 있다. 정치적·사법적 제도들이 교육적 효과를 갖고 있다는 사실은 부인할 수 없다. 결국 그것들은 행동들은 장려하고 다른 행동들은 저지한다. 그러나 롤스의 말은 그러한 제도들의 작동 자체가 공정으로서의 정의의 정치적 가치에 대한 지지를 이끌어 내는데 큰 역할을 할 수 있다고 그가 생각한다는 것을 시사한다. 그는 또한 민주적 절차와 사법적 논쟁도 이러한 교육적 임무에 기여한다고 생각한다. 이 주장은 주요 사회 제도가 정의의 원칙을 충족하고 개인적 행동도 정의로운 제도적 기능을 지지하는 이상적인 사회의 작동을 떠올린다면 충분히 그럴듯하다. 그러나 그러한 주장은 정의의 원칙의 완전한 준수full compliance에 가까운 그 어떤 것도 기대할 수 없는 현실 사회에 적용하고자 한다면 훨씬 설득력이 떨어진다.

우리가 그의 주장을 이상적 맥락에서 비이상적 맥락으로 전환하여 해석하면, 롤스의 말은 오해하기 쉬운 이상화가 된다. 왜냐하면 그것은 제도적 기능이 시민들에게 장려하는 태도 및 성향에 대한 고도의 선별적 관점을 취하기 때문이다. **현실의** 사회적, 정치적, 경제적 제도들은 종종 상충하는 온갖 종류의 메시지를 전달한다. 또 이런

1 Rawls(2001), p. 146.

제도들이 항상 정의로운 행동을 증진하고 보상하는 것은 아니다. 예를 들어, 사법 제도가 모든 시민들이 법 앞에 평등하다는 규범적 이상을 지지하고 전달하는 측면을 갖는 것도 사실이다. 그러나 사법 제도가 실제로 작동할 때는 부자들이 평균적으로 더 존중받고 덜 가혹하게 처벌받는다. 이는 부富가 시민에게 어떤 다른, 더 친절한 대우를 받을 자격을 준다는 메시지를 전달하는 것으로 간주되기 쉽다. 정의감 발달에 대한 롤스의 설명은, 정의로운 사회 제도 아래 성장한 사람들은 이러한 제도들이 자기들에게 이익이 됨을 인식하게 될 것이고, 결국 이런 인식이 정의로운 제도를 지지하고픈 욕구를 불러일으킬 것이라는 생각을 전제로 한다.

현실 사회에서 모든 시민들이 적어도 어느 정도 사회적 협동 체계와 법의 지배로부터 혜택을 받는다는 것은 사실이다. 그런데 다양한 시민 집단들이 또한 상이한 종류의 부정의를 겪는데, 일부는 더 심각하고 일부는 덜 심각하다. 나의 요점은 기존 제도들에 대한 지식이 있다 해도 시민들이 그 제도들로 불완전하게 구현되는 최고의 이상을 지지하기는커녕 인식하리라는 보장도 없다는 것이다. 이상적으로 정의로운 사회에서 이러한 제도들의 기능이 시민들에게 공정으로서의 정의의 핵심 가치들을 (의도치 않게) 교육하기에 충분하다는 것을 인정하더라도, 이 '보이지 않는 손'은 애초에 롤스의 모형에 더 가까운 사회를 건설하려는 사람들에게 이용 가능한 메커니즘이 아니다. 어떤 다른 메커니즘을 찾아야 한다.

물론 정치적·사법적 제도의 기능만으로 그런 제도가 구현하는 최고의 이상을 이해하고 지지하기에 충분하지 않다는 것을 인정하고서, 이 일을 수행한다고 믿을 만한 다른 사회 제도가 있다고 주장해 나갈 수 있다. 특히, (가족, 조합, 시장, 시민 단체 같은) 다른 사회 제도들이 합당성의 함양을 장려하는 데 필요한 교육적 효과를 갖는 한, 정의로운 사회의 안정성은 국가가 규제하는 시민성 교육을 필요로 하지 않는다고 주장할 수 있다. 만약 모든 것이 이 최상의 시나리오에 따라 작동한다면, 국가가 각각의 새로운 세대에게 합당성의 핵심 성향이 교육되도록 공립학교와 사립학교를 규제할 긴급한 필요성이 없게 될 것이다. 이런 의미에서, 사회 정의에 대한 학교의 최소한의 기여는 롤스의 이상적인 질서 정연한 사회에 적합할 수도 있다. 그러나 우리가 관련 제도의 범위를 넓힌다 해도, 이상화에 대한 본질적인 우려는 여전하다. 기존 자유 민주적 사회에서는 이러한 제도들이 모두 우연히 올바른 방향으로 수렴하여 유효한 정의감을 지닌 합당한 시민 특유의 성향을 뒷받침할 가능성은 거의 없다.[2]

윌 킴리카Will Kymlicka는 학교가 정의의 원칙을 지지하려는 핵심 성향, 즉 롤스가 '정치적 덕성political virtues'이라고 부르는 성향을 가르칠 수 있는 특권적 위치에 있다고 설득력 있게 주장해 왔다.[3] 킴리카는 그러한 핵심적인 정치적 덕성을 전파하기 위해 다른 사회 제도들에 의존할 수 없다는 데 동의한다. 간단히 말해, 이 결론에 대한 그 자신의 논변은 다음과 같다. 비록 가족이 아이들의 교육과 도덕 발달에 기본적인 역할을 하지만, 모든 가족이 상호성과 상호 존중을 바탕으로 아이들이 다른 시민들과 교류할 수 있게 준비시키는 것은 아니다. 일부 가족은 아이들에게 성차별적, 인종차별적, 계급주의적,

2 Rosenblum(1994); Callan(2004).

3 Kymlicka(2001), pp. 300~303.

또는 불관용적 태도를 가르치기 때문이다. 교회, 동호회, 정치 단체, 근린 단체 같은 이른바 '시민 사회의 결사체들'은 시민들 간의 신뢰, 협력, 공적 참여를 뒷받침하는 기능, 관심, 성향의 개발을 장려하곤 한다. 그러나 시몬 체임버스Simone Chambers와 제프리 콥스타인Jeffrey Kopstein을 따라 '나쁜 시민 사회bad civil society'의 사례라 부를 수 있는 결사체들도 있다.[4] 이것들은 그 구성원들 간의 협력과 신뢰의 규범으로 작동하지만 구성원이 아닌 자들에 대한 증오, 불관용, 불신을 조장하는 집단들이다.

킴리카는 시장market에 대해서도 비슷한 우려를 제기한다. 일각에서는 시장이 책임감, 자립심, 독립심, 심지어 관용과 시민적 예의[정중함]civility 같은 특질들을 (이러한 태도들은 사업하는 데 좋기 때문에) 장려한다고 주장한다. 킴리카가 지적하듯이, 시장 역시 탐욕과 경제적 무책임의 학교일 수 있으며, (예를 들어, 특정 소수 집단 구성원과의 교류를 원하지 않는 편견 있는 다수가 있을 경우) 기업이 고용 관행이나 고객 대우에 있어 차별을 할 수 있는 인센티브를 제공할 수 있다. 유사하게, 정치 참여의 실천 자체가 공공 정신, 책임감, 관용을 증진시킬 것이라는 제안도 있다. 그러나 이번에도 정치 참여가 경제적 이해관계에 의해 또는 소수자에 대한 편견에 의해 동기 부여되지 않으리라는 보장은 없다. 비록 이 모든 사회 제도들이 공정한 조건으로 다른 사람들과 교류하는 방법에 대한 **어떤** 교훈을 가르쳐 줄 수밖에 없겠지만, 그것들이 항상 또는 심지어 믿을 만하게 **올바른** 방법을 가르치지는 않을 것이다. 이와 달리, 학교는 정치적 덕성을 가르치

4 Chambers and Kopstein(2001).

는 임무를 완수하기 위해 훨씬 더 유리한 위치에 있다. 그 한 가지 이유는 학교가 아이들 교육의 상당 부분을 담당하고 있기 때문이다. 또 다른 이유는 학교에서 일어나는 일은, 적어도 과도한 개입이 없지 않겠지만, 다른 제도로는 실현 가능하지 않은 방식으로 계획되고 공개적으로 감시될 수 있기 때문이다.

합당성을 가르치는 데 있어 학교에 핵심적 역할을 부여하자는 킴리카의 논변에 대해 어떤 이들은 이러한 가르침을 허용하면 아이들에 대한 국가의 교화와 세뇌의 문이 열릴 것이라는 우려를 표명하면서 반대할 것으로 예상된다. 그러나 그러한 우려는 다른 유형의 사회에서는 그럴듯할지 몰라도 자유 민주적 사회를 고려할 때는 과장된 것이다. 자유 민주주의에서는 학교의 기능에 대한 다양한 수준의 공적 규제 및 통제가 있으며, 이것들이 '견제와 균형' 같은 것을 제공한다. 더구나 학부모와 교사들이 불만을 제기하고 변화를 압박할 수 있는 제도화된 수단이 있다. 이러한 고려사항들은 아이들이 공정한 조건으로 다른 사람들과 협력할 수 있는 성향을 갖추도록 교육받는 것을 보장할 목적으로 아동 교육에 대한 국가 규제의 논거를 뒷받침한다. 이것은 학교가 시민의 권리 및 자유를 존중하는 정의로운 사회의 달성에 기여할 수 있는 중요한 방법 중 하나이다. 물론, 기회균등을 보장하고 경제에 효과적으로 참여하도록 아이들을 준비시키는 것 같이 — 정의의 요구에 훨씬 더 직접적으로 근거하면서도 — 교육 정책에 대한 공적인 결정을 할 때 어떤 역할을 해야 하는 다른 고려사항들도 있다. 하지만 이것들은 우리의 현재 관심사가 아니다.

학교는 앞서 설명한 '안정성을 향상시키는' 역할을 할 수 있는 명백한 후보일 것이다. 그러나 롤스는 학교에 어떤 중요한 역할을 부여하는 것을 매우 꺼리는 것 같다. 왜일까? 그 이유는 올바른 정치적 가치에 대한 깊은 도덕적 합의를 산출하는 데 있어 모종의 보이지 않는 손을 신뢰하는 것과 함께, 롤스가 사회 정의에 대한 학교의 기여를 조금이라도 강조하기를 주저하는 것도 정당화 가능한 공공 정책의 한계에 대한 그의 우려로써 설명될 수 있다. 우리가 보았듯이, 롤스는 선에 대한 포괄적 견해에 의존하는 것을 피하는 대신 널리 공유된 이상에 호소하는, 정의의 원칙에 대한 정치적 정당화의 방법을 옹호한다. 이와 관련하여 롤스는 정치적 자유주의와 부분적으로 포괄적인 자유주의 이론 간의 차이를 예로 들어 아동 교육의 시민적 목표를 간략히 논한다. 롤스에 따르면, 아이들을 위한 교육 시스템의 목표에 대한 어떠한 정당화도 개인적 자율성personal autonomy이나 개성 같이 좋은 삶에 대한 포괄적인 자유주의적 이상에 호소하는 것을 피해야 한다. 이렇게 정당화를 제한하는 이유는 모든 합당한 시민들이 이러한 이상을 지지할 것으로 기대할 수는 없기 때문이다.[5] 이러한 완전주의 형식의 정당화에 반대하여 롤스는 아이들의 교육을 위한 지침은 미래 시민으로서의 역할을 고려함으로써 정치적으로 정당화될 수 있다고 주장한다. 이는 학교가 정의로운 사회 제도의 창출과 유지를 지원할 좋은 시민을 기르는 것을 목표로 해야 한다는 것을 함축한다. 롤스는 자신이 옹호하는 정치적 자유주의의 범위 및 일반성과 포괄적 자유주의 이론의 범위 및 일반성을 대조시키고자 정치적

5 공적 정당화의 요구를 충족하는 또 다른 유형의 자유를 위한 교육이 있다는 것을 언급할 가치가 있다. 비지배를 위한 교육이 그것이다. 나는 6장 마지막 절에서 비지배를 위한 교육이 아이들의 기본적 이익을 보호하며 공적 이성의 관점에서 정당화될 수 있다고 주장한다.

자유주의에서 파생되는 교육을 (분명히) 최소주의적 용어로 서술하고 있다. 이것은 한편으로는 그가 특정한 교육적 목표가 정당화될 수 없다는 것을 강조하고 싶기 때문이기도 하고, 다른 한편으로는 그가 보이고자 하는 대조를 가장 잘 예시하는 특정한 목표만을 언급하고 있기 때문이기도 하다. 그러나 내가 이 장의 마지막 절에서 주장할 것처럼, 사회 정의의 방향으로 사회 변혁을 지지하는 교육은 상당히 강건할 수밖에 없다. 그러나 이 문제를 논하기 전에 롤스와 마찬가지로 무엇이 정치적 정당화의 본성인지에 대해 좀 더 명확히 할 필요가 있다.

정책의 정치적 정당화

롤스는 다원주의 사회에서 기본적 정의의 문제에 관한 정책을 정당화하는 데 유일하게 적절한 전략은 정치적 논변들로 한정된 것이라고 주장한다. 즉 모든 합당한 시민들이 공유하지 않을 수도 있는 포괄적 교설에 호소하는 것을 피하는 논변들이 그것이다. 일부 저자들은 이러한 요구를 국가가 시민들의 가치관[선 관념]과 관련하여 **중립적**이어야 한다는 주장으로 표현했다. 그러나 **중립성**에 대해서는 여러 가지 해석이 있으므로 롤스의 전략이 지지하는 특정한 종류의 중립성을 검토할 가치가 있다. 우선, 중립성을 **결과나 효과의 중립성** neutrality of consequences or effects 측면에서 이해할 수 있다. 이러한 이해 방식에 대해 혹자는 국가는 모든 시민들의 가치관을 같은 정도로 증진(또는 제약)하는 것을 목표로 해야 한다고 말할 수 있다. 그러나 많은 이들이 지적했듯이, 이런 유형의 중립성은 실행 가능한 이상이 아니다. 우리는 공공 정책과 법률이 어떤 가치관은 선호하고 다른 것은 제한하여 시민들이 자신의 가치관을 추구할 기회에 차등적인 영향을 미칠 수밖에 없음을 지적함으로써 그것을 간단히 일축할 수 있다. 나아가 윌 킴리카가 주장했듯이, 롤스의 이론은 사실 결과의 중립성과 양립할 수 없다. 왜냐하면 정의의 원칙은 사람들이 자신의 인생 계획을 추구할 수 있는 능력에 비중립적인 영향을 미치기 때문이다. 예를 들어, 기본재를 최대한 공정하게 분배하는 것조차 다양한 방식으로 서로 다른 사람들의 인생 계획에 영향을 미칠 것이다. 왜냐하면 모든 계획에 동일한 비용이 드는 것은 아니기 때문이다.[6]

결과의 중립성 개념에 반대되는 것은 **정당화의 중립성**neutrality of justification이다. 일부 저자들은 **절차적 정당화 중립성**procedural justificatory neutrality 개념을 옹호해 왔다. 이는 도덕적 가치에 호소하지 않고 (아니면 적어도 공평성, 원칙 적용의 일관성, 요구 기회의 평등과 같은 중립적 가치에만 호소함으로써) 정당화될 수 있는 의사결정 절차를 이용하는 것과 관련된다.[7] 혹자는 어떤 은밀한 도덕적 가치에도 호소하지 않는 정당화의 가능성을 의심하거나, 중립적 가치라는 개념 자체의 정합성을 의심하면서, 이러한 접근 방식에 대해 회의적 입장을 취할 수도 있다. 그러나 이 문제를 여기서 해결할 필요는 없다. 롤스는 자신의 이론이 절차적으로 중립적이라 간주될 수 있음을 부정한다. 그 이론은 자유롭고 평등한 시민성, 공정한 협동 체계로서의 사

6 Kymlicka(1989b), pp. 884-85를 보라. 롤스 역시 Rawls(1996), pp. 193~94에서 이런 유형의 중립성의 실행 가능성을 부정한다.

7 절차적 중립성에 대한 이런 간략한 서술은 Rawls(1996), p. 191에서 가져온 것이다. 이런 유형의 중립성에 대한 옹호는 Larmore(1987), pp. 53~59를 보라.

회와 같은 실질적 이상들에 근거하기 때문이다. 이런 이상들은 이미 그 자체로 어떤 포괄적 교설들의 허용 가능성을 배제한다. 가령 모든 시민들에 대한 평등한 지위를 부정하는 인종차별적 교설이나, 사회를 강자의 이익을 위해 조직된 것으로 보는 견해를 포함하는 교설, 그리고 모든 구성원이 적어도 어느 정도는 사회적 협력에서 혜택을 받아야 한다는 생각을 거부하는 교설 등이 그것이다. 롤스의 정치적 정의론이 모든 합당한 시민들이 공유할 수 있는 사회 체제에 대한 정당화의 공적 기초를 밝히고자 할지라도, 그 이론이 제시하는 공통의 틀은 절차적으로 중립적이지 않다. 그것은 가장 깊은 수준에서 민주사회의 공적 문화에 내재된 특정한 도덕적 가치에 기초한다.

그러나 절차적 정당화 중립성만이 유일한 정당화의 중립성의 유형은 아니다. 롤스는 자신의 이론에 그가 **목표의 중립성**neutrality of aims이라고 기술하는 정당화의 중립성 관점이 포함되어 있다고 주장하며 또 다른 유형을 언급한다. 국가가 이런 식으로 중립적이어야 한다는 주장에는 두 가지 [하위] 주장이 포함된다: (a) 국가의 목표 중 하나는 정의의 요구와 일관되는 가치관을 추구할 수 있는 기회의 평등을 확보하는 것이어야 한다는 것; (b) 어떠한 국가 행위도 그 목표로서, 정의의 요구와 일관된 것들 중 특별히 어떤 교설을 선호하는 것이어서는 안 된다는 것.[8] 가치관들이 정의의 원칙과 일관적이라면 그것들이 진리인지 혹은 가치 있는지 하는 문제에서 편을 들 의도가 없다는 점을 제외하면, 왜 (a)와 (b)가 중립성의 형식을 나타내는 것으로 간주되어야 하는지가 완전히 분명한 것은 아니다.

8 Rawls(1996), pp. 192~93.

그러나 롤스는 또 다른 유형의 정당화 중립성을 이용하기도 한다. 비록 그가 그것을 이런 이름으로 부르지 않고 심지어 중립성의 한 형식으로 언급하지도 않지만, 우리는 그것을 '**제한적 정당화 중립성**restrictive justificatory neutrality'이라고 부를 수 있다. 제한적 정당화 중립성은 정책의 정당화가 (적어도 기본적 정의의 문제를 건드리는 정책일 경우) 그가 '공적 이성[이유]public reasons'이라고 부르는 것으로 제한되어야 한다는 롤스의 생각에서 비롯된 것이다.[9] 공적 이성은 모든 합당한 시민들이 납득할 만하다고 여길 수 있는 이유이다. 물론 어떤 이유를 납득할 만하다고 여긴다는 것이 그 이유를 결정적이라고 여겨야 함을 의미하는 것은 아니다. 그것은 단지 그 이유가 관련 사안을 결정하는 데 분명한 연관성relevance이 있다고 여긴다는 것을 의미할 뿐이다. 공적 이성이라는 개념을 이용함으로써 롤스는 사실상 정당화 중립성의 한 형태를 지지하고 있는 셈이다. 이런 형태의 정당화 중립성은 선[가치]에 대한 모든 고려가 정치적 의사결정 과정에서 배제되어야 한다는 생각에 의존하지 않는다. 오히려 그것은 국가가 일부 시민들에 의해 합당하게 거부될 수 있는 근거에 기초해서 결정을 내리는 것을 삼가야 한다는 생각이다. 즉, 제한적 정당화 중립성은

9 공적 이성의 개념은 자유주의적 정당성 원칙liberal principle of legitimacy에 기초한다. 이에 따르면 "우리가 정치권력을 행사하는 것은 그 권력이 모든 시민이 합당하고 합리적이라고 수용할 수 있는 원칙 및 이상에 비추어 지지하리라 합당하게 기대할 수 있는 헌법의 본질에 따라 행사될 때만 적절하며, 따라서 정당화가 가능하다."(Rawls(1996), p. 137.) 물론 헌법의 본질적 요소가 합당한 시민들에게 수용 가능해야 한다고 요구하는 것이 아동 및 청소년 교육의 문제와 관련한 국가의 정당한 권위의 한계를 비롯하여 정치적 권위의 정당한 행사에 관한 모든 문제들에 답을 주지는 않는다. 그러나 그런 요구는 공유된 공적 이성에 의해 정당화될 수 있는 정책을 선호할 추정적 근거presumption를 제공한다.

국가가 공적 이성에 근거하여 결정을 내려야 한다는 생각이다. 물론, 정책을 정당화할 때 이성[이유]에 호소한다는 것은 어떤 가치가 관련되리라는 것을 의미한다. 그러나 사실 공공 정책의 정당화 과정에서 모든 가치를 배제하는 것은 바람직하지 않을 뿐만 아니라 현실적으로 불가능하다.

특정 정책을 옹호하는 정치적 논변은 그 정책이 제공할 어떤 재화나 혜택, 또는 그 정책이 감소 또는 예방할 어떤 악, 또는 존중받아야 할 규범적 원칙과 이상에 호소한다.[10] 제한적 정당화 중립성은 목표의 중립성보다 유용한 개념이다. 왜냐하면 법률과 공공 정책의 특수한 목표는 우리가 그것을 위해 제시되는 정당화를 이미 알지 않는 한 쉽게 식별할 수 없기 때문이다. 더욱이 중립적인 목표를 가진 정책을 매력적으로 만드는 것은 다른 포괄적 교리를 고수하는 사람들에게 그것이 정당화될 수 있다는 바로 그 사실이다. 비록 제한적 정당화 중립성이 공공 정책을 지지하기 위해 수용 가능한 이유로 특정 유형의 고려사항을 고려를 배제하지만, 중립성 테스트를 통과하는 모든 고려사항들(모든 공적 이유들)이 동일한 비중을 갖지는 않을 것이다. 그리고 아마 불행히도 제한적 정당화 중립성은 우리에게 수용 가능한 고려사항들 가운데서 어떻게 공정한 균형을 이루어야 하는지를 정확히 알려주지는 않을 것이다.[11] 정의의 원칙은 법과 정책의 지침이 되는 어떤 배경적 고려사항을 제공하기 위한 것이다. 그러나 우

10 Weinstock(1999), p. 55를 참조하라.

11 De Marneffe(2002), pp. 221~43의 탁월한 논의를 참조하라. 나는 드 마네프가 지적하는 논점에 동의한다. 그러나 나의 초점은 어떻게 교육에서의 중립성 개념이 정의의 두 원칙의 타당성을 가정하는 롤스적 틀 안에서 이용될 수 있는가에 있다는 점에서 다르다.

리가 공정하고 분별 있는 정책을 제시하려면 보다 구체화된 추론 및 관련 경험적 정보(그리고 일정한 시행착오조차)도 필요하다.

국가 중립성 요구는 다양한 비판을 받아왔다. 그런데 그중 일부는 오해의 소지가 다분한 용어의 함축으로 인해 조장된 것이다. 중립성 비판자들 중 다수는 단순히 중립성을 일반적인 가치들에 관한 중립성이나 결과의 중립성으로 이해하고서, 그것은 옹호할 수 없는 이상이라고 선언한다. 하지만 이러한 비판은 롤스의 정치적 정의론이 지닌 매력을 손상시키지 못한다. 왜냐하면 그는 중립성에 대한 그러한 해석에 의존하지 않기 때문이다. 그러나 롤스에 대한 오독에 그렇게 결정적으로 의존하지 않는 보다 급진적인 반론도 있다. 공동체주의적인 신-아리스토텔레스주의적neo-Aristotelian 관점에서 알래스데어 매킨타이어Alasdair MacIntyre는 특정한 선 관념을 개발하고 옹호하며 추구하는 일을 사적 영역에 남겨둔 채 일련의 원칙 및 절차에 공적 토론을 집중하는 것과 관련된 '선의 사유화privatization of the good'를 비판하였다.[12]

맥킨타이어는 인간적 선human good에 대한 공유된 관념과 독립적으로 공유된 규칙이나 원칙에 호소할 수는 없다고 주장한다. 인간적 선이라는 이 관념은 다시 가족, 학교, 병원, 교회, 이웃 같은 특정한 공동체들의 관행[실천]practices에서 구현되어야 한다. 매킨타이어가 어떤 선 개념을 사용하지 않고서는 사회 정책을 정당화하기 어렵거나 불가능하다고 지적할 때 그는 어느 정도까지는 옳다. 그러나 그는 이러한 정당화의 역할을 하기 위해 도덕적 규칙이나 원칙이 인간

12 MacIntyre(1990)을 참조하라.

적 선에 대한 어떤 특정한 완전하고 총제적인 견해의 상세화의 일부로 확인되고 특징지어져야 한다고 주장하는데 이는 잘못이다. 다원주의 사회에서 그러한 입장의 함의는 우리가 선에 대한 완전하고 총체적인 견해를 강요하여 사회를 동질화해야 하거나, 공유된 일련의 규범 및 절차를 전파하려는 모든 시도를 단념해야 한다는 식의 거짓 딜레마false dilemma로 이끈다.

다원주의의 사실과 공적 정당화 가능성의 중요성을 인정한다면, 일관되게 공공 정책의 기초로서 인간적 선이라는 포괄적 이상에 호소할 수 없는 것이 사실이다. 그러나 제한적 정당화 중립성의 요건을 수용하면, 서로 다른 포괄적 교리의 지지자들에 의해 공유되는 (또는 거부되지 않는) 가치들에 호소하여 더 얇은 선 개념을 구성할 수 있다. 중립성의 요건은 공적 문화에 내재된 이상과 같은 공통의 가치에 호소할 가능성을 배제하지 않는다. 그것은 또한 서로 다른 포괄적 교설을 지닌 합당한 시민들에게 수용 가능한 공유된 관행 및 절차에 호소하는 것과도 양립할 수 있다. 정치적 정당화의 전략은 매킨타이어의 거짓 딜레마를 피한다. 왜냐하면 그 전략은 선에 대한 포괄적 견해들 간에 불일치가 존재한다는 점, 그리고 시민들의 상호 작용을 공정한 방식으로 규제할 정의의 원칙 및 절차를 모색할 필요가 있다는 점을 인정하기 때문이다.[13]

13 McCabe(1998)을 참조하라.

합당한 시민을 교육한다는 것

우리는 롤스를 따라 아이들이 합당한 시민 특유의 성향을 습득하기 위해 어떤 식으로든 교육 받을 필요가 있다는 것을 살펴보았다. 그렇지 않으면 우리는 그의 원칙을 중심으로 조직된 사회가 안정적이기를 기대할 이유가 없다. 그러나 롤스는 국가가 제한적 정당화 중립성 요건을 충족하면서도 공립이든 사립이든 학교에 의해 그런 교육이 제공되도록 요구할 수 있다는 것을 보일 필요가 있다. 이것이 바로 그가 정치적 자유주의 이론과 포괄적 자유주의 이론 간의 교육적 함의를 비교하는 이유 중 하나이다. 이런 비교와 관련해서 그는 자신의 정치적 정의론에 따르면 학교가 아이들의 자율성이나 개성의 발전을 장려하려고 해서는 안 된다는 것을 강조한다. 그보다 학교는 훨씬 더 적은 일을 하게 될 것이다.

> 그것[정치적 자유주의]은 아이들의 교육이 그들의 헌법상의 권리들 그리고 시민적 권리들에 대한 지식 등을 포함하도록 요청하며, 그리하여 아이들은 이를테면 그들의 사회에 양심의 자유가 존재한다는 것과 배교가 법적인 범죄가 아니라는 것을 알게 된다. 이 모든 것은 아이들이 성인이 되었을 때에도 계속해서 종교 구성원의 지위를 유지하는 것이 단순히 기본적 권리들에 대한 무지나 그들의 종교 분파 안에서만 범죄로 여겨지는 것에 대한 처벌의 두려움에 근거하지 않도록 보장하기 위해서이다. 교육은 또한 그들이 사회의 완전히 협력적인 구성원이 되도록 준비시키고, 자립적이 될 수 있게 해

야 하며, 사회의 다른 부분과의 관계에서 기꺼이 공정한 사회 협력 조건을 존중하도록 정치적 덕성을 장려해야 한다.[14]

나중에 그는 다음과 같이 덧붙인다.

아이들의 교육에 대한 국가의 관심은 미래 시민으로서의 그들의 역할에, 따라서 그들이 공적 문화를 이해하고 그 제도에 참여할 능력을 획득하는 것과 같은 핵심적인 것들에, 그들이 일생 동안 경제적으로 독립적이고 자립적인 사회 구성원이 되고 정치적 덕성을 발전시키는 데 있으며, 이 모든 관심은 정치적 관점 안에서 생겨난다.[15]

롤스에게는 유감스럽게도 미래 시민들의 교육에 대한 이런 주장은 그의 공정으로서의 정의의 정치적 이론과 보다 포괄적인 자유주의 이론 간의 특별히 뚜렷한 대조를 보여주는 데 도움이 안 된다. 롤스 논변의 문제점은, 비록 그가 지지하는 교육적 목표가 사람들이 어떻게 살아야 하는지에 대한 포괄적 이상에 호소하지 않더라도, 정치적 덕성을 장려한다는 데 있다. 그리고 정치적 덕성을 발휘하는 합당한 시민들 특유의 복합적인 일련의 성향은 그들의 품성에 상당한 영향을 끼치게 될 교육에 의해서만 습득될 수 있다.[16] 롤스 자신은 그

14 Rawls(2001), p. 156.

15 Rawls(2001), p. 157.

16 다른 저자들은 롤스 정의론이 시민 교육에 대해 더 많은 것을 요구하는 설명을 함축한다고 지적한다. Callan(1997); Gutmann(1995); Mulhall(1998)을 참조하라.

가 옹호하는 유형의 교육이 어떤 선 관념은 선호하고 다른 것들은 약화시켜 학생들의 선 관념에 영향을 미칠 수 있음을 인정한다. 앞에서 중립성 요건에 대한 다양한 해석들이 제시됐을 때, 한 가지 지적된 것은 어떠한 종류의 공공 정책에 대해서든 효과의 중립성을 열망하는 것은 부질없다는 것이었다. 사실, 롤스는 정치적 정의관을 가르치는 것은 의도는 아니더라도 실제로 특정한 포괄적인 자유주의적 견해를 가르치는 것과 동등하다고 주장함으로써 그의 제안에 반대할 수도 있다는 것을 인정한다. 분명 롤스는 이런 반대에 대한 유일한 가능한 대답은 그의 이론과 포괄적 자유주의 이론들 사이의 범위와 일반성의 차이점을 지적하는 데 있다고 믿는다. 그러나 이는 좋은 방어 전략이 아니다. 롤스 이론의 교육적 요건은 자유주의적인 포괄적 이론보다 제한적인 것이 사실인데, 이는 전자[롤스 이론]가 시민성 교육에 초점을 맞추고, 사람들이 일반적으로 어떻게 살아야 하는지에 대한 문제를 논하는 것을 피한다는 매우 제한적인 의미에서이다. 서로 다른 정치적이고 포괄적인 자유주의 이론들의 범위에 관해서는, 그 이론들의 교육적 적용에 약간의 차이가 있을 수 있지만, 롤스의 주장처럼 그 차이가 명확한 것은 아니다. 우리가 보았듯이 시민성 교육에 대한 롤스의 설명은 처음에 보이는 것만큼 최소한의 것은 아니다. 왜냐하면 그것은 합당성 능력의 개발에 의존하는 정치적 덕성의 함양을 포함하기 때문이다. 그리고 나는 이 능력이 좋은 삶에 대한 관점의 다양성을 탐색하는 교육적 실천 없이는 함양될 수 없다고 더 나중에 주장할 것이다. 물론 이러한 '탐색적' 관행은 포괄적 자유주의자들이 옹호하는 것과 중요한 측면에서 유사하다. 다음으로, 거트먼Amy Gutmann과 캘런Eamonn Callan이 독립적으로 보여주었듯이, 서로 다른 포괄적 자유주의 이론들의 교육적 함의는 그 이론들을 구성하는 상이한 가정 및 주장들에 의존하기 때문에 결코 동질적이지 않다.[17] 결과적으로, 일부 포괄적 자유주의 이론들은 롤스의 정치적 접근이 배제하는 교육적 실천을 권고할 수 있지만, 다른 포괄적 자유주의들은 그들의 교육적 권고에 있어서 롤스의 것과 상당히 중복될 수 있다.[18]

그러므로 롤스가 교육 정책상의 차이를 지적함으로써 자신의 견해와 보다 포괄적인 자유주의를 구분하려는 시도는 실패로 결론지어야 한다고 나는 생각한다. 그러나 나는 또한 그의 견해가 정말로 이런 다른 형태의 자유주의와 구분될 수 없다는 우려에 답하는 데 보다 유효한 자원을 롤스가 갖고 있다고 생각한다. 사실, 그의 견해는 일부 포괄적 자유주의의 견해들과 매우 유사한 교육적 함의를 가질 수 있다. 그러나 그것은 단순히 교육 정책에서 서로 다른 두 이론이 중첩된다는 사실에서 비롯된 것이 아니다.[19] 공정으로서의 정의와 다른 자유주의적 견해가 지지하는 교육적 접근법 간의 주된 차이점은 양자의 내용에서가 아니라 그것들을 정당화하는 데 이용되는 논변의 유형에서 발견된다. (롤스의 전문 용어로) 정치적이기를 목표로 하

17 Callan(1997), pp. 17-21; Gutmann(1995)를 참조하라.

18 아동 교육과 관련하여 정치적 자유주의 이론이 권고하는 바를 명백히 넘어서는 포괄적 자유주의 이론의 예로는 Ackerman(1980), 제5장을 참조하라. 애커맨은 교사들에게 아이들이 지지하는 선 관념에 적극 도전할 것을 권한다.

19 나는 시민성 교육에 관한 롤스의 소견을 비판하는 많은 이들에 동의한다. 그들은 그의 이론의 교육적 함의가 그가 시사하는 것보다 훨씬 더 풍부하다고 주장한다. 그러나 이런 비판자들은 정치적 자유주의가 위장된 포괄적인 자유주의의 한 형태라고 결론짓는다. 내가 보기에 롤스의 이론이 보다 강한 시민 교육을 필요로 한다는 사실은 그의 일반적인 정치적 정당화 전략을 방해하지 못한다.

는 이론은 항상 모든 합당한 시민들이 받아들일 수 있는 논변으로 스스로를 제한할 것이다. 이는 정치적 이론에, 그 이론이 옹호하는 정책을 정당화하는 데 있어 이론적 이점을 제공한다. 더구나 정치적 정의론은 실천적 이점도 있다. 동일한 정책이라도 논쟁적인 평가적 개념을 이용하여 옹호될 때보다 정치적 논변에 의해 옹호될 때 더 광범위한 호소력을 갖고 더 안정적인 지지를 얻을 수 있다. 끝으로, 어떤 교육 정책이 자유주의적인 포괄적 교설에 기초할 때, 그 교설의 인기와 관련해서 미래의 변화가 같은 종류의 교육 정책이 지속되도록 허용할 것이라는 보장은 없다. 그러나 만약 그 정책이 정치적 측면에서 옹호된다면, 그러한 변화는 실질적인 영향을 미치지는 못할 것이다. 결론적으로, 시민성 교육에 대한 롤스의 설명은 최소한의 것은 아니지만, 여전히 정치적이다.

일단 우리가 롤스적 시민 교육이 최소적minimal이어야 한다는 생각에서 벗어나면, 그것이 다루어야 할 유형의 문제들을 아는 것과 그 문제들을 해결하기 위한 전략을 개발하는 것이 더 쉬워질 것이다. 일련의 문제들은 성인 시민들이 지지하는 좋은 삶의 관념과 관련된 포괄적인 도덕적, 종교적, 철학적 교설의 다양성에 그 근원을 가지고 있다.[20] 이러한 다양성은 학교에 중대한 도전을 제시한다. 비이상적 맥락에서는 모든 성인 시민이 합당하다거나, [학교 아닌] 다른 사회적, 정치적, 경제적 제도들이 정의의 원칙에 대한 대중적 지지를 창출할 가능성이 높다고 가정할 수는 없다. 따라서 정의의 원칙에 대한

20 이러한 종류의 다양성은 그 자체로 문제를 제기하는 문화적 다양성과는 구분된다. 나는 이것을 제8장에서 다룬다.

젊은 세대의 헌신을 창출하고 재생산하는 데 있어 학교의 과업은 더 어렵고 시급하다.

비이상적 맥락에서 학교의 핵심 목표 중 하나는 사회적 삶에 일관성과 존속력viability을 제공하고 사회의 서로 다른 구성원들이 존중받는 민주적 방식으로 함께 잘 지낼 수 있도록 해주는 공통의 규범, 원칙, 절차의 폭넓은 수용을 촉진하는 것이다. 그리고 시민들이 지지하는 포괄적 교설들의 다원성을 고려한다면, 좋은 삶에 대해 자신과 다른 견해에 직면했을 때, 이해, 열린 마음, 관용의 태도를 장려하는 것도 필요하다. 우리가 살펴보았듯이, 이러한 태도들은 타인과 상호적인 조건에서 협력하고 판단의 부담을 받아들이는 성향을 포함하는 합당성 역량의 표현이다.

공적 원칙과 포괄적 교설 간의 구분은 시민 교육이 오로지 전자에만 중점을 두고 학생들에게 일정한 정치적 원칙, 규범, 절차를 인식하고 수용하도록 가르쳐야 한다는 생각으로 이끌 수 있다. 포괄적 교설 및 기타 선에 대한 덜 구조화된 일반적 견해에 대해 케네스 스트라이크Kenneth Strike가 말한 '자유주의적 침묵liberal silence'을 택하고 싶을 수도 있다.[21] 스트라이크는 이것을 다음과 같이 생생하게 묘사한다.

> 자유주의적 침묵은 학교가 도덕적인 질문을 피하고자 오직 공통의 도덕성을 가르치는 최소한의 노력만 기울일 때 발생한다. 자유주의적 침묵이 만연한 학교에서는 특정한 도덕 공동체의 목소리가 공유되지 않기 때문에 침묵한다. 우리는

21 Strike(1993), p. 178.

> 우리의 차이와 그로 인한 논쟁을 두려워한다. 그래서 우리는 상호 존중과 관용을 높이 평가하면서도 경쟁하는 도덕적 비전에 대한 진정한 탐구는 거부하는 학교를 만든다.[22]

자유주의적 침묵 전략을 택하는 한 가지 이유는 학교가 학생들의 가치관 발달과 관련하여 그들의 신념 및 가치에 과도한 영향을 미치는 것을 피하려고 하기 때문일 것이다. 이런 유형의 추론은 다원주의적 민주 사회에서 교육은 논쟁적 쟁점에 대해 침묵을 지켜야 하며, 쟁점을 명시적으로 피하는 것이 학생들이 자신의 소신을 개발할 수 있는 가장 적절한 방법이라는 것을 가정한다. 이 전략에 일부 정책 입안자들이 솔깃해 하는 또 다른 이유는 논쟁적 쟁점에 대해 침묵하는 것이 갈등을 피하는 좋은 방법이라는 그들의 믿음 때문이다.[23] 그런데 롤스의 공정으로서의 정의가 진정 자유주의적 침묵을 함축하는가? 우리가 살펴보았듯이, 합당한 시민들이 지지할 수 있는 가치관들의 다원성을 인정하는 것은 국가에 일정한 요건을 부과한다. 이러한 요건들 중 첫 번째는 국가가 학교에 특정한 가치관을 강요하도록 요구할 수 없다는 것이다. 이것을 부정적 요건이라 부르자. 그런데 두

22 Strike(1993), p. 178.

23 미국 공립학교의 맥락에서 자유주의적 침묵은 또한 정교 분리separation of church and state를 존중하는 것에 대한 관심의 결과일 수 있다. 그러한 관심은 음악 교사들이 동료 교사들의 반감을 살 것을 걱정하여 [교내] 공연에 종교 음악을 포함시키기 어렵게 하기까지 한다. 반면 아르헨티나에서는 가톨릭교회가 교육 정책에 막대한 영향을 끼쳤다. 이에 따라 최근 공립학교에 종교 교리에 대한 논의를 포함시키려는 시도는 가톨릭교를 선전하려는 시도로 해석되었다. 이러한 제안들은 결과적으로 공교육의 비종교적 성격을 옹호하는 사람들뿐만 아니라 다른 종교적 교리의 대표들에 의해서도 강력하게 반대되었다.

번째 요건은 학교가 관용과 상호 이해의 성향, 그리고 기타 정치적 덕성들과 함께, 공적인 규범, 원칙, 절차의 적극적 수용을 장려해야 한다는 것이다. 이것을 긍정적 요건이라 부르자. 자유주의적 침묵 정책을 택하는 것은 부정적 요건과는 양립 가능해 보이지만 긍정적 요건과 관련해서는 분명 부족함이 있다. 선에 대한 논쟁의 존재에 침묵을 유지하는 것은 정치적 덕성의 증진에 기여하지 못한다. 왜냐하면 이러한 덕성은 합당성 역량의 발달을 요구하기 때문이다. 불행히도 두 번째 요건을 충족하고자 하는 교육은 거의 확실히 첫 번째 요건을 어느 정도 위반할 것이다. 이는 관용 및 기타 정치적 덕성들을 가르치는 것이 자유주의적 개념에 꼭 개방적인 것은 아닌 사고 틀에 그런 [자유주의적] 개념을 도입하는 것을 불가피하게 하며, 그 결과 이러한 덜 자유주의적인 사고 틀은 다소 의심 받게 될 것이기 때문이다. 그러나 긍정적 요건에 전혀 비중이 없다면, 자유주의적 침묵은 롤스주의자에 의해 지지될 수 없을 것이다.

공적 정당화 가능성의 요건을 충족하고 합당성을 장려하는 동시에 정치적 원칙, 규범, 절차에 대한 이해를 증진하고자 하는 교육적 제안을 설계할 때, 서로 다른 가치관을 지닌 시민들 사이의 합당한 불일치의 사실을 명시적으로 다루어야 하는지를 고려해야 한다. 즉, 다양한 가치관들에 대한 탐구와 토론을 장려해야 하는지, 반대로 그 가치관들과 그 불가피한 불일치에 대해 침묵을 유지해야 하는지를 물어야 한다. 롤스는 미래 시민의 교육에 대한 간략한 언급에서 매우 신중을 기하면서 그 교육의 요구 조건을 최소한으로 줄이려고 노력한다. 이 때문에 그가 자유주의적 침묵 정책을 선호한다는 추론이 나올 수 있다. 그러나 정의의 원칙의 충족을 열망하는 사회의 통합과 안정은 새로운 세대들이 그 원칙을 성찰적으로 수용하지 않고는 지속될 수 없다. 이몬 캘런은 롤스적 논변의 논리가 시민 교육에서 가치관에 대한 모종의 탐구를 포함하는 것으로 이어진다고 설득력 있게 주장해 왔다. 캘런의 논변에서 핵심적인 주장은 사회에 존재하는 다양성의 범위에 대한 진정한 인식 없이는 합당성에 도움이 되는 역량의 개발이 가능하지 않다는 것이다. 예를 들어, 합당한 시민들은 상호성reciprocity에 대한 역량을 가지고 있는데, 이것은 무엇보다도 자신이 공정하다고 여기는 제안을 할 수 있고 다른 사람들의 제안을 기꺼이 듣고 토론할 수 있는 능력을 포함한다.[24] 우리는 다른 사람들의 관점을 진정으로 이해하고 서로 다른 포괄적 견해를 가진 사람들 사이의 합당한 의견 불일치의 가능성을 받아들이지 않는 한, 이렇게 할 수 없다. 제3장에서 논의한 전문 용어로 표현하자면 합당한 시민들은 판단의 부담을 받아들일 것이다. 이러한 '부담'을 수용함으로써 합당한 시민들은 다시 그들이 정치적 토론에서 제시할 수 있는 종류의 논변에 대한 일정한 제한을 수용하게 될 것이다. 즉, 그것은 그들이 공적 이성의 관점에서 그들의 제안을 표현하도록 이끌 것이다. 캘런은 또한 타인과 협력하고 판단의 부담을 받아들이는 성향의 발달과 함께 시민 교육은 갈등의 근원 중 어떤 것이 판단의 부담에 의존하고 또 어떤 것이 (논리적 오류라든가 지나친 이기주의나 파벌주의 같은) 합당성의 결여에 기인하는지를 이해할 수 있는 지적 역량을 함양시킬 필요가 있다고 주장해 왔다.[25] 이러한 고려사항들은 시민 교육

24 Callan(1997), pp. 26~39를 참조하라.

25 Callan(1997), p. 27. 캘런은 롤스의 이론이 사실상 포괄적이라고 주장한다. 이는 그가

이 좋은 삶에 대한 견해들의 다양성과 이런 다양성이 야기하는 종류의 논쟁에 대한 검토를 포함할 필요가 있다는 생각을 뒷받침한다. 공적 정당화 가능성의 요구를 충족하는 시민성 교육을 설계하는 것은 합당성 함양이라는 생각을 포기할 것을 요구하지 않는다. 그리고 만약 합당한 시민의 이상을 염두에 두고 설계되었다면, 그런 교육은 롤스가 시사하듯이 최소적일 필요가 없다.

롤스가 교육 정책에 중대한 함의를 갖는 또 다른 방식은 정치적 규범과 포괄적 교설 내부의 규범 사이의 구분과 연관되어 있다. 이와 관련해 테렌스 맥로플린Terrence McLaughlin은 학생들에게 정치적 규범, 원칙, 절차에 대해 가르칠 때, 그 성격과 범위를 분명히 밝혀야 한다고 제안해 왔다.[26] 즉, 그러한 원칙과 절차가 도덕적 삶의 전체가 아닌 한 측면만을 다룬다는 점을 분명히 하는 게 중요하다는 것이다. 정치적 원칙의 이러한 특징은 우리가 그것에 대한 제한된 공적 정당화를 제공할 수 있게 하는 바의 일부이다. 더욱이 특정 삶의 방식이나 가치관이 논의될 때 설명되어야 할 한 가지는 공적 영역에서는 그것들이 수용되거나 관용되어야 하지만, 그것이 다른 가치관의 관점에서 항상 완전히 수용 가능한 것으로 만드는 것은 아니라는 점이다. 즉, 도덕적 쟁점을 가르칠 때, 우리는 다음을 구분해야 한다: a) 정치적 관점 그리고 합당한 시민들이 지닌 어떠한 포괄적 교설의 관점에

시민들이 판단의 부담을 수용해야 한다는 롤스의 요구 조건을 가치관에 대한 도덕적 오류 가능주의나 회의주의의 태도와 결부된 것으로 해석하기 때문이다. 그러나 자신에 동의하지 않는 다른 사람들이 여전히 합당하다는 것을 받아들일 수 있기 위해 오류 가능주의자가 될 필요는 없다. Garreta(2001)을 참조하라.

26 McLaughlin(1995), pp. 248~50.

서도 완전히 수용 가능한 것(예를 들어, 기본 인권의 타당성)과 b) 정치적 관점에서는 수용 가능하지만 어떤 합당한 포괄적 견해에서는 완전히 수용 가능하지는 않은 것(예를 들어, 결혼하지 않은 성인 간 성 행위의 도덕적 허용 가능성). 우리는 한편으로는 정치적 원칙, 절차, 규범, 그리고 다른 한편으로는 포괄적 교설에서 파생된 도덕적 관점 사이의 차이점을 설명하는 동시에, 전자의 원칙 및 절차에 대한 정치적 정당화를 제시하면서도 그것들과 합당한 포괄적 교설과의 양립 가능성을 입증하려 할 수도 있다.[27] 끝으로, 학교는 아이들이 자신의 것과 다른 다양한 포괄적 교설들을 이해할 수 있게 도와주는 해석적 역량interpretive capacities을 길러주어야 한다. 이러한 교육적 과제는 선에 대한 합당한 불일치의 존재를 인정하면서도 공공 정책의 공통 원칙, 규범, 절차의 틀에 동의하는 합당한 시민의 형성에 필수적인 것으로 보인다.

27 존 토마시John Tomasi는 시민성 교육이 아이들의 특정한 포괄적 교설(아이들이 가정에서 가르침 받은 교설)을 고려하여 아이들이 그러한 교설을 정치적 정의관과 통합하도록 도와야 한다고 주장한다. 이것은 그의 견해에 의하면 아이들이 "그들 자신의 배경 및 인생 경험을 전제로 의미 있고 진실한 삶을 살아가는 방법을 찾도록" 해줄 것이다(Tomasi(2001), p. 94). 이 주장은 만약 특정 교설을 범례로 삼아 그것을 정치적 가치와 통합하는 방법을 검토하는 것과 관련된다면 그럴듯한 주장일 수 있다. 아마 이런 목적에 도움이 될 만한 좋은 소설들이 있을 것이다. 그러나 토마시의 제안은 만약 아이들에게 그들이 특정한 자유나 정치적 가치에 부여하는 개인적 의미에 대해 이야기하도록 요구한다든가 정의와 그들 자신의 선에 대한 이해 사이의 일치성에 관한 여타 질문들을 제기하는 것과 관련된다면 잘못된 것이다. 학생들에게 자신의 개인적 가치를 다른 사람들에게 설명하도록 요구하는 것에 어떤 공적 이익이 있는지는 분명치 않으며, 학생들이 이런 방식으로 검토 받는 것에서 이익을 얻을지도 분명치 않다.

완전주의로부터의 반론

앞의 권고들이 옳다면 롤스는 그의 이론의 교육적 함의를 오해를 살 만한 용어로 기술한 것으로 보인다. 어찌 됐든 롤스 이론의 교육적 함의에 대한 우리의 요구 많은 독해는 다음과 같은 반론을 낳는다: 학교에서 다양한 도덕적 관점들을 탐구하는 것은 특정 학생들이 신념 및 생활 방식을 받아들이는 토대를 잠식할 수 있다. 이는 그것[신념 및 생활 방식]들이 합당한 대안의 존재를 거부하는 교조적인 방식으로 그들의 가족들에 의해 전달되었을 때 더욱 그러하다. 이 '잠식 효과erosion effect'는 정의로운 사회를 유지하는 데 필요한 역량과 덕성의 계발이 가치관과 가치관을 뒷받침하는 포괄적 교설들에 대해 비판적 태도를 채택하도록 하는 경향이 있음을 함축하기 때문에 반대할만한 것으로 보일 수 있다. 즉, 강한 형태의 롤스적 시민 교육은 개인적 자율성 행사를 선호한다는 반론에 직면할 수 있으며, 개인적 자율성은 그러한 교육의 근거가 되는 숨겨진 핵심 가치로 판명된다. 이것을 완전주의[로부터의] 반론objection from perfectionism이라 부르자[완전주의는 우리가 무엇이 좋은 삶인지 알고 그러한 좋은 삶 또는 이상적인 삶에 도달할 수 있다는 입장이다].

완전주의 반론은 자율성이 롤스적 시민성 교육으로 정당화될 수 없는 방식으로 특권이 부여된 어떤 특정 가치관의 핵심에 있다고 가정한다. 이런 가정과는 반대로, 합당한 시민성 교육은 좋은 삶이 무엇인지에 대한 어떠한 개인적 견해에서도 많은 핵심 쟁점들을 미결정 상태로 남겨두며, 학생들의 합당한 신념에 도전하는 것을 목표로 하지 않는다. 이 때문에, 시민 교육은 합당한 부모가 자녀에게 제공하고자 하는 교육과 양립불가능하지 않을 것이다. 내가 제시한 논변은 관용과 상호 이해 같은 정치적 덕성을 가르치는 것이 필요하다는 전제에서 출발하는데, 이것[덕성]은 사회의 기본 제도들이 다양한 인생 계획을 추구할 수 있는 여지를 남겨두려면 시민들 대부분이 지녀야 하는 것이다. 이러한 덕성을 가르치는 것이 그들의 인생 계획을 개발할 타인들의 권리를 부정하는 독단적 또는 불관용적 견해에 대한 믿음의 토대를 잠식한다면, 이것은 비판받을 것이 아니라 오히려 그 제안에 찬성할만한 부분이다.

완전주의 반론은 특정한 비정치적인 (즉 포괄적인) 자유주의적 접근에 반대하여 통렬한 맛이 있는 게 당연하다. 그러나 다원주의적 사회에서 교육 정책을 설계하는 문제를 다루는 데 있어 개인적 자율성의 행사를 포괄하는 가치관의 도덕적 우월성을 전제하지 **않기** 때문에 공정으로서의 정의의 이론적 틀이 비정치적 접근보다 낫다. 이떠한 자유주의적 제안과도 마찬가지로 공정으로서의 정의는 시민들이 그들 자신의 가치관을 개발하고 추구할 수 있는 제도의 틀을 마련하는 것과 관련된다. 이런 의미에서 그것은 시민들의 정치적 자율성 political autonomy, 즉 그들이 선택한 대로 삶을 살 수 있는 그들의 권위[권한]authority를 옹호한다. 그러나 이러한 접근은 자율적 삶의 내재적 가치의 주장에 의해서가 아니라 공적 이성에 의해 정당화된다. 자율성의 내재적 가치에 기초한 자유주의적 제안은, 비자율주의적이지만 합당한 가치관을 주장하는 사람들에게는 수용 가능하지 않은 경향이 있다. 이것이 바로 그러한 제안들이 완전주의 반론에 부딪히는 이유이다. 일반적으로 완전주의적 견해는 한 사회에서 공공 정책의 설계와 자원 및 기회의 분배는 서로 다른 가치관들의 상대적 가치에 대한 차등적 판단에 기초하여 결정되어야 한다고 주장한다. 이 때문에 완전주의 정책은 어떤 가치관을 추구할지 스스로 결정할 시민들의 능력에 대한 존중과 모순되기 쉽다. 그러나 [완전주의] 반론은 공공 정책은 어떤 가치관의 지지자들이 합당하게 거부할 수 있는 도덕적 고려사항에 호소하지 않고도 정당화될 수 있어야 한다고 주장한다. 그런데 우리가 살펴보았듯이 롤스의 견해에서 그토록 핵심적인 공적 이성 개념은 모든 실질적인 도덕적 가치를 공적 정당화 과정에서 배제해야 한다는 것은 아니다. 오히려 합당한 포괄적 교설의 지지자들이 거부할 이유가 있는 고려사항들을 배제해야 한다는 것이다. 그래서 정치적 자유주의는 완전주의 반론이 비정치적 자유주의 견해를 겨냥할 때 그 반론 이면의 논리와 일맥상통한다.

앞의 논변에도 불구하고 혹자는 롤스의 제안이 정치적 덕성의 가르침을 권장하기 때문에 완전주의를 피하지 못한다고 여전히 주장하고자 할 수 있다. 반론에 의하면 덕성의 가르침을 권장하는 것은 모든 합당한 시민들이 지지하지는 않는 인간적 탁월성과 인간적 번영이라는 이상에 대한 암묵적 헌신을 포함한다. 롤스는 정치적 덕성에 대해서는 별로 언급하지 않지만, 그것을 정의의 두 원칙을 뒷받침하는 합당한 시민의 품성적 특징으로 서술한다. 내가 보기에 이러한 덕성은 일반적으로 공정한 사회적 협동의 유지에 필수적인 인식, 감정, 판단, 행동의 복합적 성향으로 이해될 수 있다. 이러한 덕성에 대한 설명을 정치적 설명으로 만드는 것은 그러한 특성의 가치가 포괄적 교설에 호소하는 것이 아니라 정치적 정의의 원칙을 이행하는 데 기여한다는 측면에서 설명된다는 점이다. 몇 가지 예를 들면, 정치적 측면에서 옹호될 수 있는 덕성 중 하나는 관용이고, 또 하나는 정중함[시민적 예의]이다.[28] 시민 교육이 이러한 종류의 덕성에 대한 가르침을 정당한 과업으로 포함해야 한다는 것을 보이는 것은 쉽다. 학교에서 이러한 품성을 함양하는 것은 인간적 번영이나 인간적 탁월성을 구성하는 것이 무엇인가에 대한 문제에서 어느 한쪽 편을 들 필요 없이 정치적으로 정당화될 수 있다. 즉 시민들이 이러한 덕성을 소유하는 것은 한 사회가 정의의 원칙을 충족하기 위해 필요하다고 주장할 수 있다. 킴리카가 제시한 다음의 사례는 이 논점을 설명하는 데 유용하다. 특정 사회에서 법은 인종 차별을 금지하지만, 그럼에도 기업은 직원을 선발하거나 승진을 결정할 때 차별을 계속한다고 가정하자. 또 부동산 회사들이 부동산을 내놓을 때 인종적 또는 민족적 기준에 따라 일부 지역을 제한한다고 가정하자. 차별 금지법이 있고 국가 자체는 차별을 하지 않는다고 해도 그러한 관행의 지속은 사회 정의의 걸림돌이다. 사회 정의는 모든 시민을 동등하게 대우하고, 일자리와 권위적 지위에 접근할 수 있는 공정한 기회균등이 있어야 할 것을 요구하기 때문이다.[29] 여기서의 요점은 법이 법적 제재의 위협을 가한다 한들 그러한 차별적 관행을 법으로만 끝장낼 수 없다는 것이다. 한 가지 이유는 많은 경우에 법이 시행되기 어려울 수 있기 때문이다. 따라서 사회가 완전히 정의롭기 위해서는 시민들이 일정 수준의 덕성을 갖추어 법을 보완해야 한다.

앞의 예가 상기시켜주듯이 비이상적 사회에는 많은 부정의의 근

28 나는 이 두 가지 덕성에 대한 설명을 롤스적 노선을 따라 Costa(2004)에서 제시하였다.

29 사회 통합이 공정한 기회균등에 결정적으로 중요하다는 논변으로는 Anderson(2002)를 참조하라.

원들이 있다. 이 사실은 시민성 교육에 관한 롤스 이론의 함의를 확대한다. 이상적 맥락에서조차 정치적 덕성의 발휘는 다원주의와 다양성의 맥락에서 사회적 상호 작용의 도전에 적절히 대응하는 데 필요한 추론과 감정의 복합적인 능력을 필요로 한다. 그러나 불완전한 사회에서 시민들은 또한 항상 공정하지는 않은 규범 및 확립된 관행에 직면할 때 정의가 무엇을 요구하는지 파악할 수 있어야 하며, 또 사회 변혁을 위한 그럴듯한 전략을 마련할 필요가 있다. 여기에는 항의, 소송, 시민 불복종 및 기타 조치들이 포함될 수 있다. 결과적으로, 비이상적인 맥락에서 정치적 덕성을 장려하는 과업은 상당히 많은 것을 요구할 수 있다. 시민성 교육은 공적 정당화 가능성의 요건을 충족해야 하지만, 적어도 사회가 헌법적 질서가 표방하는 자유와 평등의 이상을 충족시키지 못하는 한, 합당한 시민의 정치적 덕성에 대한 가르침은 또한 [사회] 변혁적 목표를 가질 것이다.

Rawls,
Citizenship,
and Education

제 6 장

자유롭고 평등한 시민

기본적 자유와 그 가치

정의의 두 원칙을 뒷받침하기 위해 롤스가 제시하는 논변의 핵심 요소들 중 하나는 자유롭고 평등한 시민이라는 직관적인 규범적 이상이다.[1] 롤스는 이러한 이상이 원초적 입장의 설계를 설명하고 정당화하는 데 중요한 역할을 한다고 본다. 그는 또한 그 이상이 현대 민주 사회의 공적 문화에 내재하며, 정치적·법적 제도의 설계와 작동 속에도 존재한다고 주장한다. 이러한 이유로 그는 그 이상이 광범위하게 공유되는 것으로 간주할 수 있다고 주장한다. 아마도 이것은 사실일 것이다. 그러나 따로 떼어놓고 보면 시민들이 자유롭고 평등하게 대우받아야 한다는 주장은 불확정적이며 명확한 정책적 함의도 사실상 없다. 이를 바로잡기 위해 정의의 두 원칙은 시민들이 도덕적 역량을 개발하고 좋은 삶에 대한 관념을 추구하는 데 기본적인 이익 관심을 가지고 있다는 약정과 함께, 시민들을 자유롭고 평등하게 대우하는 데 무엇이 관련되는지에 대한 보다 정확하고 유용한 해석을 제공하기 위한 것으로 이해된다. 정의의 제1원칙은 사회가 모든 시민에게 평등한 기본적 권리와 자유의 체계를 보장하도록 요구한다. 제

1 Rawls(1996), pp. 29~35; Rawls(2001), pp. 18~24.

2원칙은 사회적·경제적 불평등이 다음의 두 조건이 만족될 경우에만 허용 가능하다고 주장한다. 즉, 바람직한 사회적 위치에 접근할 공정한 기회의 균등이 있어야만 하고, 그러한 불평등은 모든 사람, 특히 사회의 가장 혜택 받지 못하는 구성원들[즉 최소 수혜자]에게 이익이 되어야 한다. 그러나 롤스의 정의의 두 원칙을 만족하는 것이 자유롭고 평등한 시민의 지위를 유지하는 가장 적절하거나 타당한 방법인지는 결코 분명치 않다(또는 롤스의 일부 비판자들은 그렇게 주장한다). 이 논쟁과 관련하여 이 장은 세 가지 목표를 갖는다. 첫째는 정의로운 사회가 시민들에게 평등하게 보장해야 하는 자유의 유형에 대한 롤스의 설명을 검토하는 것이다. 나는 롤스를 비간섭으로서의 자유freedom as non-interference를 옹호하는 이론가로 생각하는 사람들이 [그를] 오해하고 있다고 주장할 것이다. 왜냐하면 정의의 제1원칙에서 작동하는 자유 개념은 중요한 측면에서, 필립 페팃Philip Pettit이 공화주의 전통에서 핵심적인 것으로 옹호해 온 비지배로서의 자유freedom as non-domination 개념과 유사하기 때문이다. 둘째로, 나는 롤스의 정의의 원칙이 모든 시민들의 비지배 자유를 성공적으로 보호하여 그들을 자유롭고 평등한 존재로 대우하는 범위를 고려할 것이다. 끝으로, 나는 학교가 자유롭고 평등한 시민이라는 이상을 지지하기 위해 할 수 있는 기여에 대해 간단히 논의할 것이다. 이러한 기여를 논의할 때, 정책의 정당화에 대한 롤스의 정치적 접근법은 그러한 지지가 취할 수 있는 형식에 대한 많은 제한을 내포한다는 것을 명심해야 한다.

비록 롤스가 일반적인 용어로 자유를 언급하곤 하지만, 자유 개념에 대한 그의 논의를 보면 그가 정의로운 사회의 시민들에게 부여되어야 할 일련의 특수한 자유들을 염두에 두고 있다는 것은 분명하다. 2장에서 보았듯이 정의의 원칙을 처음 소개할 때 롤스는 짧은 목록을 통해 시민들의 기본적 권리와 자유를 명시한다.[2]

1. 양심의 자유와 사상의 자유
2. 결사의 자유
3. 평등한 정치적 자유들
4. 인신의 불가침성과 자유를 보호하는 권리 및 자유들
5. 법의 지배가 보장하는 권리 및 자유들

이미 언급했듯이, 이 목록은 다양한 종류의 자유를 위한 투쟁의 역사, 즉 모든 시민을 위한 헌법적 보호를 이끈 투쟁들에서 주로 영감을 받았다. 그러나 이러한 자유들의 선택은 자유롭고 평등한 시민, 그리고 도덕적 역량을 개발하고 합당한 인생 계획을 추구하는 데 관심이 있는 시민에 대한 롤스의 설명에 기초하기도 한다.

비록 롤스가 주장한 자유 개념이 소극적 자유negative freedom인가, 적극적 자유positive freedom인가 하는 문제를 둘러싼 일부 논쟁이 있었지만, 그는 자유에 대한 자신의 설명에 어떤 식으로든 꼬리표를 붙이는 것을 분명 피하고자 한다.[3] 제럴드 맥컬럼Gerald MacCallum을 따라, 그는 어떠한 자유라도 세 가지 요소, 즉 행위자agent로 간주되

2 Rawls(1996), p. 291을 참조하라. 이 목록에 있는 항목들은 2장에서 더 자세히 설명된다.

3 자유에 대한 롤스의 설명, 그리고 이 설명과 공화주의 이론의 양립 가능성에 대한 논의로는 Spitz(1993); Swift(1993); Pettit(1999), p. 50; Laden(2006); Larmore(2008), pp. 187~89를 참조하라.

는 것은 무엇인가, 자유에 대한 제약restriction으로 간주되는 것은 무엇인가, 그리고 행위자가 자유롭게 관여하거나 자제할 수 있는 활동activities은 무엇인가 등에 의해 설명될 수 있다고 주장한다.[4] 롤스는 다음과 같이 말한다.

> 자유에 대한 일반적인 서술은 이 사람 혹은 저 사람(혹은 사람들)이 그러그러한 행위를 함에 있어 (혹은 하지 않음에 있어) 이러저러한 제한(혹은 일단의 제한들)으로부터 자유롭다(혹은 자유롭지 않다)는 형식을 취하게 된다. 자연인뿐만 아니라 단체도 자유롭거나 자유롭지 않을 수 있으며, 제한이라는 것에도 법에 의해 규정된 의무 및 규제로부터 여론과 사회적 압력에서 생기는 강제적인 영향력에 이르기까지 여러 가지가 있을 수 있다. 대체로 나는 자유를 헌법상의 제한이나 법적인 제한과 관련해서 논의할 것이다. 이런 경우에 자유란 제도상의 어떤 구조를 의미하며 권리와 의무를 규정하는 공공적인 규칙들의 어떤 체계라 할 수 있다. 이러한 배경 속에서 사람들이 어떤 것을 행함에 있어 자유롭다는 것은 그들이 그것을 행하거나 행하지 않는 것이 어떠한 제약도 받지 않고 다른 사람에 의한 간섭으로부터도 보호되어

4 MacCallum(1967). [맥컬럼에 의하면 소극적 자유와 적극적 자유를 포괄할 수 있는 기본적인 자유 개념이 존재하며, 이 자유 개념은 다음의 삼각관계 도식에 의해 분석될 수 있다: X는 Y를 행하거나 Y가 됨에 있어 Z로부터 자유롭다. 여기서 X는 행위자, Y는 목적(활동), Z는 장애물(제약)이다.]

있는 경우를 말한다.[5]

롤스의 기본적 권리와 자유의 목록을 주의 깊게 살펴보면 그가 관련 기본 행위자들의 집합을 개인들에 국한되는 것으로 여긴다는 것, 그리고 집합적 행위자로 행위하기 위해 협회가 가질 수 있는 자유는 파생적인 것이며 개인들의 자유에 의존하는 것으로 판명된다는 것을 알 수 있다.[6] 앞의 단락이 명시하듯이, 롤스는 자유에 대한 관련 제약을 법에 의해 규정되는 것으로 여긴다. 즉, 그는 (기본적 자유의 경우에) 자유에 대한 가능한 침해로서 여론의 비공식적인 제재의 영향뿐만 아니라 행위에 대한 자연적 장애물과 내적인 심리적 장애물도 배제한다. 끝으로, 기본적 자유의 목록은 시민의 핵심적 이익으로 간주되는 것에 대한 보호의 범위를 설정한다. 즉, 이 목록은 법이 보호하는 가장 중요한 행위나 활동 유형이 어떤 것인지를 나타내는 일련의 기준을 제공한다.

장-파비엔 스피츠Jean-Fabien Spitz, 필립 페팃, 쿠엔틴 스키너Quentin Skinner 등 롤스에 대한 신新공화주의neo-republican 비판자들은 롤스의 주장을 소극적 자유 개념을 지지하는 것으로 해석한다. 그들은 롤스가 자유를 비간섭[불간섭]의 관점에서 이해한다고 간주한다. 그런 다음 그들은 이러한 자유 개념은 간섭이 없는 것을 이상적

5 Rawls(1999a), p. 177.

6 롤스가 집합적 행위자의 자유에 대해 어떠한 것이든 말하는 유일한 대목은 그의 국제 정의론에서이다. 거기서 그는 (합당하게 정의롭거나 적정 수준의 국가들인) '만민peoples'의 자유에 대한 존중을 요구하는 원칙을 제시한다. 이 경우에 결국 자유는 자치self-government가 된다. Rawls(1999b)를 참조하라.

인 자유의 상황으로 삼으며, 그래서 이상적 자유는 심지어 (아마도 이상적으로는) 세상에 다른 사람들이 존재하지 않는 상황에서조차 누릴 수 있는 것이 되어 버린다고 주장하기까지 한다.[7] 그러나 이 주장은 매우 단순한 비간섭으로서의 자유 개념에 대해서는 타당할지도 모르지만, 시민들의 기본적 권리와 자유에 대한 롤스의 발전된 설명에는 분명 적용되지 않는다. 롤스의 모든 기본적 자유는 **시민**의 자유이며 정치적·법적 제도로써 부여된다. 그러한 자유 중 일부, 즉 양심의 자유, 결사의 자유, 정치적 자유 등은 다른 사람들이 없는 상황에서는 아무 의미가 없다. 게다가 롤스는 시민들이 실제로 간섭 받지 않을 때마다 이러한 자유를 누린다고 결코 말하지 않는다. 오히려 그는 이러한 자유를 누리기 위해서는 이들 자유의 적절한 체계가 있어야만 하며, 그래야 시민들이 정치적 및 법적 제도에 입각해서 (개인, 집단, 또는 국가의 행위에 의한) 간섭으로부터 효과적으로 보호받을 수 있다고 말한다.

롤스의 자유 개념에 확정적 꼬리표를 붙이려는 시도에 얽힌 또 다른 복잡한 문제는 그의 공정으로서의 정의론이 경제적 자원의 필요성을 시민들이 좋은 삶에 대한 그들 나름의 관념을 추구하는 데 있어서 자유를 누릴 수 있는 필요조건으로 인정한다는 점이다. 롤스의 견해에 따르면 정의로운 사회는 시민들이 좋은 삶에 대한 서로 다른 관념을 발전시키는 것에 대해 존중하고 지지하며, 시민들이 스스로 구상하는 대로 이러한 관념들을 추구할 수 있도록 하는 사회이다. 이

7 Spitz(1993), p. 332; Pettit(1999), p. 50; Skinner(1983)을 참조하라. 그러나 Pettit(2008)은 여러 측면에서 자유의 문제에 대한 롤스의 접근법에 가깝다.

러한 종류의 활동은 적극적 자유의 행사로 적절히 이해되지만, 개인적 자율성의 발전된 관념을 포함하는 의미로 이해되어서는 안 된다. 오히려 그것은 시민들에게 그들의 삶을 어떻게 살 것인가를 결정할 권한과 수단을 부여하는 것과 같다.[8]

롤스가 경제적 자원의 부족 — 또는 지식이나 능력의 부족 — 이 시민들이 기본적인 자유를 갖는다는 주장의 근거를 약화시킨다고 생각하지 않는 것은 사실이다. 그러나 그는 그러한 부족이 이러한 기본적 자유의 '가치worth'에 영향을 미칠 수 있다고 주장한다. 2장에서 언급했듯이 자유의 가치는 시민이 그 자유를 이용하기 위해 갖는 능력과 그 자유의 행사가 시민의 인생 계획을 실현하는 데 유용하거나 필수적인 정도에 따라 좌우되는 척도다. 돈, 지식, 능력의 부족은 인생 계획을 효과적으로 추구하는 데 있어 (이것은 정의론이 보호하고자 하는 것인데) 자유의 유용성에 영향을 미칠 수 있으며, 따라서 자유의 가치는 항상 시민의 가치관, 성향, 재능, 물적 자원, 사회적 위치에 따라 좌우될 것이다. 각 시민은 각기 다른 방식으로 자신의 기본적 자유를 가치 있게 여길 것이다. 어떤 이들은 정치 문제에 깊이 관여하여 정치적 자유를 더 중시할 것이다. 다른 이들은 언론인, 시인, 예술가로 활동하면서 표현의 자유를 보다 폭넓게 이용할 것이다. 또 다

8 그의 초기 저작에서 롤스는 정의의 원칙의 선택을 정당화하기 위해 폭넓은 칸트적 자율성 개념을 이용한다. Rawls(1999e)를 참조하라. 그러나 '정치적 전환political turn' 이후에 그는 이러한 도덕적 자율성 개념에 호소하는 것을 피한다. 왜냐하면 그것은 모든 합당한 시민들이 공유하지는 않는 포괄적 이상이기 때문이다. 그러나 그는 "시민들이 법적 독립성과 진실성을 보장 받고 정치권력의 행사에서 타인들과 동등하게 함께 하는 것"으로 이해되는 정치적 자율성의 가치는 계속 지지한다. Rawls(1999b), p. 146을 참조하라.

른 집단의 구성원들은 종교 의식에 시간과 자원의 상당 부분을 할애할 것이다. 정의의 제2원칙은 바람직한 사회적 지위와 경제적 자원의 할당에서 일정한 불평등을 허용한다. 이 때문에 일부 시민들이 다른 이들에 비해 기본적 자유를 행사하기가 훨씬 쉬운 것으로 판명될 것이다. 이것은 처음에는 불공정하게 보일 수도 있다. 하지만 최소한의 숙고만으로도 자유의 가치를 균등화한다는 목표가 개인의 복리well-being를 균등화한다는 목표만큼이나 어렵다는 것을 알 수 있다. 렉스 마틴Rex Martin은 다음과 같이 말한다.

> 동등한 가치를 보장하려면 우리는 — 가령 직업상의 이익 관심이 유사한 — 일군의 동질적인 개인들을 창조하여 그들을 비슷한 상황에 처하도록 해야 할 것이다. 롤스는 현실 사회의 사람들 사이에는 상당한 차이가 있을 것이라고 줄곧 가정하기 때문에, 사실상 다양한 사람들에 대해 자유의 현실적 가치 측면에서 평등을 달성하는 것은 그의 프로그램의 일부가 아니다.[9]

그러나 이것은 자유의 가치를 어떤 식으로 분배하더라도 롤스가 허용할 것이라는 주장은 아니다. 오히려 롤스는 차등의 원칙이 경제적 자원이 보다 평등하게 분배된다면 사회의 최소 수혜자들이 누리는 자유의 가치가 이전보다 항상 더 크게 되리라는 것을 보장한다고

9 Martin(1985), p. 55.

주장한다.[10]

1970년대 초에 발간된 한 논문에서 노먼 다니엘스Norman Daniels는 시민들의 자유는 평등할 수 있지만 동시에 그들의 자유의 가치는 상당히 불평등할 수 있다는 롤스의 주장을 비판했다.[11] 정의의 제2원칙은 허용 가능한 불평등의 정도에 절대적인 제한을 두지 않기 때문에, 다니엘스는 공정으로서의 정의론이 시민들 사이에 권력, 권한, 경제적 자원의 상당한 불평등을 합법화한다는 해석에 일리가 있다고 지적했다. 그런 다음 다니엘스는 부유한 시민들과 가난한 시민들이 형식적인 정치적 자유를 똑같이 갖는다 하더라도 이 자유의 불평등한 가치는 정치적 영향력의 행사에서 부유한 시민들에게 체계적으로 유리한 결과를 가져오리라는 것을 역사적 경험이 보여준다고 주장했다. 부유한 시민들은 정치 캠페인에 기여함으로써 후보 선출에 훨씬 더 많은 영향을 미칠 수 있고, 언론을 통제함으로써 여론에 더 많은 영향을 미칠 수 있다. 그리고 다른 많은 유사한 사실들이 거론될 수 있다. 그 결과, 개별적으로는 반대할 수 없는 정치적 자유의 행사와 관련된 사례들이자 공정으로서의 정의론이 허용 가능한 것으로 간주하는 이러한 사례들은 상당 기간 동안 합쳐질 경우 더 부유하고 더 힘 있는 시민들의 이익이 민주적 과정과 그에 따른 법과 정책을 통해 결국 과잉 대표되는 구조적 결과를 산출하는 경향이 있다. 이것은 단지 경험적 논변으로 보일지도 모르지만 다니엘스는 이러한 경향의

10 기본적 자유의 가치를 균등화한다는 목표의 실현 가능성에 반대하는 추가적인 고려사항들에 대해서는 Krouse and McPherson(1988), p. 85를 참조하라.

11 Daniels(1989b), pp. 253~81을 참조하라.

가능성이 롤스의 정의로운 사회의 이상적 모형의 안정성을 위협한다고 올바르게 지적한다. 이것은 그 이론이 유리한 조건에서는 실현 가능하지 않거나, 설령 실현 가능하다 해도 불평등이 점점 더 현저해질수록 정의의 원칙에 대한 지지가 상당 기간 동안 쉽게 유지될 수 없다는 점을 시사한다.[12]

다니엘스의 비판에 대해 롤스는 모든 기본적 자유의 가치가 불평등하도록 허용하는 것은 많은 예측 가능한 불행한 결과를 가져온다는 것을 인정했다. 따라서 그는 정의의 제1원칙을 수정하여 기본적 자유들 중 특정 부분 집합의 동등한 가치를 보장하는 요건을 포함시켰다. 이 부분 집합은 특히 **정치적** 자유들로 이루어져 있다. 롤스에 따르면 이 새로운 요건은 선거 자금 지원의 재구조화, 공적 토론 보조금 지급, 그리고 시민들이 정치적 과정에 영향을 미칠 수 있는 기회를 균등하게 하기 위한 기타 조치들로 충족될 수 있다.[13] 이렇게 정의의 제1원칙을 수정하는 것은 다니엘스의 비판에 대한 임시방편적ad hoc 대응으로 보일는지도 모른다. 그러나 그것은 정치적 자유에 경합적 측면이 있다는 사실에 대한 원칙적인 대응으로도 볼 수 있다. 즉, 시민들이 가진 가용 자원의, 그리고 그들이 정치적 자유를 행

12 Daniels (1989b), p. 255.

13 평등한 자유의 원칙이 제2원칙에 비해 우선성을 가지기 때문에, 다니엘스는 만일 제도적 설계로써 정치적 영향력에 대한 평등한 기회를 보호하기에 충분하지 않다면 정의론의 새로운 판본은 정치권력의 매우 불평등한 분배가 산출되지 못하도록 경제적 불평등을 제한하는 것을 지지할 것이라고 생각한다. Daniels(1989a), p. xxiv를 참조하라. 재산 소유 민주주의 경제 체제에 대한 롤스의 간략한 지지는 시민들 사이의 정치권력의 균등화가 재산의 분산, 즉 경제적 불평등의 축소를 필요로 한다는 결론을 뒷받침하는 것으로 보인다.

사하기 위해 사용할 수 있는 자원의 **상대적** 양은 정치 과정의 결과에 영향력을 행사할 그들의 전망에 상당한 영향을 미칠 것이다.[14] 롤스가 다른 기본적 자유들은 이러한 측면에서 정치적 자유와 다르다고 생각하는 것 같다는 데 주목할 필요가 있다. 특히, 그는 비정치적 자유들 중 하나를 행사하는 데 관심이 있는 시민들의 경우 가능한 한 많은 양의 경제적 자원을 확보하는 것이 항상 더 낫다고 생각한다. 즉, 어떤 비정치적 자유의 가치에 대해 하나의 경제 체제가 다른 것보다 더 나은지를 결정하는 데 있어, 롤스는 서로 다른 사람들의 상대적인 경제적 지위를 고려할 필요가 없다고 생각하는 것으로 보인다. 예를 들어, 양심의 자유를 행사하려는 나의 이익 관심은 내가 종교 활동에 헌신할 수 있는 경제적 자원(그리고 여가)이 더 적은 경우보다는 경제적 자원(그리고 여가)이 더 많을 경우에 더 높은 정도로 충족된다. 그리고 이것은 다른 사람들이 유사한 활동을 추구하기 위해 갖는 자원의 양과는 별개로 사실이다. 따라서 시민들이 평등한 자유를 갖지만 자유의 가치는 불평등하다는 롤스의 생각은 (정치적 자유를 제외한) 자유를 행사하는 데 대한 시민들의 이익 관심이 정의의 제2원칙의 작동에 의해 공정하게 만족되리라는 것을 전제한다. 이것은 이러한 기본적 자유를 이용하는 데 있어 최소 수혜 시민들의 이익 관심이 모든 시민들의 경제적 자원의 균등화를 직접적 목표로 하는 어떠한 대안적 원칙보다 차등의 원칙과 합쳐진 공정한 기회균등 원칙에 의해 더 잘 만족된다는 것을 함축한다. 따라서 롤스는 자유롭고 평등한 시민의 이상에서 작동하는 '자유'의 핵심 의미를 그가 포착했다는

14 이러한 논점에 대한 검토는 Brighouse(1997)을 참조하라.

주장을 옹호하기 위해 생각보다 더 많은 근거 자료를 가지고 있다. 우리가 방금 보았듯이, 롤스는 시민의 권리와 자유에서의 평등이 시민들이 가진 자원, 즉 이들 권리와 자유의 행사를 위해 요구되는 자원의 상당한 불평등과 일관적이라고 주장한다. 적어도 그는 우리가 정치적 자유의 특정 부분 집합을 제쳐둔다면 이것이 사실이라고 주장한다. 이 주장을 비판하기 위해서는 롤스의 이론이 자유롭고 평등한 시민의 지위를 어떤 중요한 측면에서 보호하지 못한다는 것을 보여주어야 할 것이다.

이 단락을 한 줄 위로 이동 한 가지 방법은 비정치적인 기본적 자유가 정치적 자유가 갖는 것과 같은 방식으로 어떤 비교적 또는 관계적 측면을 갖는다는 것을 보여주는 것이다. 이러한 비판을 전개하기 위한 기초로서 비지배로서의 자유에 대한 필립 페팃의 신공화주의 이론이 이용될 수 있다. 비록 페팃 자신은 정확히 이러한 근거로 롤스를 비판하지 않았지만 말이다. 다음 절에서 나는 이러한 특정 유형의 자유가 롤스의 정의의 원칙으로 적절히 보호될 수 있는지 결정하기 위해 페팃의 비지배 자유에 대한 설명의 주요 요소를 간략하게 제시할 것이다. 나는 비지배로서의 자유가 공정으로서의 정의론의 적용에 대해 일정한 조정을 요구할 정도로 충분히 중요한 자유의 의미를 포착하고 있으며, 그러한 자유가 정치적 자유의 경우에 문제가 있다고 롤스가 인정한 유형의 비교적 측면을 갖는다고 주장할 것이다.

비지배로서의 자유

필립 페팃은 아이제야 벌린Isaiah Berlin이 구분한 것으로 유명한 비간섭으로서의 소극적 자유 개념과 자기 통제self-mastery(혹은 자율성)으로서의 적극적 자유 개념과는 전혀 다른 비지배로서의 자유 개념이 존재한다고 주장했다.[15] 자유에 대한 페팃의 독특한 이해는 자유롭다는 것은 노예나 식민지 국가의 상태에 있는 것과 달리 타인의 자의적 의지arbitrary will에 예속되지 않는 것이라는 직관적인 판단 속에 있다. 노예나 식민지 국가는 자유가 없다고 말하는 것은 논변할 필요 없이 완벽히 타당하다. 그런데 비간섭으로서의 자유 또는 자기 결정이나 자율성으로서의 자유에 대한 여러 전통적 이론들은 적어도 몇몇 사례들에서 이러한 판단을 만족스럽게 설명할 수 없다. 다음 사례를 살펴보자. 노예는 아주 상당한 정도로 그의 삶에 간섭하지 않는 자비로운 주인을 모실 수 있다. 그러나 그 노예는 자유가 없다[자유인이 아니다]. 마찬가지로 식민지 국민들은 심지어 민주적 통치에 필적할 정도로 그들의 삶에 간섭하지 않는 자비로운 전제 군주의 지배를 받을 수도 있다. 그럼에도 그들의 국가는 자유 국가가 아니다. 그들의 자율성과 관련하여 노예와 식민지 국가는 만약 자율성이 그들의 상황에도 불구하고 성공적으로 개발한 모종의 자기 결정 능력으로 이해된다면 자율적일 수도 있다 — 비록 자기 결정 능력을 비교적 방해받지 않고 행사할 것을 요구하는 다른 관점에서는 자율적이라

15 Berlin(2002), pp. 166~217을 참조하라.

고 간주되지 않겠지만.[16] 노예와 식민지 국가는 자유가 없다는 것을 더 잘 설명하는 것은 (간섭이 없으면서도 행위자가 발달된 자기 결정 능력을 소유하는 상황과 일관적인) 지배의 관계적 상황이다. 따라서 페팃은 자신의 독특한 자유 개념을 '비지배로서의 자유'라고 부른다. 페팃의 이론에서 핵심적인 이론적 개념인 지배는 다음과 같이 이해될 수 있다. "행위자 A는, A가 다른 행위자 B의 어떤 선택과 행위에 대해 자의적으로 간섭할 위치에 있는 한, B를 지배한다."[17]

페팃에게는 "한 개인의 선택 상황을 의도적으로 악화시킨다"는 이유에서 간섭으로 간주되는 ─ 강제, 위협, 조작 등을 포함한 ─ 다양한 행위들이 있다. 그러나 물론 모든 간섭이 자의적인 것은 아니다. 페팃은 '적절한 통제에 종속되지 않는 간섭'이라는 의미로 '자의적 간섭'이라는 표현을 사용한다. 간섭하는 행위자가 (a) 사적인 개인이나 사적인 집단 행위자인지, 아니면 (b) 국가인지에 따라 두 가지 매우 다른 종류의 자의적 간섭이 존재한다. 간섭하는 행위자가 사적인 행위자일 경우 A가 B의 일에 간섭하는 것은 A가 자기 마음대로 비교적 무사히[뒤탈 없이]with immunity[여기서 '무사히'란 '법적 제재나 책임으로부터 면제된 채'라는 뜻임] 간섭할 수 있을 때, 즉 그러한 간

16 정치적 정의론에서 자율성에 호소하는 데 따르는 한 가지 문제점은 자율적 행위자나 자율적인 행위로 간주되는 것에 대한 해석이 너무나 분분하다는 것이다. 이러한 해석들 중 일부는 너무나 요구가 강해서 많은 사람들을 자율성이 없는 사람으로 분류하곤 한다. 그러한 자율성 해석에 따르면 지배는 자율성 발달을 저해하거나 자율성의 행사를 심각하게 제한하거나 자율성의 행사를 완전히 가로막을 수 있다.

17 이것은 직접 인용은 아니지만 그의 현재 입장에 대한 가장 명확한 진술로 보인다. Pettit(1999), pp. 52~58; Pettit(2005), pp. 92~94를 참조하라. 다음의 세 단락은 주로 Costa(2009b), pp. 404~406에 근거한다.

섭이 B의 개인적 이익이나 의견의 자취를 따르도록[추적하도록]track 보장하는 방식으로 통제되지 않을 때 자의적인 것으로 간주된다. 반면, 간섭하는 행위자가 국가일 경우 A가 B의 일에 간섭하는 것은 집합적 시민의 공동 이익common interests의 자취를 따르도록 보장하는 방식으로 통제되지 않을 때 자의적인 것으로 간주된다.[18] 지배를 이런 식으로 이해할 때, 본질적으로 페팃의 견해는 어떤 사람은 만약 그가 (페팃의 의미에서) 지배받지 않는다면 자유롭다는 것이다.

비지배 자유의 소극적 개념을 명료화하기 위해 그것을 비간섭 자유의 소극적 개념과 대조해 보면 유용할 수 있다. 비지배 자유의 옹호자들과 비간섭 자유의 옹호자들 모두가 사람들에게 자유가 없다고 묘사하는 공통적인 상황들이 분명히 존재한다. 즉, 사람들이 실제로 자의적 (또는 통제되지 않는) 간섭을 당하는 상황들이 그것이다. 그러나 비지배 자유의 개념은 적절하게 수립된 법에 의한 간섭의 사례에서처럼 자의적이지도 자유를 훼손하지도 않는 간섭을 받을 가능성을 위한 여지를 남겨둔다. 사실, 그러한 경우에서조차 비간섭 자유의 옹호자들은 법이 적절한 방식으로 정당화된다면 그러한 법은 진정한 자유의 손실에 해당하지 않는다는 페팃의 의견에 동의할 수도 있다. 자유에 대한 두 개념 간의 더 큰 차이는 반대의 경우, 즉 어떤 사람이

18 내가 보기에 페팃의 사적 당사자들에 의한 자의적 간섭 개념은 국가에 의한 자의적 간섭 개념보다 명쾌하다. 그 이유 중 하나는 우리가 개인들의 핵심적 이익이 무엇인가에 대한 이론 이전의 꽤 명확한 의미를 갖고 있기 때문이다. 국가에 의한 자의적 간섭 개념은 특히 합당한 불일치가 있는 정책들을 결정할 때 시민들의 공동 이익이 무엇인지에 대한 정확한 의미를 제시하는 데 따르는 난점 때문에 더욱 문제적이다. 무엇이 국가 지배로 간주되는가를 결정하는 문제에 대한 논의로는 McMahon(2005); Pettit(2006); Costa(2007)을 참조하라.

지배를 받지만 (즉, 어떤 사람이 자의적 간섭에 취약하지만) 그 사람이 어떠한 실제적 간섭도 받지 않는 사례를 고려할 때 나타난다. 그러한 사례에서 비간섭 자유에 관심이 있는 이론가들은 지배 자체의 구조적 관계보다는 실제적 간섭이 있을 가능성이 어느 정도인가에 관심을 가질 것이다. 따라서 해고로 인한 실업의 위험성 때문에 종업원이 고용주로부터 자의적인 간섭을 받아야 하는 입장이거나, 이혼하면 궁핍해지거나 배우자 폭행 금지법이 없기 때문에 아내가 남편으로부터 자의적 간섭을 받아야 할 처지라면, 비간섭 자유의 일관된 옹호자는 그러한 간섭들이 통계적으로 발생할 개연성이 높을 경우에 더욱 관심을 기울일 것이다. 이와 대조적으로 페팃은 지배의 구조적 관계를 그 자체로 나쁜 것으로 본다. 그의 견해에 따르면, 그러한 관계는 지배받는 사람이 실제 간섭을 당할 확률이 매우 낮을 때조차도 자유의 상실을 수반한다. 구조적인 관계 자체에 초점을 맞추기 때문에 페팃은 때로는 간섭의 부재나 낮은 개연성이 간섭을 덜 당하고자 유혹, 회피, 비위 맞추기 등의 처세술에 호소할 수 있는 지배 받는 사람의 활동들에 의해 설명될 수 있다는 것에 주목한다. 비간섭 자유를 옹호하는 다른 사람들은 이러한 종류의 상황에 대해 다른 평가를 할 수 있다. 어떤 이들은 사람들이 전략적인 계획과 이런 종류의 비굴한 행동을 채택하게 될 때 그들은 누군가가 명백하게 위협받는 것과 유사한 상황에 처해 있다고 말할지도 모른다. 이러한 비간섭 자유의 옹호자들은 페팃과 마찬가지로 이러한 상황이 자유를 훼손한다고 주장할 수 있을 것이다. 그러나 다른 사람들은 명시적 위협이 없으므로 자유가 훼손되는 상황이 아니라고 말할 수도 있다. 이것은 가령 아이제야 벌린이 취할 입장이다.

비간섭 자유와 비지배 자유 사이의 정확한 관계가 무엇이든, 비지배 자유에 대한 관심은 적어도 권력이 견제되지 않을 때 자유를 훼손하는 어떤 것으로서 권력의 불평등에 대한 뚜렷한 집중을 이끌어 낸다는 것을 분명히 해야 한다. 비지배로서의 자유 개념이 사람들이 자유로울 수 있는 중요한 의미를 포착한다는 점을 우리가 받아들인다면, 한 가지 중요한 실천적 물음은 다음과 같다: 이러한 자유를 가장 잘 보장하거나 촉진할 수 있는 유형의 정책은 무엇인가? 페팃은 사적인 당사자들에 의한 자의적 간섭 여력을 줄이는 최선의 수단은 법의 지배(법치)the rule of law이며, 이는 취약한 개인들의 협상력을 높이는 자원 재분배 정책으로 보완될 필요가 있다고 주장한다. 예를 들어, 잘 시행된 형법은 신체적 위해 및 신체적 위해의 위협으로부터 개인을 보호하는 역할을 하고, 위자료 및 적정 수준의 자녀 양육에 대한 권리를 확립하는 이혼법은 전통적 혼인 관계에서 여성의 협상력을 증가시키며, 휴일과 수당을 의무화하는 노동법은 피고용자가 착취적 노동 계약을 맺지 않도록 보호한다. 국가의 자의적 간섭을 방지하기 위한 보장과 관련하여 페팃은 주로 정치 제도의 설계에 초점을 맞춘다. 잘 설계된 제도들은 다른 유익한 효과들 중에서도 견제와 균형의 메커니즘을 통해 소수의 수중에 권력이 축적되는 것을 막을 수 있다. 그러한 제도들은 정기적 선거를 활용하여 공공 대표들의 직무 수행을 점검할 수 있다. 그리고 그것들은 법이 시민들의 이익에 더 잘 반응하도록 하기 위해 시민들이 공적 의사 결정에 다양한 방식으로 이의를 제기하는 것을 더 용이하게 할 수 있다. 그러나 페팃이 제안한 정책 목록에서 누락된 것에 주목할 필요가 있다. 어디에서도 그는 도덕 교육이나 정치 교육을 옹호하지 않는다. 이러한 누락은 중대하다. 잘 설계된 교육 정책은 정치 시스템의 작동에 대한 넓고도 깊은 일반적 지식에, 정치적 요구를 효과적으로 하기 위해 필요한 능력의 개발에, 그리고 자신의 이익을 보호하고 동료 시민들의 이익을 존중하는 방식으로 행위하는 도덕적 성향의 함양에 기여할 수 있기 때문이다. 교육 정책의 이러한 모든 잠재적 결과들은 지배의 감소를 위한 수단으로서 페팃이 호소하는 과정들을 촉진하리라 기대할 수 있기 때문이다.

공정으로서의 정의와 지배의 방지

비지배로서의 자유를 고려하는 중이므로, 우리는 이제 롤스의 정의의 원칙이 사적 당사자들과 국가에 의한 지배로부터 시민들을 보호할 수 있는지 여부를 결정할 수 있는 위치에 있게 되었다. 비지배 자유가 자유의 중요한 의미 — 자유롭고 평등한 시민의 이상에 포함되어야 하는 의미 — 를 포착한다는 것이 사실이라면, 시민들을 심각한 형태의 지배로부터 보호하지 못하는 사회는 정의롭다고 볼 수 없을 것이다. 나는 롤스가 기본적 자유를 개인의 삶의 핵심 영역에 대한 간섭으로부터의 법적 보호로 이해하는 것이 비지배 자유에 대한 페팃의 이해에 매우 가깝다고 주장할 것이다. 내가 보기에 개인의 핵심적인 생활 영역에 대한 보호를 요체로 하는 롤스의 기본적 자유 개념은 관련 문헌에서 '자유주의적 자유 개념liberal conception of freedom'으로 묘사되곤 하는 비간섭 자유의 캐리커처[서투른 모방]와 완전히 다르다. 비간섭 자유에 대한 이런 단순한 설명은 법을 자유에 대한 위협으로 보고, '더 큰 자유'를 '행위를 위한 더 많은 선택지'와 거의 같은 의미로 여긴다. 비간섭 자유의 캐리커처가 갖는 한 가지 중요한 특징은 그것이 개인들이 참여하는 활동 유형들 간에 어떠한 질적 구분도 하지 않는다는 점이다. 따라서 그것은 또한 어느 종류의 간섭이 더 심각한지에 관한 어떠한 상응하는 구분도 하지 않는다. 그것은 행위에 대한 아주 사소한 제약마저 자유의 감소로 간주한다. 이런 관점에서, 가령 내가 자가용 출근 도중 만난 에움길[우회로]은 내가 통상적인 경로로 갈 수 없기 때문에 나의 자유의 감소로 간주된다. 롤스의 이해에 따르면 이것은 기본적 자유의 감소로 (심지어 사소한 감소로도) 간주되지 않는다. 왜냐하면 다른 길이 아닌 어느 한 길로 운전하는 것은 시민의 핵심적 활동이 아니기 때문이다. 롤스의 기본적 권리와 자유의 목록은 보호되어야 할 시민들의 활동 유형을 분별한다.

그런데 롤스가 지배 관계에서 드러나는 시민의 자유의 축소를 대체로 고려하지 않는 것은 사실이다.[19] 그 이유 중 하나는 그의 주된 관심사가 시민들이 정의의 원칙을 준수하고 사회 제도의 정의로운 작동에 역사적 장애물이 없다고 상정하는 이상적 정의론을 정당화하는 데 있기 때문이다. 그럼에도 불구하고 롤스의 이론이 시민들의 비지배 자유를 의당 보호해 내고야 마는지는 물을 가치가 있다. 공정으로서의 정의가 자유롭고 평등한 시민들의 지위를 보장하려면 국가나 사적 행위자의 자의적 간섭 가능성으로부터 그들을 보호해야만 한

19 그러나 Rawls(2001), pp. 130~32를 참조하라.

다.[20] 우리의 물음은 페팃의 지배 개념의 이중성을 반영하여 두 가지 하위 물음으로 구분될 수 있다.

(1) 어느 정도까지 개별 시민들의 선택이 국가에 의한 자의적 간섭으로부터 보호받는가?
(2) 어느 정도까지 개별 시민들의 선택이 사적 당사자들에 의한 자의적 간섭으로부터 보호받는가?

(1)에서 쟁점인 자유의 종류, 즉 국가로부터 지배받지 않을 자유에 관해서는 공정으로서의 정의론이 기본적 권리와 자유를 통해 시민들을 적절히 보호하는지가 꽤 논쟁적일 수밖에 없다. 여기서 기본적 권리와 자유는 정치 제도에 의해 보장되는 것들로서 그것들은 양도 불가능하며 국가는 그것들을 정당하게 침해할 수 없다. 기본적 권리와 자유에 대한 일정한 제한을 허용하는 데 대한 유일한 정당화는 그렇게 하는 것이 모든 시민을 위한 평등한 자유의 적절한 체계를 확보하기 위해 요구된다는 것이다. 롤스는 한 사회가 자유롭고 평등한 시민이라는 이상을 구현하는 핵심적인 사회적·정치적 제도를 갖춘 민주주의 사회가 아니라면 정의로울 수 없다고 생각한다.[21] 모든 시민에게 투표할 권리, 정치적 견해를 표현할 권리, 다양한 정치 결사체에 참여할 권리, 또는 소송 제기 같은 시민적 행동에 나설 수 있는

20 롤스가 공화주의 전통에 빚지고 있다는 추가적인 논변들에 대해서는 De Francisco(2006); Laden(2006); Larmore(2008)을 참조하라.

21 롤스 이론의 민주주의적 요소들에 대한 상세한 검토는 Cohen(2003)을 참조하라.

권리를 부여하는 것은 시민들이 국가에 의해 지배되지 않도록 보장하는 역할을 한다.[22] 비록 롤스가 제도적 설계의 문제에 아주 깊이 관여하지는 않지만, 정치적 자유에 대한 그의 논의는 그가 정치 제도의 적절한 설계의 필요성을 인식하고 있음을 보여준다.[23] 더욱이 공정성으로서의 정의론은 정치적 자유의 공정한 가치를 보장한다. 이러한 보장은 부자들이 정치 과정을 통제하고 국가 정책에서 자신들의 이익을 과잉 대표하는 것을 막기 위한 것이다. 롤스는 경제적·사회적 불평등이 너무 클 때 사회의 일부가 국가 조직을 통제함으로써 나머지 부분을 지배할 위험성이 있다는 것을 인정한다. 그는 지배라는 직관적인 개념을 명시적으로 사용하여 그 요점을 다음과 같이 말한다.

> 그런 종류의 [경제적·사회적] 불평등이 클 때 그런 불평등은 정치적 불평등을 지지하는 경향이 있다. 밀Mill의 말처럼 정치권력의 기반은 (교육받은) 지적 능력, 재산, 그리고 결합 능력power of combination인데, 이것은 자신의 정치적 이익을 추구하는 데 협력할 수 있는 능력을 의미한다. 이 능력은 소수의 사람들이 국가 조직에 대한 그들의 통제력 덕분에

22 헌법적 본질과 기본적 정의의 문제를 다루는 법은 공적 이성에 의해 정당화되어야 한다는 요건은 시민들에 대한 국가 지배의 방지를 보장하는 롤스 이론의 또 다른 요소이다. 그러나 이 요건이 헌법적 본질과 기본적 정의 문제에만 적용된다는 점에 주목할 필요가 있다. 게다가 롤스에 따르면 시민들이 정치적 토론에서 공적 이성을 사용해야 한다는 요건은 시민의 도덕적 의무이다. 그렇기 때문에 그것은 강제될 수 없다. 그리고 이러한 이유로 그것은 지배의 구조적 관계를 바꿀 수 없다. Rawls(1999b), p. 136을 참조하라.

23 Rawls(1996), pp. 324~63을 참조하라.

> 경제 전반에서 그들의 지배적 지위를 보장하는 법과 재산 체계를 제정할 수 있게 한다. 이 지배가 많은 사람들의 삶을 그렇지 않을 경우보다 덜 좋게 만든다는 점에서 나쁜 것으로 경험되는 한, 다시금 우리는 경제적·사회적 불평등의 영향을 우려하게 된다.[24]

내가 보기에 롤스의 시민의 기본적 권리와 자유의 목록은 (국가 지배에 대한 페팃의 설명에서 필수적인 개념인) 시민의 공동 이익이라는 페팃의 더 불확정적인 개념에 대한 그럴듯한 해석을 제공하는 데 이용될 수 있다.[25] 게다가 기본적 권리와 자유는 롤스적인 정의로운 사회에서 법에 의해 보호될 것이다. 따라서 국가나 특정 법률이 시민을 지배하는지 평가하기 위해 국가가 시민의 기본적 권리와 자유를 존중하고 지지하는지 여부에 대한 문제에 초점을 맞출 수 있다. 그러나 이러한 기본적 권리와 자유가 단순히 헌법에 기재되어 있는 것만으로는 충분하지 않다. 오히려 그것들은 유효한 법률과 적절한 제도적 설계에 의해 적절히 보호되어야 한다. 이는 국가에 의한 지배의 문제를 다루자는 페팃의 제안과 크게 다르지 않다. 그런데 페팃은 시민의 기본적 권리와 자유의 목록을 제시하는 것을 피하며, 대신에 국가의 간섭이 시민의 공동 이익의 자취를 따르지 않을 수 없게 하는 방식으로 견제되어야 한다는 생각에 호소한다. 페팃이 '자유'를 추상 명사

24 Rawls(2001), p. 131.

25 나는 Costa(2007)에서 페팃의 후기 저작들을 다루면서 시민의 공동 이익을 구체적으로 명시하는 문제에 대한 보다 자세한 논의를 제공한다.

로 사용하는 대신 시민의 기본적 자유를 이야기하는 전략을 고려할 때, 그는 기본적 자유를 구체적으로 명시하지 않은 채로 두는 것이 최선이라고 판단한다.[26] 롤스와 같은 명시적 목록을 대신하여, 그는 자유의 목록이 기본적 자유의 목록으로 간주되기 위해 반드시 충족되어야 하는 여러 가지 조건들을 제시한다. 예를 들어, 자유는 평등하게 누릴 수 있어야 하고, 사람들의 삶에서 중요해야 하며, 가능한 한 광범위해야 한다. 롤스와의 이런저런 차이에도 불구하고, 나는 기본적 자유에 대한 페팃의 연구를 우리가 어떤 특정한 자유를 가장 중요한 것으로 선택해야 한다는 롤스의 제안이 지닌 장점을 인정하는 것으로 받아들인다.

이제 (2)에서의 쟁점인 종류의 자유, 즉 사적 당사자에 의해 지배 받지 않을 자유로 돌아가 보자. 언뜻 보면 공정으로서의 정의론이 이러한 종류의 자유를 보호해 주는지는 완전히 명확하지 않을 수도 있다. 형법은 확실히 개인과 집단을 신체적 폭력이나 신체적 위해의 위협과 같은 특정한 종류의 사적인 간섭으로부터 보호한다. 그러나 공정으로서의 정의론은 개인이나 집단을 전 범위의 사적 지배 형태들로부터 보호하는 것 같지 않다. 왜냐하면 롤스적인 정의로운 사회는 모든 시민이 평등하다고 간주되는 정치적 영역 외부의 시민 사회와 국내 영역에서는 매우 불평등한 권력 관계를 포함할 수도 있기 때문이다. 예를 들어, (결혼과 이혼에 관한 법률에 따라 좌우되는) 남편과 아내 사이의 지배 관계나 (노동법의 내용과 실업 수당의 존재에 따라 좌우되는) 고용주와 종업원 사이의 지배 관계가 있을 수 있다. 그러나

26 Pettit(2008), pp. 201~23.

우리는 롤스의 견해가 그러한 지배를 허용한다고 주장하는 데 신중해야 한다. 왜냐하면 이것이 사실인지 아닌지는 정의의 제2원칙(공정한 기회균등의 원칙과 차등의 원칙)의 처방이 어떻게 해석되는가에 결정적으로 달려 있기 때문이다. 나는 제2원칙이 사적 당사자에 의한 지배를 제거하는 기능을 한다는 해석에 대한 원전 근거가 있다고 주장할 것이다. 그러나 우선 공정한 기회균등의 원칙과 차등의 원칙, 그리고 지배의 문제를 미해결로 남겨둘 만한 몇 가지 그럴듯한 원전 독해 방식을 검토해 보자.

2장에서 보았듯이, 공정한 기회균등의 원칙은 모든 사람이 바람직한 모든 사회적 지위에 대한 동일한 법적 접근권을 가져야 한다고 요구한다. 이것은 여성에 대한 법적 차별이나 공식적인 인종 차별 제도처럼 다른 집단에게 다른 대우를 명하는 법률이 없어야 함을 의미한다. 더욱이 그 원칙은 개인들의 삶의 기회가 그들이 태어난 사회적 지위에 의해 결정되어서는 안 된다는 것을 요구한다. 롤스는 "똑같은 수준의 재능과 능력을 가지고 있고 그것들을 사용하고자 하는 똑같은 의지가 있는 사람들은 사회적 체계에서 처음의 위치에 상관없이 똑같은 성공의 전망을 가져야 한다."라고 주장한다.[27] 만일 이 원칙이 고용주가 비공식적 형태의 지배를 자행하는 것(가령, 여성이나 인종적 소수자들이 열심히 일하는 노동자가 아니라는 편견 때문에 그들을 일자리에서 배제하는 것)을 허용하는 것으로 해석된다면, 그 원칙은 이들 집단의 구성원들에 대한 지배를 방지하지 못할 것이다. 물론, 어떤 이는 그 원칙이 역사적 편견의 양식을 극복하기 위해 차별 금지법과 특

27 Rawls(1999a), p. 63.

정 종류의 할당제를 요구한다고 주장할 수도 있을 것이다.[28] 앤드류 메이슨은 공정한 기회균등의 원칙에 대한 표준적 해석에 또 다른 문제를 제기했다. "일자리에 대한 자격과 동기"가 통보 받은 즉시 추가 근무를 하거나 주 60시간 근무를 할 수 있는 능력을 포함하고 있다고 가정해 보자. 만약 그렇다면 그러한 조건에서 일할 수 없는 (혹은 원하지 않는?), 가령 아이를 돌봐야 하는 사람들은 "똑같은 재능과 동기가 있는" 것으로 여겨지지 않을 것이다. 우리가 이런 식으로 생각한다면, 그들의 삶의 기회가 다른 사람들에 비해 더 열악하다 해도 기회균등의 위반은 없는 셈이다.[29] 이러한 해석은 많은 바람직한 사회적 지위에 대한 여성들의 접근이 제한되는 것이 사회에서 그들이 지배를 당하고 있다는 신호라는 것을 부정한다. 대신 그것은 그들의 상황을 그들이 자신의 인생을 선택한 결과로 해석한다. 나중에 나는 이것이 롤스에 대한 잘못된 해석이라고 주장할 것이다.

차등의 원칙과 관련하여 이상적 상황과 비이상적인 상황 모두에서 그 원칙의 정책적 함의는 매우 불확정적이다. 결국, 경제적 제도의 작동을 위한 어느 일련의 규칙들이 가장 불우한 대표적 개인들[즉 최소 수혜자]의 인생 전망을 최대한 개선하는지를 확립하기가 매우 어렵다. 사회과학자들과 경제학자들 사이에서조차 어떤 일련의 과세, 시장 규제, 기타 프로그램들이 최소 수혜자들의 생애 전망을 높여 그들이 상위 수혜자들the more advantaged과 동등한 위치에서 사

28 공정한 기회균등의 원칙이 비이상적 [현실적] 맥락에서 어떤 종류의 적극적 우대 정책을 지지할 것인가 하는 것은 논쟁적인 문제이다. Taylor(2009)를 참조하라.

29 Mason(2006), pp. 72~73.

회에 완전히 참여하는 구성원이 될 수 있도록 작동할 것인지는 논란거리이다. 그러나 차등의 원칙은 정확하게 다음을 요구한다. 즉, 소득과 부, 그리고 여타의 사회적 기본재에 대한 접근의 관점에서 가장 혜택 받지 못한 사회 구성원들의 인생 전망이 극대화되어야 한다. 여기서 '가장 혜택 받지 못한least advantaged'이라는 표현은 [비숙련 노동자의 경우처럼] 시장성 있는 기술을 가장 적게 갖고 있다는 것을 가리킨다고 이해될 수 있다. 그러나 차등의 원칙이 지닌 불확정성은 단지 하나의 문제점일 뿐이다. 차등의 원칙에 대한 어떤 그럴듯한 해석에 의하면, 가령 [입센Henrik Ibsen의 『인형의 집』에서 여주인공 노라처럼] 여성들이 유급 노동에 종사하지 않거나 독립적인 수입원이 없어서 결과적으로 남편에게 지배 받는 위치에 있다 하더라도 그 원칙에 위배되지 않는다. 또한 종업원들이 현재의 근로 조건에 만족하지 않을 때 직장을 그만두고 또 다른 수입원을 찾는 것이 항상 쉽지는 않다는 그럴듯한 가정하에, 고용주들이 지배의 한 형태에 해당할 정도로 종업원들에 대해 고도의 권력을 갖는 것도 가능할 수 있다. 경제적 자원에 대한 접근성을 극대화하는 데만 중점을 둔다면, 직장을 조직하는 여러 가지 방법들을 평가할 때 종업원들이 지배를 당한다는 사실이 간과될 수 있다.

전술한 모든 것은 롤스가 적어도 제2원칙에 의거해서는 사적 지배를 줄이는 방법으로 제시할 것이 거의 없다는 시사점을 줄는지도 모른다. 그러나 이러한 시사점은 재산 소유 민주주의에 대한 롤스의 언급과 모순된다.[30] 재산 소유 민주주의 개념은 토지와 자본의 광범

30 Rawls(2001), pp. 135~48. 또한 Freeman(2007), pp. 133~36, 219~35; Krouse and

위한 분배, 재산과 부의 세대 간 양도를 제한하는 법률, 그리고 교육의 기회균등을 촉진하는 정부 정책 등을 포함한다. 리처드 크라우스Richard Krouse와 마이클 맥퍼슨Michael McPherson은 교육의 기회균등이 인적 자본의 취득을 균등화하고 시장성 있는 기술을 가진 사람들의 수를 증가시켜 그러한 기술의 소유로써 창출되는 소득이 감소되는 결과로 이어질 것이라고 주장한다. 그 결과는 상위 수혜 소득 집단과 최소 수혜 소득 집단 간의 소득 차이의 균등화가 될 것이다.[31] 재산 소유 민주주의 체제는 경제력의 과도한 집중을 방지하고, 재산의 세대 간 재분배를 일정 부분 지원함으로써 사회·경제적 불평등에 기반을 둔 개인 간 지배 관계의 형성을 저지한다. 게다가 교육과 훈련에 대한 광범위한 접근은 더 많은 시민들이 스스로를 부양할 수 있다는 것을 의미할 것이고, 이는 실행 가능한 퇴거 선택권exit options이 없는 대인 관계 형성을 저지할 것이다.

나는 여성에 대한 사적 지배 문제에 관해 몇 가지 소견을 제시하고자 한다. 왜냐하면 우리의 목적상 정의의 제2원칙이 집단으로서의 여성에 대한 체계적인 지배를 허용하지 않는다는 것이 중요하기 때문이다. 이것은 짧은 지면에서는 충분히 논의할 수 없는 주제이다. 그럼에도 4장에서 간략히 고찰한 여성주의적 비판에 대한 롤스의 대응은 올바른 방향을 향하고 있다. 여성에 대한 체계적인 지배를 방지하기 위해 정의의 원칙이 작동해야 한다는 것을 롤스가 분명히 지적하고 있음을 강조할 필요가 있다.

McPherson(1988)을 참조하라.

31 Krouse and McPherson(1988), pp. 91~92.

아내들은 남편들과 마찬가지로 평등한 시민들이다. 그들은 남편들처럼 모두 똑같은 기본적인 권리와 자유 그리고 공정한 기회를 가진다. 그리고 이것은 다른 정의의 원칙들의 **올바른** 적용과 함께 그들의 평등과 독립을 충분히 보장해야 한다.[32]

롤스는 전통적으로 여성이 육아 책임을 불균형적으로 큰 비율로 떠맡아 왔고 이혼법에 의해 심각한 불이익을 받아왔음을 인정한다. 그는 또한 여성들의 돌봄 노동이 금전적 보상을 받아야 하며, 이혼법은 자녀 돌봄을 위해 노동 시장을 떠난 여성들에게 혼인 관계가 지속된 기간 동안 증가한 가족의 자산 가치의 동등한 몫을 부여해야 한다고 본다.[33] 나는 여성을 위한 공정한 기회균등이 육아 책임을 재분배하는 정책뿐만 아니라 직장에서 어린 자녀를 둔 노동자들을 수용하도록 하는 법률도 필요로 한다고 덧붙이고 싶다.

롤스의 이론을 비이상적 맥락에 적용하고자 할 때는 사적 지배의 가능성을 고려해야 한다. 현실 세계에서 사람들은 타인의 행동을 통제하기 위해 위협과 조작을 포함한 다양한 형태의 강압에 의존하기도 한다. 차등의 원칙을 사려 깊게 적용하고자 한다면, 권력을 분산시키는 것과 타인의 심각한 형태의 간섭에 취약한 사람들을 보호하는 것이 중요성을 고려해야만 한다. 정책을 통해 지배를 성공적으로 제거하거나 최소화하기 위해서는 그 정책이 개인들 간의 구조적

32 Rawls(2001), p. 164.

33 Rawls(2001), p. 167.

인 관계를 변화시켜서 누구도 다른 사람에 대해 견제 받지 않는 권력을 가질 수 없게 해야 한다. 우리는 이미 그러한 정책들을 보아 왔다. 그중에서도 최저 임금법, 유급 휴일 및 퇴직금, 이혼 시 배우자 부양, 자녀를 둔 노동자에 대한 직장 수용 및 육아 지원 등의 정책들을 들 수 있다. 그러나 관련 문헌들에서 충분히 탐구되지 않은[34], 보완적이기는 하지만 독특한 전략이 있다. 이 전략은 시민에게 특정한 품성의 개발을 장려하여 그들이 그들 자신의 경우에서든 혹은 그들이 제3자로 그것을 관찰할 때든 지배 관계에 대해 피하거나 저항하거나 맞서 싸울 수 있도록 하는 데 초점을 맞춘다. 이 장의 나머지 부분에서는 학교가 이러한 방식으로 지배의 축소에 기여할 수 있는 방식들에 대해 간략히 논할 것이다. 나는 내가 제안하는 교육의 유형이 롤스적 이론의 정치적 경계 조건에 잘 들어맞는다고 주장해 나갈 것이다.

자유를 위한 교육

많은 독자들이 알겠지만 자유를 위한 교육에 대해서는 이미 많은 저작들이 있다. 따라서 앞서 제기된 문제, 즉 비이상적 맥락에서 지배를 최소화하기 위한 교육 정책을 설계하는 문제에 대한 여러 가지 준비된 해결책들이 있을 것으로 보인다. 그러나 자유를 위한 교육에 대한 기존 문헌은 다양한 개인적 자율성 개념들에 대한 옹호 (또는

34 Laborde(2008)은 예외이다. 그러나 세실 라보르드Cécile Laborde는 정책의 정당화에 대한 롤스의 접근법과 양립가능한 비지배를 위한 교육을 옹호하지는 않는다.

거부), 그리고 학교가 개인적 자율성을 증진할 수 있는 방법에 초점을 맞추는 경향이 있다.[35] 이러한 주제들은 부모의 독특한 이익 관심과 아이들의 이익 관심을 비교하여 균형을 맞추는 문제의 맥락에서 논의된다. 즉, 그러한 논의가 주로 초점을 맞추는 문제는 아이들의 자율성 개발을 목표로 하는 교육 정책과 그들의 아이들이 받는 교육에 대해 결정할 부모의 합법적 권한 사이의 양립 가능성이다. 이제 우리는 롤스의 정의론이 시민들의 **정치적** 자율성, 즉 그들의 인생 계획을 형성, 추구, 수정할 능력을 보호하자는 입장임을 알고 있다. 이것은 롤스가 아이들의 자율성을 증진하는 교육 정책을 요구하는 쪽에 찬성하리라는 것을 시사하는 듯하다. 그러나 롤스는 자신의 삶을 사는 어떤 합당한 방식들이 다른 것들보다 더 가치 있다고 주장하는 개인적 자율성이라는 이상의 정치적 증진을 명백히 거부한다. 특히, 그는 좋은 삶의 강조점을 가치에 대한 비판적 검토, 인생 실험experiments in living의 추구, 또는 개성의 함양에 두어야 한다는 것을 거부한다. 따라서 롤스는 이 같은 이상들을 펼치도록 장려하는 것이 학교의 정당한 목표들 중 하나라고 주장할 수 없다. 개인적 자율성의 다양한 이상들의 가치는 논쟁적 쟁점이기 때문이다. 이러한 이상들에 대한 선호도 부여를 정당화하는 유일한 방법은 정의로운 사회의 안정성이 실제로 시민들이 그 이상들 중 어떤 것(들)을 충족시킬 것을 요구한다는 것을 입증하는 것이다. 그러나 그러한 입증 논변이 없는 상황에서 정책의 정치적 정당화에 대한 롤스의 신념은 자율성 교육에 대한

35 그 사례들 중 일부로는 Brighouse(1998); Burtt(2003); Callan(1997); Levinson(1999)를 참조하라.

지지를 배제하는 것으로 보인다. 그런데 만일 정의로운 사회에 대한 롤스의 이론이 심각한 지배 형태를 용인한다면 그 이론은 결함 있는 이론일 것이다. 그리고 이것은 자유롭고 평등한 시민의 지위를 무너뜨리는 셈이 된다. 이와 같이, 지배에 맞서 시민을 교육하기 위한 논거는 개인적 자율성이라는 이상을 함양하기 위한 시민 교육의 논거와 결정적인 차이가 있다. 합당한 사람들이 개인적의 자율성이라는 이상에 부여할 수 있는 긍정적 가치는 다양할 수 있다. 그러한 이상들은 논쟁적이기 때문이다. 그러나 지배가 직견적*prima facie*으로['직견적'이란 '반증되지 않는 한 자명한'을 의미함] 나쁘며 그것을 피하거나 막아야 한다는 주장에 대해서는 훨씬 광범위한 합의를 기대할 수 있다. (물론 합당한 시민은 때로는 다른 더 중대한 악을 피하거나 어떤 보상적 이득을 얻고자 일정한 지배를 감수하는 상황에 동의할 수도 있다) 지배의 해악성에 관한 광범위한 합의를 합당하게 기대할 수 있다면, 정치적 정당화의 범위 안에서 비지배 자유의 교육을 위한 논거가 구성될 수 있다.

시민 교육은 어떻게 지배를 막는 데 기여할 수 있을까? 우선 국가 지배의 위협에 초점을 맞추자. 이것은 국가의 간섭이 시민들의 공동 이익을 고려하도록 견제 받지 않는 방식으로 국가가 시민들의 삶에 간섭할 가능성을 포함한다. 우리가 보았듯이 시민들의 기본적 권리와 자유에 대한 헌법적 보호는 이런 종류의 국가 간섭을 견제하는 목표에 직접 기여하며 법과 정책이 그러한 핵심적인 [공동] 이익을 고려하도록 보장한다. 또한 정치 체제의 다른 측면들도 이러한 목표에 기여할 수 있다. 예를 들어, 페팃은 시민들의 법과 정책에 대한 시민들의 이의 제기contestation를 촉진하는 메커니즘이 있으면 국가 지배를 막는 데 도움이 된다고 생각한다. 그러나 페팃이 지지하는 이 특정 정책을 넘어, 시민 교육은 국가에 지배 받지 않을 시민의 자유에 근본적인 기여를 할 수 있다. 정치적·사법적 체계의 기능에 대한 지식과 함께 자신의 권리에 대한 지식을 갖게 되면, 자신의 목소리를 경청하게 하고 자신의 이익을 중요하게 고려하도록 만드는 데 매우 강력한 도움이 될 수 있으며, 이는 특히 취약한 집단에 속하는 사람들에게 해당한다.

롤스의 견해에는 시민적 지식civic knowledge을 전달하기 위한 교육 정책을 지지하는 것처럼 보이는 여러 가지 우연찮은 특징들이 있다. 롤스가 정의의 제1원칙에 정치적 자유의 공정한 가치 보장을 포함시킨 것은 이러한 유형의 시민 교육을 정당화하기 위한 그럴듯한 근거를 제공한다. 장차 유효한 정치 행위자가 되도록 아이들의 능력을 개발하는 것은 그들의 정치적 자유의 공정한 가치에 기여한다. 그러나 시민 교육에 대한 롤스의 짧은 언급에서 학교가 정치적·법적 제도의 기능에 대해 그리고 불공정한 정책에 이의 제기하는 절차에 대해 가르쳐야 한다고 생각하는지, 그리고 어느 정도까지 그렇게 생각하는지는 분명하지 않다. 여러 자유주의 철학자들은 학교 이외의 사회 제도 및 단체들이 이러한 특정한 종류의 시민 교육을 제공하기에 충분할 것이며, 따라서 학교가 정부 조직에 대한 기초적인 사실을 가르치는 것을 넘어설 필요가 없을 것이라고 꽤 확신하는 것 같다. 그리고 롤스도 이러한 확신을 공유할 가능성이 매우 높아 보인다. 그러나 그러한 '보이지 않는 손' 메커니즘에 대한 의존은 내가 보기에 정당하지 않다. 자의적 간섭에 가장 취약한 사람들 — 유효한 정치 행위자가 되어야 할 필요성이 가장 크기 때문에 이런 유형의 시민적 지식을 갖게 되면 가장 많은 이익을 얻게 될 사람들 — 이 그러한 지식을 학교 밖에서 얻게 되리라는 보장은 없다. 확실히 정치인이나 법조인의 자녀들이 가정에서 이런 유형의 지식을 습득할 가능성이 높을 것이다. 그러나 가난한 이민자 부모의 자녀들은 그들의 권리를 보호하는 데 도움이 되며 그들의 요구를 들어줄 법적·정치적 메커니즘에 대해 그리 많이 배우지 못할 것이다. 학교에서 정치 참여를 위한 역량 및 기능을 개발하도록 장려하기 위한 이러한 논변이 좋은 삶을 위해 정치적 활동이 반드시 필요하다고 가정하지는 않는다는 점을 분명히 해야 한다. 오히려 그러한 논변은 정치적 참여가 시민들 또는 시민들의 집단에 대한 지배를 방지하고 그들의 공동 이익과 관심에 부응하는 정치 제도를 유지하는 중요한 수단이라는 아주 그럴듯한 주장에 의존할 뿐이다.[36]

이제 시민 교육이 사람과 사람 사이의 지배를 줄이는 데 어떻게 도움이 될 수 있는지 생각해 보자. 페팃의 이해에 따르면 지배는 두 행위자 간의 구조적 관계이다. 지배는 한 행위자가 다른 행위자의 어떤 선택과 행위에 마음대로 뒤탈 없이 [면책적으로] 간섭할 능력을 가질 때마다 존재하며, 이는 지배하는 행위자가 이 능력을 실제로 이용하여 간섭할 가능성과는 무관하다. 이런 식의 사적 당사자 간 자의적 간섭 가능성을 제거하기 위해서는 견제와 통제의 메커니즘을 확립할 필요가 있다. 도덕 교육과 시민 교육이 지배를 줄이는 데 분명히 도움이 될 수 있다고 주장할 수 있는데, 기본적인 도덕 규범을 내면화한 시민들은 일반적으로 타인의 선택을 위협, 강요, 조작하는 것

36 Rawls(2001), pp. 142~45를 참조하라.

을 삼가기 때문이다. 즉, 어떤 의미에서는 도덕적·정치적 덕성의 계발 자체가 자의적 간섭 가능성에 대한 견제로 — 비록 내면적인 것이긴 하지만 — 간주될 수도 있다. 게다가 덕성이 내적인 견제로만 기능할 필요는 없다. 도덕적·정치적 덕성을 계발한 시민이 많고, 이 널리 퍼진 덕성이 일반적으로 존재하는 것으로 알려지면 비공식적인 사회적 제재의 가능성도 사적 당사자들의 자의적 간섭에 대한 견제로 작용할 수도 있다. 그러나 사회에서 비지배를 증진하는 유일한 혹은 주요한 수단으로서 개인의 덕성에 의존하는 것은 비현실적이라는 것을 인정해야 한다. 그 이유 중 하나는 대부분의 사람들이 매우 굳건하고 신뢰할 수 있는 방식으로 유덕하게 성장할 것이라고 기대할 수 없기 때문이다. 정의로운 법과 잘 설계된 제도들의 체계는 개인의 덕성 함양을 목적으로 하는 교육 정책보다 사적 당사자들의 간섭을 통제하는 데 더 나은 전망을 제공한다. 그럼에도 개인적 덕성은 법치주의[법의 지배]의 보조 장치로서 필수적 역할을 하며, 그것은 적어도 어떤 심각한 형태의 사적인 간섭을 방지하는 데 기여할 수 있다.

시민 교육이 사적 지배의 감소나 적어도 자의적 간섭에 대한 취약성과 결부된 해악의 감소에 기여할 수 있는 두 번째 또는 비교적 덜 탐색된 방법은 아이들에게 스스로를 다른 사람들과 평등하며, 따라서 존중 받을 자격이 있다고 생각하도록 장려하는 것이다. 해악들 중에서도 특히 지배 관계는 지배당하는 개인들에게 (진심이든 아니든) 비굴한 행동을 야기할 수 있다. 이런 행동은 더 힘 있는 자의 환심을 사기 위해 꾸민 전략적 반응일 수도 있다. 또는 더 나쁜 것은 자신의 목표, 바람, 이익, 의견 등이 다른 사람들의 것만큼 중요하게 고려되지 않고 그래서도 안 된다는 메시지를 내면화한 결과일 수도 있다는 것이다.[37] 그런데 다소 상이한 교육적 권고들로 인도하는, 비굴함[노예 근성]servility에 대한 경합하는 설명들이 많기 때문에, 비굴함이 무엇이고 왜 잘못인지를 보다 명확히 할 필요가 있다.

내가 가장 그럴듯하다고 생각하는 비굴함에 대한 설명은 비굴함을 악덕vice으로 규정하는 토마스 힐Thomas Hill의 제안에 따른다.[38] 힐은 비굴함이 도덕적 개인으로서 갖는 자신의 권리를 오해하거나 다른 사람들의 권리에 비해 자신의 권리에 상대적으로 낮은 가치를 두는 것과 관련된다고 주장한다. 비굴함을 악덕이라 부르는 것은 모든 비굴한 사람들이 그들의 태도에 똑같이 책임이 있다는 가정을 수반하지 않는다. 어떤 사람들은 그들이 교육받고 자란 환경이나 그들이 살아갈 수밖에 없다고 여기는 억압적 사회 환경에 호소함으로써 확실히 책임을 면할 수 있다. 힐이 비굴함에 대한 설명의 예시로써 드는 사례들 중 가장 유명한 것은 남편을 섬겨야 할 의무가 있다고 믿는 공손한 아내의 예이다. 힐이 묘사하는 그 공손한 아내는 남편의 욕구와 이익을 우선시해야 한다고 믿으며 남편의 욕구와 이익만큼 그녀 자신의 욕구와 이익이 중요하다고 생각하지 않는다. 힐은 "비

37 정의로운 사회는 시민들의 자존감self-respect에 대한 평등한 지지 기반을 제공해야 한다는 롤스의 요구는 사람과 사람 사이의 지배 사례들이 초래한 불행한 결과인 비굴한 태도를 표적으로 삼는 교육을 정당화하기 위한 근거로 이용될 수 있다. 롤스가 자존감으로 의미하는 바에 관한, 자존감의 사회적 기반이 기본적 가치[기본재]로서 자격이 있는지 그리고 그렇다면 어떻게 평등하게 분배될 수 있는지에 관한 풍부한 문헌들이 있다. 나는 여기서 이러한 쟁점들을 해결하고자 하는 것이 아니다. 나의 요점은 단지 만약 시민들의 자존감을 확보하는 것의 중요성에 대한 롤스의 주장을 받아들인다면, 이로써 비굴한 태도를 표적으로 하는 교육을 위한 근거를 제공받게 된다는 것일 뿐이다.

38 Hill(1973)을 참조하라. 비굴함에 대한 대안적 설명으로는 Callan(1997), pp. 152~59를 참조하라.

굴하다는 것은 단지 어떤 경험적 믿음을 갖는 것이 아니라 도덕 공동체 안에서 자신의 정당한 위치에 관한 어떤 태도를 갖는 것이다."라고 말한다.[39] 비굴함에 대한 이러한 설명 방식이 갖는 한 가지 난점은 비굴한 행동과 매우 이타적인 행동을 구분하기 위한 기준이 필요하다는 것이다. 어떤 사람들은 자신의 숙고 속에서 다른 사람들의 이익과 복지에 매우 현저한 위치를 부여하는 나머지, 다른 사람들을 위해 스스로를 희생하곤 한다. 이런 이타적인 개인들 중 일부는 자신의 평등한 도덕적 지위와 그 자신이 존중받을 만하다는 사실을 인식한다. 그러나 이런 사람들과 스스로를 충분히 높이 평가하지 않아서 비슷하게 행동하는 사람들을 어떻게 구별할 수 있을까? 이것은 진정한 문제이며, 나는 이렇다 할 구체적인 이론적 해결책을 갖고 있지 않다. 하지만 나는 현실 속에서는 이 두 종류의 사람들을 구별할 수 있다고 생각한다. 그리고 그렇게 할 수 있는 우리의 능력은 그들의 행동을 관찰함으로써 그들이 자신의 응분의 자격what they deserve에 대한 적절한 인식을 갖고 있는지를 결정할 수 있는 우리의 능력에 달려 있다고 생각한다.

이제 비굴함에 대한 힐의 이해 방식을 염두에 두고 비굴함에 반대하는 교육으로 돌아가자. 비굴함에 반대하는 교육이 지배의 감소 그리고 지배와 결부된 해악의 감소에 기여할 수 있는 여러 방법들이 있다. 우리는 자의적 간섭을 통제하는 한 가지 방법은 개인들, 특히 가장 취약한 이들을 보호하는 법과 정책을 수립하는 것임을 보았다. 그러나 그러한 [제도적] 장치들 중 가장 잘 설계된 것조차도 사람들

39 Hill(1973), p. 90.

이 그 존재를 모르거나 그것을 사용할 용기나 자기 관심이 부족하다면 간섭을 견제하지 못할 것이다.

그리고 비이상적 상황에서 그러한 무지와 용기나 자기 관심의 부족은 드물지 않다. 부정의한 사회적 · 정치적 제도는 지배당하는 개인들이 평등한 도덕적 지위를 인식하지 못하게 하는 방식으로 작동한다. 그 결과 이런 개인들은 자신의 개인적 이익을 효과적으로 추구하거나 그들이 마땅히 받아야 할 존중을 요구할 준비가 되어 있지 않다. 진 햄프턴Jean Hampton이 제시한 사례는 이 점을 설명하는 데 도움이 될 수 있다. 햄프턴은 1930년대를 배경으로 한 조라 닐 허스턴Zora Neale Hurston의 소설[『요나의 박 넝쿨*Jonah's Gourd Vine*』(1934)]에 나오는 사례를 예로 든다. 죽어가는 아프리카계 미국인 어머니가 어린 딸에게 조언을 한다. 어머니의 조언은 다른 사람의 힘 아래에 놓이지 않으려면 가능한 한 많은 교육을 받아야 한다는 것이다. 이것은 분명 딸이 지배를 당하지 않을까 하는 솔직한 걱정의 표현이다. 그런데 또한 다소 놀랍게도 어머니는 딸에게 자기 자신을 사랑하는 것 이상으로는 그 누구도 사랑하지 말라고 충고한다. 햄프턴은 이 충고를 다음과 같이 해석한다.

> 이 어머니는 딸이 스스로 부양하고, 자신의 이익을 추구하며, 효과적으로 달성할 포부를 가질 수 있는 미래의 능력이 딸이 자신의 가치를 믿는 정도, 즉 자신이 중요한 사람이고, 진정 재능이 있고, 자신의 이익을 충족하는 게 중요하다고 생각하며, 자신의 이상과 포부가 타인들이 진지하게 받아들여야 하는 어떤 것이라고 생각하는 정도와 직결된다는 것을

인식하고 있다.[40]

딸은 여성이고 지배받는 집단의 일원이기 때문에, 그녀의 이익은 '더 나은 사람들'의 이익과 같은 정도로 중요하지 않고, 그녀의 견해는 고려할 가치가 없다는 메시지를 반복적으로 받게 될 것이다. 햄프턴은 딸이 자신의 도덕적 가치에 대해 특정한 긍정적인 태도를 기르는 것이 자신의 이익과 포부를 고려하는 방식과 장래에 그것들을 추구할 준비를 갖출 것인지에 영향을 미칠 수 있다고 주장한다. 이 사례는 자신에 대한 가치감을 발달시키는 것이 이익 관심과 욕구를 형성하는 것뿐만 아니라 다른 사람에게 어떤 대우를 요구할 수 있는지와 결부되는 방식을 보여준다. 물론 이것은 특정 개인이 그러한 억압적 상황에서 할 수 있는 것에 제한이 있을 경우, 지배 그리고 지배와 결부된 해악에 대한 해독제로서 충분하지 않다. 그러나 이 사례는 어떤 사람들의 이익 관심이 다른 사람들의 이익 관심보다 중요하지 않다는 반복된 메시지로 인해 지배가 영속화될 수 있는 한 가지 방식을 보여준다. 이러한 메시지들이 내면화되는 한, 그것들은 어떠한 이의 제기 메커니즘도 무력화시킬 것이다.

앞서 언급한 논점들은 학교가 온갖 민족적 배경을 지닌 소년 소녀들에게 스스로를 평등한 존재로서 여기고 그들 자신의 계획을 세워 추구할 자격이 있다고 생각하도록 장려함으로써 지배를 감소시킬 수 있는 한 가지 방법을 보여준다. [학교가 보내는] 이러한 메시지는 '자기 자리에 머무르라'는 사회적 압력에 저항하도록 도와줄 것이다.

40 Hampton(1997), p. 23.

비굴함에 반대하는 이러한 종류의 교육이 성공한다면 아이들이 어른이 되었을 때 지배 관계에 들어가는 것을 더 잘 피할 수 있게 할 것이다. 아니면, 만약 그들이 그런 지배 관계에 있다는 것을 알게 된다면, 그들은[원문의 'the'는 'they'의 오자로 보임] 심리적으로 그들의 목소리가 경청되도록 어떤 자원도 이용할 수 있을 것이다. 만약 다른 모든 것이 실패한다면, 그들은 적어도 그러한 관계에서 퇴거exit할 가능성이 더 높을 것이다. 이 같은 교육 정책의 장기적 결과 중 하나는 대다수의 노동자들이 품위를 떨어뜨리는 근로 조건을 받아들이지 않는 것일 수 있으며, 이는 결과적으로 사회의 지배 수준을 떨어뜨리는 결과를 낳을 것이다. 여성들 그리고 지배를 동반하는 결혼이나 대인 관계를 형성하려는 여성들의 의지에 대해서도 비슷한 주장이 제기될 수 있다. 그러나 비굴함에 반대하는 교육을 위한 나의 논거는 그러한 교육이, 특히 다른 사회적 부정의 형태들이 계속된다면, 엄청난 사회적 영향을 미칠 것이라는 생각에 근거하지는 않는다. 오히려 나의 주장은 비지배로서의 자유가 매력적인 정치적 이상(즉, 정치적 정당화가 가능하다는 롤스의 의미에서 정치적 이상)이며, 그러한 자유의 이상이 나름의 바람직한 방식으로 우리의 교육적 관행의 방향을 안내해야 한다는 것을 보여주기 위한 것일 뿐이다.

Rawls,
Citizenship,
and Education

제 7 장

애국

롤스의 저작에서의 애국

이 책 전반을 관통해 온 하나의 주제는 일련의 도덕적 역량과 성향을 포괄하는 합당한 시민성에 대한 롤스의 설명이었다. 또 하나의 주제는 일련의 공적 원칙과 규범에 대한 교육, 그리고 좋은 삶에 대한 포괄적 견해를 공유하지 않는 시민들 사이의 공정한 상호 작용을 촉진하는 일련의 덕성들을 가르치는 시민 교육의 필요성이었다. 이러한 정치적 덕성들에는 무엇보다 관용, 정중함[시민적 예의]civility, 그리고 공정성이 포함된다.[1] 그러나 많은 이론가들은 이조차도 충분하지 않다고 주장해 왔다. 그들은 추가 요건으로 시민들이 그들 사회의 제도, 역사, 국민과 자신을 일체화[동일시]하는 공통의 감정을 공유해야 한다고 주장한다. 특히, 어떤 이들은 롤스적 정의론이 안정성 요건을 충족하려면 그러한 감정을 필요로 한다고 주장해 왔다. 이 장에서 나는 이런 주장들을 살펴보고, 롤스적 정의론에서 애국(또는 그것에 가까운 어떤 것)의 적절한 역할에 대한 설명을 정당화할 것이다. 그런데 문제는 롤스적 시민 교육 프로그램이 어떻게 일체감 함양을

1 롤스의 정치적 접근과 양립 가능한 시민적 덕성의 예들에 대해서는 Costa(2004)를 참조하라.

동반할 수 있고 또 그래야 하는지가 될 것이다. 애국적 시민 교육 프로그램을 옹호하는 많은 사람들은 역사 교육에 주목한다. 나는 그들의 제안에 심각한 문제가 있으며, 적절한 형태의 일체화를 가르치기 위한 타당한 장소는 전통적인 '시민civics' 수업과 유사한 어떤 곳에 있다고 주장할 것이다. 뒤따르는 시민 교육에 대한 설명이 '애국적'이라고 불릴 만한지 여부는 열린 문제로 남겨 둘 것이다.

이몬 캘런Eamonn Callan을 따라 애국[나라사랑]을 "전 세대에 걸친 정치 공동체로서 자신의 특정한 국가nation와 [자기 자신을] 적극적으로 일체화하는 것으로, 국가의 번영을 소중히 여기고 국가의 발전을 도모하는 것"이라 정의하자.[2] 일부 저자들은 악성과 양성 형태의 일체화를 구분하여 양성의 [온건한] 형태에 대해 '애국주의patriotism', 악성의 [극단적] 형태에 대해서는 '민족주의nationalism'라는 용어를 예비해 둠으로써 좀 더 세분화된 규범적 정의를 시도한다. 이러한 정의는 애국주의와 민족주의가 다소 인위적으로 대조되는 결과를 낳는다. 애국주의와 민족주의를 구별하는 또 다른 방법은 기존 정치 공동체와의 일체화를 장려하는 것은 특정 민족과의 일체화를 장려하는 것과 다르다는 것으로, 이는 다민족 사회를 위한 정책을 논의할 경우 중요해 보인다. 그러나 이런 식의 대조 방식은 실제로는 모호해질 수 있는데, 그러한 경우에서조차 일부 민족주의 옹호자들은 '더 넓은' 국가 정체성을 만들어갈 것을 제안하기 때문이다. 예를 들어, 데이비드 밀러David Miller는 잉글랜드, 웨일스, 스코틀랜드, 북

2 Callan(2002), p. 468. 캘런은 민족[민족 국가]nation과의 일체화와 국가[정부]state와의 일체화 간에 차이가 있음을 인정한다. Callan(2004), p. 78을 참조하라.

아일랜드의 정체성들을 포괄하는 영국의 국가 정체성British national identity을 함양할 것을 권고한다.[3] 그런데 이러한 민족주의적 제안은 캐나다에 대해 찰스 테일러Charles Taylor가 애국주의의 이름으로 권고하는 제안과 본질적으로 동일하다. 즉, 단일하지만 상당히 탈중심화된 국가 내에 자리 잡은 서로 다른 민족들의 다원적 소속감들을 포괄하는 하나의 정체성을 증진하는 정책을 찾자는 제안이 그것이다.[4] 애국주의의 경계선을 그리는 첫 번째의 [인위적인] 규범적 방식과 달리, 나는 애국주의가 전체적으로 좋은가 나쁜가 하는 문제를 열어 둔다. 두 번째 방식과 관련하여 나는 이 장에서 민족주의를 한쪽으로 제쳐두고, 그들 자신의 자치self-government 제도를 가진 국민과의 일체화로 이해되는 애국에 초점을 맞춘다.[5]

애국이 어떻게 이해되든 그것이 롤스의 정의론에서 갖는 지위는 분명치 않다. 롤스 저작들의 색인[찾아보기]에는 애국에 해당하는 항목이 없고 그 주제에 대한 명확한 논의도 없다. 롤스는 폐쇄적 사회closed society라는 단순한 모형을 가정한다. 그런 사회는 정의상 고립적이고 자족적self-contained이다. 시민들은 그 사회에 출생으로 진입하고 사망으로 퇴거한다. 이 단순화 가정의 귀결 중 하나는 먼저 정의론을 수정하지 않고서는 최근 이민자들에 대해 정의가 무엇을 요

3 Miller(1995b), pp. 153~66.

4 Taylor(1989), pp. 159~82.

5 '애국심'이라는 말은 자신이 속한 정치 공동체에 대한 충성심뿐만 아니라 자신의 조국, 언어, 풍경, 문화, 그리고 역사에 대한 애착과 동일시의 감정을 포함하는 다양한 현상들을 포괄한다. 애국주의의 다른 정의에 대해서는 Keller(2005)와 Kleingeld(2001)을 보라. 나는 8장에서 다민족 국가의 맥락에서 민족주의가 제기하는 몇 가지 쟁점들을 검토할 것이다.

구하는가와 같은 문제들이 제기될 수조차 없다는 것이다.[6] 이 같은 단순화 가정에 비춰볼 때, 롤스가 정의로운 사회의 시민들은 애국적인 것이 바람직한가 하는 문제라든가, 시민들이 다른 사회나 외국인에 대해 취해야 할 바람직한 태도는 무엇인가 하는 문제를 답변은 고사하고 제기조차 하지 않는 것도 전혀 놀라운 일이 아니다. 롤스가 정의로운 사회의 안정성에 기여하는 시민들의 깊은 헌신에 대해 논할 때, 그는 시민들이 정치적 정의의 가치들, 즉 정치 제도와 사회 정책으로 구현되는 가치들을 긍정해야 한다고 주장한다.[7] 롤스는 시민들이 자신과 동료 시민들을 자유롭고 평등하며 특정한 권리의 보유자이자 자신들의 목적과 주장에 책임이 있다고 보는 것이 중요하다고 생각한다. 이러한 규범적 신념은 시민들의 행동, 그들의 정치 참여와 시민적 의무의 이행을 설명하는 데 도움을 준다. 이러한 정치적 가치들의 폭넓은 수용이 민주 사회의 정치 문화에 기원을 두는데도, 롤스는 시민들이 자신이 속한 국민과 공통된 역사와의 애국적 일체감을 계발할 필요가 있다고는 결코 말하지 않는다. 롤스에게 중요한 것은 단지 시민들이 스스로를 자유롭고 평등하다고 생각한다는 것과 그들이 정의로운 제도를 지지하고 발전시킨다는 것뿐이다.[8] 이것

6 이민의 자유에 대한 제약의 정당성 논의에 롤스의 정의론을 적용하고 확장한 예로는 Carens(1987)을 참조하라. 국제 정의에 대한 롤스 자신의 저작은 그가 공정으로서의 정의를 확장하는 카렌스의 방법론에 동의하지도 않고 카렌스의 결론을 지지하지도 않는다는 것을 시사한다. Rawls(1999b), p. 9를 참조하라.

7 Rawls(1996), pp. 30-35.

8 롤스는 우리가 정의로운 제도를 지지하고 준수해야 할 자연적 의무를 지닌다고 주장한다. 이 주장은 시민들이 자국의 제도가 합당하게 정의롭다면 그것을 지지하고 준수해야 할 의무를 지닌다는 것을 함축한다. 그러나 분명 이것은 좋은 시민은 애국적이어야 한다는 생각과는 거리가 멀다. Rawls(1999a), §19를 보라.

은 물론 그들이 자신들이 태어난 특정한 민주 사회의 맥락에서 할 수 있는 것이기는 하다. 그러나 그것은 그들이 어쩌다 마주친 어떤 다른 민주 사회에서도 똑같이 할 수 있는 것이기도 하다. 아니면 그것은 적어도 그들이 귀화 시민이 될 때 할 수 있는 것이다.[9] 따라서 공정으로서의 정의론에서 특정한 정치 공동체에 대한 애착은 시민의 자기 이해의 필수 요소가 아닌 것 같다.

앞서 서술한 종류의 시민적 정체성에 대한 이론을 '원칙 기반principle-based' 이론이라 부르자. 여러 저술가들이 시민들의 핵심적 공약 또는 '시민 정체성citizen identity'에 대한 이런 종류의 이론을 비판했다. 이러한 이론은 특정 정치 공동체에 속한다는 유대 관계 및 감정을 명시적으로 포함하지 않기 때문이다.[10] 야엘 타미르Yael Tamir는 시민적 정체성에 관한 원칙 기반 이론에 반대해 이른바 '숨은 국경선 논변hidden boundary argument'을 펼쳤다. 타미르는 많은 자유주의 정의론이 정치 공동체의 국경선을 표시하여 누가 민주적 시민권의 혜택을 받아야 하는지 결정하기 위해 은밀한 애국주의적 또는 민족주의적 전략에 호소한다고 주장한다.[11] 타미르에 따르면 자유주의 정의론은 특정한 영토, 국경, 주로 출생으로 선택된 구성원들로 성립하는 민주 사회의 존재를 상정한다. 그런 사회는 성원들한테만 혜택을 주고자

9 시민들이 태어나 전 생애를 살아가는 폐쇄 사회라는 롤스의 이상적 모형은 이민과 귀화에 관한 문제를 제기하기 어렵게 한다. 국제 정의에 대한 후기 이상적 이론에서 그는 이민의 가능성을 인정하지만 세계 대부분의 나라가 정의롭거나 적정 수준decent이라면 그것은 중요하지 않다고 주장한다. Rawls(1999b), p. 9를 보라.

10 Miller(1995a), p. 93; Tamir(1993), pp. 117~39를 참조하라.

11 Tamir(1993), 6장을 참조하라.

재분배 정책을 마련하고 완전한 법적 권리를 구성원들까지만 확대한다. 이러한 범위의 제한을 근거로 타미르는 자유주의 정의론의 실행 가능성은 민족적 소속감의 존재에 기생한다고 주장한다. 그러나 타미르는 자유주의를 거부하는 데까지 나아가지는 않는다. 반대로 그녀는 시민들이 자유주의적 정의의 원칙을 지지해야 한다는 생각에 찬성한다. 그러나 그녀가 볼 때 정의로운 제도의 안정성은 원칙 기반 이론이 제시하는 종류의 시민적 정체성 이상의 어떤 것을 요구한다. 특히 그것은 적절한 원칙을 구현하는 정치 체제에 대한 정서적 유대와 공동 기획의 참여자로서 동료 시민들에 대한 유대를 필요로 한다. 그녀의 말을 빌리면 롤스의 이론은 다음을 설명하는 데 실패한다.

> 사회적 결합의 근원, 즉 사회를 구별되고 분리될 뿐만 아니라, 보다 중요하게는, 연속적인 기틀로서 유지시키는 사회적 힘[을 설명하는 데 실패한다]. 롤스는 사회적 결합과 공동의 제도에 대한 시민들의 충성이 어떤 지도적인 정의의 원칙에 대한 합의에 기초한다고 주장한다. 그러나 이러한 합의는 너무 빈약한 나머지, 구성원들이 미래 세대의 복지뿐만 아니라 다른 구성원들의 복지를 배려하는 폐쇄적 공동체의 지속적 존립을 보장하기에도 불충분하다.[12]

엄밀히 말하면 우리는 『정의론』에 **숨은** 국경선이 있다고 말해서는 안 된다. 롤스는 자신이 폐쇄 사회 모형으로 작업하고 있음을 분

12 Tamir(1993), p. 118.

명히 밝히기 때문이다.[13] 게다가 안정성에 대한 롤스의 설명은 자연적 감정을 고려하는 도덕성 발달 이론을 포함한다. 다만 롤스의 글에서 분명하지 않은 것은 그런 자연적 감정에 애국심이 포함되는가 하는 것이다. 그런데 만약 타미르를 비롯한 애국주의나 민족주의의 옹호자들이 옳다면, 특정 정치 공동체에 대한 감정적 유대는 시민 정체성의 기본 요소로 간주되어야 한다. 이것은 자유주의 정의론이 그런 유대 관계의 배후에 있는 감정 유형들을 인정하고 소중히 여겨야 함을 의미한다. 그리고 아마도 그런 감정들을 함양하는 것이야말로 국가 교육 정책의 분명한 목표가 되어야 할 것이다.

많은 자유주의 이론들의 가정에 대한 타미르의 주장으로부터 애국주의적 또는 민족주의적 감정의 현실적 가치에 대한 그녀의 결론으로 나아가려면 훨씬 많은 논변들이 필요할 것이다. 그리고 사실 나는 애국적 감정이 정의로운 사회 제도의 유지에 유용한 수단이라는 주장이 설득력 있다고는 생각하지 않는다. 특히, 우리가 롤스의 이상적 이론에서 벗어나면 더욱 그러하다. 롤스의 질서 정연한 사회에서 애국심과 정의감 사이에 믿을 만한 연관성이 있을 수 있다는 것은 꽤 그럴듯하다. 그러나 비이상적인 제도와 여건을 염두에 둔다면 상황은 달라진다. 현실 세계의 맥락에서는 애국적 감정이 일반적으로 정의를 훼손한다고 보는 것이 타당하다. 회의적인 근거에도 불구하고 타미르의 논변은 자유주의 이론가들이 그들 이론의 범위와 애국적 유대 관계 및 일체화에 부여된 지위에 대해 좀 더 분명한 입장을 밝히도록 도전하기 때문에 흥미롭다. 사실, 지구적 정의에 대한 최근

13 나는 이 논점을 이몬 캘런에게 빚지고 있다.

논쟁은 민주적 사회를 위한 자유주의적 정의의 원칙을 지지하는 철학자들이 지구적 정의의 원칙의 구조와 내용은 물론이고 애국적 일체화의 가치에 대해서도 동의하지 않는다는 것을 분명히 보여준다. 그러한 문제들에 대한 어떠한 견해도 논란이 될 것이며 명시적인 방어를 필요로 할 것이다.

국제 정의에 대한 롤스의 연구는 애국적 유대 관계와 일체화의 역할에 관한 그의 가정에 대한 몇 가지 단서를 제공한다.[14] 국제 정의의 원칙을 위한 그의 논변의 최초 단계로서, 롤스는 그가 '만민peoples'이라 부르는 이상화된 국가 모형을 전개한다. 만민은 약정상 그들 시민의 인권을 존중하고 다른 만민들과 공정하게 교류할 용의가 있는 합당하게 정의로운 정부를 가지고 있다. 그러나 우리의 목적에 중요한 것은 롤스가 만민을 그들의 구성원들이 협력하고 공동의 정부를 갖기를 바라는 성향이 있는 '공통 감정common sympathies'이나 공통의 민족 감정에 의해 단결되어 있는 것으로 서술하고 있다는 것이다. 다시 말해, 롤스의 만민은 정의롭거나 적어도 적정 수준의 정부를 가진 민족 국가이다.[15] 우리는 이 이상화된 모형에서 너무 많은 것을 읽어내려 해서는 안 되지만, 적어도 그 모형은 롤스에게 자신의 정치 공동체와의 애국적 일체화의 감정이 정의로운 정치 제도를 유지하는 데 중요하다는 것을 강력히 시사한다. 그렇지 않다면 만

14 Rawls(1999b)를 참조하라.

15 혹자는 롤스의 만민이 다민족 국가들을 포함한다고 주장할지도 모른다. 그러나 롤스는 만민을 규정하는 특징들 중 하나로서 공유된 민족성 개념을 언급한다. Rawls(1999b), p. 23을 참조하라. 롤스의 만민이 민족 국가라는 보다 확장된 논변으로는 Buchanan(2000), pp. 698~99를 참조하라.

민이 민족적 소속감에 의해 단결되어 있다고 약정할 이유가 없었을 것이다. 만민은 정의로운 정부를 가지고 있다고 말하기만 하면 충분했을 것이다. 실제로 이 간단한 표현 방법은 다민족 국가들이 정의롭고 안정적일 수 있다는 생각, 즉 롤스가 부정하지 않을 가능성을 위한 여지를 만들었을 것이다. 그러나 그는 정의로운 제도의 유지에 가장 유리한 조건은 시민들이 한 민족과 그것의 국가를 동일시하는 것이라고 생각하는 것 같다. 최소한 우리는 다음과 같이 말할 수 있다: 그는 만민을 위한 가능한 정치 구조로서 다민족주의multinationalism를 결코 언급하지 않는다.

롤스가 만민에 대해 전제하는 가정들을 우리는 어떻게 보아야 할까? 그것들은 단지 우리가 가장 중요한 문제에 집중할 수 있도록 도와주는 단순화 가정들일 뿐인가? 아니면 그것들은 중요한 이론적 공약의 표현인가? 경험적 전제들로 간주될 때, 국가가 통합된 정치 공동체라는 것, 시민들이 오직 하나의 국가에만 속한다는 것, 그리고 이 국가의 일체화가 그들의 가장 중요한 정치적 정체성이라는 것은 그야말로 거짓이다. 대부분의 사회는 다문화적이고 다민족적이며, 그 사회의 구성원들은 중첩되고 때로는 상충하는 정치적 충성심과 일체감을 지니고 있다. 게다가 이민의 과정 그리고 시민권 부여 및 보류에 대한 규칙, 즉 국가마다 다르며 복잡한 방식으로 상호 작용하는 규칙의 변화의 결과로 이중 또는 복수 시민권을 가진 사람들의 수가 증가하고 있다.[16] 일부 학자들은 단순화된 관념을 단지 이론적 장치로서가 아니라 열망하기 위한 이상으로 이용하는 국가와 시민 사

16 Carens(2000), pp. 161~76을 참조하라.

이의 관계에 대한 설명을 옹호한다. 롤스가 지구적 정의에 대한 이론화의 목적을 위해 만민을 정의하는 방식을 볼 때, 그는 사회가 국가 정체성이나 연방의 정체성의 공유된 감각에 의해 통합된다면 더 나은 사회가 될 것이라고 생각하는 것 같다. 그러나 이것이 롤스에 대한 정확한 설명이라고 해도, 많은 부분이 불확실하게 남아 있다. 국가가 그러한 통합을 증진하기 위한 어떠한 조치라도 취하는 데 있어서 정당화된다고 생각하지 않고도, 사회가 좀 더 통합되는 것이 어떤 면에서 더 낫다고 생각할 수 있기 때문이다. 즉, 캐나다는 다민족적 성격에서 비롯되는 내적 갈등을 갖지 않는 것이 더 나을 수도 있지만, 이것으로부터 확실히 민족적 차이를 없애거나, 캐나다 애국심을 증진시키는 것이 좋은 생각일 것이라는 것은 뒤따르지 않는다. 게다가 애국적 일체화에 대한 롤스의 명백한 승인에도 불구하고, 그의 견해에 따르면 그러한 일체화가 사회 정의의 성취에 어떤 특수한 기여를 하는지는 분명하지 않다. 왜냐하면 그가 시민들의 핵심 공약으로 제시한 것은 정의의 원칙에 대한 지지와 모든 시민을 자유롭고 평등하다고 보는 견해라는 것이 여전히 남아 있기 때문이다. 그가 보기에 정의로운 제도의 안정을 위해 필요한 것은 이것들이다.

애국심과 정의감

이몬 캘런은 롤스의 공정으로서의 정의론에 애국적 감정을 도입해서 그 이론을 완전하게 표현해야 한다는 생각에 대한 가장 영향력 있는 옹호 논변을 제시했다. 롤스가 인정하듯이 정의로운 사회의 안정성은 정의로운 제도하에 성장하는 사람들이 유효한 정의감을 습득할 수 있느냐에 크게 의존한다. 이 요건과 관련하여 캘런은 롤스가 『정의론』에서 제시하는 도덕 발달론을 진지하게 고려한다. 그런데 캘런은 또한 애국적 감정이 정의감의 완전한 소유로 이어지는 발달 과정의 필수 단계라고 주장한다. 캘런의 주장을 이해하기 위해 여기서 도덕 발달에 대한 롤스의 논점을 간략히 요약하는 게 유용할 것이다. 롤스의 설명에서 도덕적 능력의 발달은 권위의 도덕, 공동체의 도덕, 그리고 원칙의 도덕이라는 3단계의 순서를 따른다. 권위의 도덕 단계에서 부모에 대한 사랑의 감정으로 아이들은 부모가 주는 가르침과 규범을 지지하게 된다. 공동체의 도덕으로 이행함에 따라 아동 및 청소년들은 다른 참여자들에 대한 우정과 신뢰의 감정의 도움을 받아 협동 체계를 형성하는 점점 더 복잡해지는 다양한 규범들을 이해하고 지지하게 된다. 이러한 [협동] 체계는 게임처럼 간단하거나 학교에서 일어나는 규제된 활동처럼 복잡할 수 있다. 롤스는 공동체의 도덕에는 시민의 역할이 포함된다고 주장한다. 그는 다음과 같이 말한다.

> 따라서 우리는 사회의 구성원들이 모두의 이익을 위한 것이라고 알려져 있고 공동의 정의관에 의해 지배되는 협동 체계에 함께 참여하는 친구와 동료로서 서로를 동등하다고 보는 공동체의 도덕이 있다고 가정할 수 있다. 이 도덕의 내용은 협동적 덕성인 정의와 공정, 충성과 신뢰, 성실과 공평 등을 특징으로 한다.[17]

17 Rawls(1999a), p. 413.

끝으로, 청소년들이 정의감을 습득했을 때 그들은 원칙의 도덕을 특징으로 하는 마지막 단계로 나아가게 된다. 이 단계에서 그들은 심지어 그들의 행위의 수혜자들에 대한 호의적 감정이 없는 경우에도 정의의 원칙에 따라 행위할 수 있다. 롤스는 원칙의 도덕이 공동체의 도덕 이후에 최종 단계로 자연스럽게 뒤따른다고 생각한다. 왜냐하면 복잡한 결사의 체계 속에서 참여자들은 타인의 관점을 채택하는 방법과 경쟁적 주장들 간에 적절한 균형을 맞추는 방법을 배우기 때문이다. 물론, 많은 경우에 도덕 발달의 최종 단계에 도달한 사람들에게도 신뢰와 배려의 감정이 정의로운 행동에 동반된다. 그러나 마지막 단계의 중요한 특징은 가령 동료들이 자신의 관점을 공유하지 않을 때처럼 감정이 반대 방향으로 밀고 나갈 때조차 정의의 요구에 대한 이해와 그것을 추구하려는 동기가 있다는 것이다.

캘런은 공동체의 도덕 내의 마지막 단계는 시민의 역할을 채택하는 것을 촉진하는 애국적 감정의 습득을 의미한다고 주장한다.

> 시민의 역할로의 유도와 동료 시민들에 대한 정서적 애착의 성장은 도덕적 학습이 일어나는 정치 체제의 특수성과 본질적으로 결부되어 있다. 개인이 애착을 갖게 되는 것은 바로 이 정의로운 사회적 협동의 체계이며, 신뢰와 애정의 유대가 뿌리내리게 되는 것은 이 동료 시민들이다. 이에 대한 유일한 대안적 해석은 공동체의 도덕에서 개인들이 정의로운 협동 체계 일반에 대해 그리고 거기에 참여할 가능성이 있는 모든 사람에게 애착을 갖게 된다고 가정하는 것이다. 그러나 이것은 권위의 도덕 내에서 아이들이 그들을 사랑하는 특정

> 한 부모들과 반대되는 사랑하는 일반적인 부모들에게 애착을 갖게 된다고 가정하는 것만큼이나 터무니없는 것이다.[18]

캘런에게 있어 시민의 역할과의 동일시는 애국적 감정의 도움을 필요로 한다 — 사실, 그것은 애국적 감정에 의해 부분적으로 구성된다. 애국적 감정은 아이로서 자란 특정한 정치 공동체에 대한 애착의 감정에 의해 구성된다.[19] 그러한 감정은 우리가 개인적으로 알지 못하는 사람들에 대한 일반화된 관심의 태도의 개발을 촉진하는 데 도움이 된다. 애국적 감정은 또한 정의로운 체계 — 단지 정의롭게 행동하는 것과는 구분되며, 따라서 정의롭게 행동하기 위한 깊은 욕구를 넘어서는 동기 부여의 원천을 요구하는 것처럼 보이는 어떤 것 — 을 지지할 동기를 부여한다. 예를 들어, 애착의 애국적 감정은 공동선을 염두에 둔 정치 참여에 동기를 부여할 수 있다. 또는 그러한 감정은 선에 대한 상충하는 포괄적 견해를 지니거나 민족적 또는 문화적 소속이 다른 참가자들 사이의 불신을 줄임으로써 생산적인 정치적 토론을 촉진할 수 있다. 끝으로, 애국적 감정 덕분에 사람들은 동포들을 위해 기꺼이 희생할 수 있다. 예를 들어, 그들은 교육, 의료, 그리고 동료 시민들을 위한 다른 사회적 혜택에 대한 접근을 보장하는 재분배 정책을 지원하도록 이끌 수 있다. 캘런은 애국심이 자신이 속한

18 Callan(1997), p. 93.

19 시민성과 그 심리적 전제 조건에 대한 롤스의 설명과 정반대되는 견해로는 Hill(1993)을 참조하라. 내가 보기에, 시민의 정의감 발달에 대한 롤스의 설명에 대한 캘런과 힐의 해석 모두 그럴듯하다는 것은 흥미롭다. 그러나 힐은 애국심의 필요성에 반대하기 위해 롤스에 호소한다. 나의 결론은 롤스의 원전 텍스트는 이러나저러나 어떤 분명한 공약을 갖지 않는다는 것이다.

특정한 정치 공동체의 정의에 대한 관심을 포함할 수밖에 없다고 생각한다. 이는 자신의 인생 계획의 실현과 동료 시민들과 공유하는 공동 운명이 맞물려 있는 방식 때문이다. 이러한 공유된 운명 의식은 왜 정의의 요구가 희생을 요구하는 것으로 인식되지 않고 자신의 선을 추구하는 것의 일부로 보여지는가를 설명한다.

도덕 발달에서의 애국적 감정의 역할에 대한 캘런의 설명은 그러한 감정이 정의롭게 행동할 수 있는 동기의 유일한 원천이라는 것을 함축하지는 않는다. 또한 그는 자기 나라에 대한 관심이 다른 고려사항들보다 우선한다고 가정하지도 않는다.[20] 공동체의 도덕 이후에는 원칙의 도덕이 뒤따르기 마련인데, 이는 도덕적인 동기를 감정으로부터 더 독립적으로 만들고, 한 국가의 정책에 영향을 받는 모든 사람들의 이익에 대한 공평한 평가를 장려한다. 이러한 의미에서, 정의감을 지닌 애국자는 비록 자국에 이익이 되더라도 외국인에 대한 불공정한 정책을 지지하거나 용납하지 않을 것이다. 실제로 애국자들이 공동체의 도덕을 넘어 진정한 원칙의 도덕성을 획득하지 않는다면 문제가 될 것이다.

도덕 발달에 대한 캘런의 해석은 애국적 감정이 정의로운 행위에 기여하는 중요한 동기 부여의 원천을 제공한다는 주장 이상의 의미를 내포하고 있다는 점에 주목할 필요가 있다. 그의 해석은 우선 공동체의 도덕성을 통과하지 않고는 원칙의 도덕성을 획득할 수 없다는 것과 원칙의 도덕성이 그 마지막 단계로 애국심을 포함하고 있다는 것을 함축한다. 내 견해로는, 캘런이 제안하는 순서는 그것이

20 Callan(2006), pp. 525~46을 참조하라.

일부 사람들의 도덕 발달을 정확하게 서술할 수도 있다는 점에서 그럴듯하다. 그러나 이 주장의 타당성은 애국적 감정이 정의감 획득의 전제 조건이라는 것을 증명하기에 충분하지 않다. 논변을 위해, 도덕 발달 단계의 독특한 순서가 있고 이 순서가 (a) 우리와 우리의 사랑하는 사람들에게 이익이 되는 특정한 정의로운 협력 체계에 대한 지지의 감정과 (b) 정의로운 체계 일반에 대한 지지의 공평한 감정 사이에 가교를 필요로 한다는 것이 사실이라고 인정하도록 하자. 이것이 모두 사실이라 하더라도, (a)에서 언급된 감정들 중에서 (다)민족 국가의 차원에서 특정한 정치 공동체에 대한 애착의 감정이 있어야 할 필요는 없다. 즉, 정의로운 가족의 사랑과 관심에 둘러싸인 채 자라면서 많은 다른 종류의 정의로운 결사체에 참여함으로써 이익을 얻는 것은 중간 매개체로서 애국적 사랑의 필요 없이 공정한 사회적 협동의 이상을 인식하도록 하기에 충분할 수 있다는 것이다.

캘런의 논변과 관련된 두 번째 문제점은 경험적 적합성이 — 온건하게 말해 — 아직 입증되지 않은 도덕 심리에 대한 관점에 의존한다는 것이다. 이것은 롤스의 도덕 발달에 대한 추정적 설명에서 계승되는 문제인데, 캘런은 이를 애국적 일체화를 포함하도록 수정한다. 그러나 롤스의 설명은 평범한 인간이 정의의 원칙을 따르는 성향을 어떻게 획득할 수 있을지에 대한 그럴듯한 이야기를 제공하려는 데 지나지 않았다. 그의 목표는 그 원칙들이 심리학적으로 비현실적인 요구를 강요하지 않는다는 것을 보여주는 것이었다. 그런데 『정의론』에서의 도덕 발달에 대한 롤스의 설명은 시민들이 합당한 불일치의 존재를 어떻게 인식하게 되는지, 그리고 그가 말하는 '판단의 부담', 즉 왜 그러한 불일치가 일어날 것으로 예상되며 합당한 사람들 사이에서조차 지속될 수 있는지를 설명하는 요소들의 집합을 설명하지 않는다는 점에서 불완전하다. 물론 롤스는 그의 후기 저작에서야 비로소 합당한 불일치의 사실만을 강조하기 시작하므로, 도덕 발달에 대한 그의 초기 설명이 그러한 불일치에 대한 합당한 시민들의 태도를 설명할 것이라고 기대할 수는 없다. 그러나 다원주의의 사실은 롤스의 후기 이론의 핵심이다. 그리고 바로 이 사실은 특정한 타인들에 대한 관심과 정의에 대한 공평한 관심 사이에 다리를 놓는 다양한 방법이 있을 수 있음을 시사한다. 많은 서로 다른 종교들은 보편주의 철학이 그러하듯이 공평하게 적용되는 적어도 어떤 도덕 규칙들을 가르친다.

이제, 비록 경험적 증거가 도덕 발달에서 필수적 단계로서 캘런의 애국심에 대한 설명을 확실히 훼손시켰다고 해도, 애국적 감정이 사회 정의 달성에 수단적 기여를 한다는 것은 여전히 사실일 수 있다. 그러나 마가렛 무어Margaret Moore가 설득력 있게 주장했듯이 애국적 감정과 정의로운 사회 제도 사이의 인과 관계를 뒷받침하기 위해 취할 수 있는 경험적 증거는 기껏해야 모호하다.[21] 사회과학자들은 서로 다른 여러 사회를 조사하여 그들 사이의 상관관계를 입증하기 위한 시도로 애국적 감정의 수준과 사회 정의의 수준에 대한 비교 추정치를 도출하려고 할 것이다. 그러나 현상의 복잡성을 감안할 때, 어떤 식으로든 강력한 증거를 제시하는 다루기 쉬운 척도를 내놓기는 어려울 것이다. 무어는 두 사람 사이에서 중재하는 거대한 관료제적, 정치적, 법적 구조가 있기 때문에 애국적 감정과 사회 정의의 관

21 Moore(1999), pp. 475~76.

계는 불가피하게 복잡하다는 것을 우리에게 도움이 되도록 상기시킨다. 그리고 관료적 구조는 시민의 감정과는 사실상 독립적인 방식으로 재분배 정책을 유지한다.

그러나 무어의 지적에도 불구하고 애국적 감정과 특정 유형의 시민적으로 유용한 행동의 사이에 어떤 인과 관계가 있다는 것이 입증될 수 있다고 가정해 보자. 이것 자체는 애국적 감정이 전반적으로 도구적으로 유용하다는 것을 보여주지 않을 것이다. 해리 브릭하우스가 지적한 바와 같이 애국적 감정의 전반적인 도구적 가치에 대한 평가는 유익한 영향의 가능성뿐만 아니라 해로운 영향의 가능성까지도 고려할 필요가 있기 때문이다. 확실히 우리는 캘런이 원하는 방식으로 정의감에 의해 정향된 계몽된 애국심enlightened patriotism을 상상할 수 있다. 그러나 이러한 가능성의 존재는 기존 국가들에 의해 장려되는 애국심의 판본들이 정의의 관점에서 가치가 있을 (혹은 심지어 수용 가능할) 것이라고 믿을 어떠한 이유도 우리에게 주지 못한다.[22] 정의의 보장을 위한 현실적이고 실행 가능한 수단으로서의 애국심을 위한 도구적 논변의 성공은 상당 부분 경험적 사실에 달려 있다. 우리는 매우 복잡한 인과 관계에 대한 정보 없이는 애국적 일체화의 전반적으로 유익하거나 해로운 결과들에 대해 어떠한 정당화된 결론에도 도달할 수 없다. 더욱이 우리가 이런 종류의 신뢰할만한 경험적 증거를 얻을 수 있다고 하더라도, 우리가 예측한 여러 종류의 유익하고 해로운 결과들의 상대적 중요성에 대해서는 여전히 어려운 규범적 평가를 해야 할 것이다.

22 Brighouse(2003), p. 163.

애국적 일체화와 역사 교육

이쯤 되면 어떤 이는 애국적 일체화의 도구적 가치에 관한 불확실성이 너무 크기 때문에 우리가 시민 교육에 대한 롤스적 이론이 애국적 감정의 함양을 목표로 해야 하는지를 결정할 위치에 있지 않다고 결론 내리고 싶을 수도 있다. 한편, 만약 애국적 일체화가 다원주의의 분열적 경향을 완화하고 정치적 정의의 원칙에 대한 합의를 촉진하는 데 도움이 된다면, 학교가 그것을 장려하는 것은 직견적으로 좋을 것이다.[23] 반면, 애국심 함양을 목표로 하는 교육 정책은 소수 집단의 저항에 부딪힐 수도 있다. 그러한 집단의 구성원들은 그러한 정책을 동화assimilation를 강요하려는 시도로 보는 경향이 있다. 그리고 이것은 역사적으로 그들의 부모나 선조들이 국가 건설nation building이라는 억압적 정책의 결과로 고통을 받아왔다면 합당한 견해일 것이다.[24] 더구나 사회 통합에 기여하고 소수 집단을 포용하는 방식으로 애국적 정체성을 심어주는 것이 가능했더라도 이러한 애국적 태도를 만들어내는 과정은 다른 사회에 대한 자국의 정의의 의무에 대한 시민들의 이해를 왜곡하는 불행한 경향성을 가질 수도 있다.[25] 이러한 모든 우려에도 불구하고, 애국적인 시민 교육을 위한 일

23 Callan(2002), pp. 465~67.

24 McDonough(2003). 많은 것이 국가와 학교가 장려하려는 애국심의 종류에 달려 있을 것이다. 그러나 장려되는 애국심의 종류가 온건하고 인간적인 형태라 하더라도 과거의 부정의로부터 비롯된 불신으로 인해 소수 집단은 애국적 정책들을 위협적인 것으로 간주한다.

25 Miller(2007), pp. 7~21.

부 제안들에 대한 간략한 비판적 개관은 학교에서 애국적 감정을 가르치려고 노력하는 것이 권장할만한 것인지에 대한 몇 가지 단서를 제공할 수 있다. 그것은 또한 우리가 표준적으로 구상된 특정한 수단들에 관한 몇 가지 가정들에 의문을 제기하게 할 수도 있다.

정리해 보자. 지금까지 애국을 전 세대를 가로지르는 정치 공동체로서의 자기 나라와의 일체화로 규정한 캘런의 애국에 대한 정의를 따랐다. 세대들은 공동의 역사에 대한 의식으로 통합되어 있다. 애국에 대한 이러한 이해 방식에서 애국적 일체화는 특정한 문화와 특정한 정치 제도를 가진 국민과의 일체화이다. 만약 우리가 학교가 아이들에게 함양하도록 해야 하는 헌신과 일체화가 어떤 종류인지를 묻는다면 캘런은 애국심을 핵심 목표로 포함시킬 것이다(비록 물론 그가 옹호하는 애국심은 정의와 민주주의의 이상에 의해 순화될 것이다). 이와 대조적으로, 시민 교육에 대한 롤스의 간략한 권고는 캘런의 애국심 같은 것을 언급하지 않는다. 시민들의 정체성의 핵심과 관련하여, 롤스의 설명은 실제 역사적으로 규정된 국민과의 일체화보다 정치적 정의의 원칙과의 일체화를 더 중요하게 여기는 것 같다. 그러나 애국심 교육을 위한 수단적 논변의 지지자들은 그들이 그토록 관심을 갖는 애국적 일체화가 다원주의적 민주 사회를 위한 결속의 원천으로 작용한다고 말할 것이다. 그리고 그들은 애국심이 잘 설계된 제도 같은 다른 요소들과 함께 사회 정의의 달성에 기여한다고 주장할 것이다. 이러한 이유로 캘런은 그가 보기에 정의에 따른 행동이 일어날 가능성이 더 높은 일반적인 사회적·심리적 조건을 확립할 애국적 교육을 옹호한다.[26]

26 Callan(2004), p. 81.

이제 애국심을 증진할 교육과정에서 어떤 교과가 핵심적인 역할을 담당해야 하는가 하는 문제로 넘어가자. 이 문제에 답할 때 애국적 시민 교육의 옹호자들은 역사 교과의 특별한 적합성에 동의하는 경향이 있다.[27] 그들이 일반적으로 제안하는 것은 역사가 시민 참여적인civically engaging 방식으로 제시되어야 한다는 것이다. 사실 이것은 이미 과거와 현재에 많은 나라에서 학교에서의 역사 교육이 행해지고 있는 방식이다.[28] 역사 수업에서 애국심을 고취하는 가장 흔한 방법은 다소 신화적mythical이고 찬란한 형태의 과거를 제시하는 것이었다. 놀랄 것도 없이, 이런 '개량된' 역사의 판본들은 실제로 무슨 일이 일어났는지를 정확히 보게 하려는 판본들보다 감동적이다.

실제 현실에서는 유행이지만, 애국심 교육을 선호하는 학자가 [역사의] 신화적 판본을 공개적으로 지지하는 경우는 드물다. 이 규칙의 잘 알려진 예외는 윌리엄 갤스턴William Galston이다.[29] 갤스턴은 시민 교육의 핵심 목표는 사회의 가장 어린 구성원들이 그들의 정치 공동체를 지지하게 되도록 인성을 형성하는 것이라고 주장한다. 갤스턴은 아이들이 특정한 정치 공동체에 충성심을 갖도록 교육하는 것과 합리적 탐구와 진실에 대한 열망을 위해 그들의 역량을 계발하고 행사하도록 장려하는 것 사이에 긴장이 있다는 것을 알고 있다.

27 애국적 역사를 옹호하는 논의들로는 Galston(1991), pp. 241~56; Nash(1996); Fullinwider(1996b); Callan(1997), pp. 100~131을 참조하라.

28 이것은 아르헨티나에서 지배적인 경향으로 굳어져 왔다. Romero et al.(2004)를 참조하라. 미국도 이러한 경향이 있다는 증거로는 Loewen(1995)와 Nash (1996)을 참조하라. 영국에서의 애국심 교육에 대해서는 Archard(1999), pp. 157~58을 참조하라.

29 시민 교육에 관한 갤스턴의 견해에 대한 여기서의 논의 중 상당 부분은 Costa(2006), pp. 280~85에 크게 의존하고 있다.

그의 견해에 따르면, 시민 교육은 학생들에게 특히 그들 사회의 핵심적인 측면을 가르치도록 설계되어야 하는데, 그 목표는 그들 사회에 대한 특수주의적 충성심particularistic loyalty을 기르는 것이기 때문이다. 물론 이것이 아이들에게 비판적 탐구critical inquiry 방법을 가르치는 동시에 이루어질 수 있다면 최적일 것이다. 그러나 갤스턴은 진리에 대한 공평한 탐구는 "검토되지 않았지만 사회적으로 핵심적인 신념 체계"의 토대를 침식하는 부식 효과corrosive effects를 초래할 수 있다고 본다.[30] 따라서 그는 역사 교육의 보다 지적인 측면을 기꺼이 포기하려 하고, 그 대신 자주 인용되는 단락에서 도덕 교화적 접근법moralizing approach을 권고한다.

> 실천적 차원에서, 합리적 탐구 과정을 통해 자유주의 사회의 핵심 공약을 수용하게 될 개인은 극히 드물 것이다. 만약 아이들이 이러한 공약을 타당하고 구속력 있는 것으로 받아들이게 하려면, 그것은 합리적인 과정보다는 훨씬 더 수사적인rhetorical 과정을 통해서만 가능하다. 예를 들어, 엄밀한 역사 연구는 미국 역사의 주요 인물들에 대한 복잡한 '수정주의적revisionist' 설명을 거의 확실히 정당화할 것이다. 그러나 시민 교육은 보다 숭고하고 도덕 교화적 역사, 즉 핵심 제도에 정통성을 부여하며 본받을 만한 가치가 있는 영웅들의 신전pantheon을 필요로 한다.[31]

30 Galston(1991), p. 242.

31 Galston(1991), p. 243~44.

이 단락에 표현된 견해에 따르면, 학교에서 역사를 가르치는 것은 학생들을 그들 사회를 위해 기꺼이 희생할 의지가 있는 시민으로 만드는 '사용 가능한 과거usable past'를 제공하기 위한 것이다.[32] 갤스턴은 학생들을 그들의 정치 공동체를 지지하고 그 사회적·정치적 체제의 정통성을 믿는 좋은 시민으로 만들지 못하면 시민 교육은 실패한다고 생각한다. 그리고 수사적 교수법이 비판적 성찰을 통한 진리 추구에 초점을 맞추는 방법보다 대다수의 학생들의 신념과 태도를 형성하는 데 훨씬 더 효과적이라는 것이 그의 견해이다.

내가 보기에 분명 갤스턴의 접근법은 여러 가지 측면에서 우려스럽다. 이러한 의혹은 나 혼자만 갖고 있는 것도 아니다. 이런 종류의 왜곡된 애국적 역사에 대한 가장 좋은 비판들 중 하나는 이몬 캘런의 것이다. 그는 갤스턴 상표가 붙은 애국적 역사 교육은, 만약 그것이 성공한다면, 학생들의 인성에 도덕적 무기력증의 악영향을 미칠 것이라고 주장한다.[33] 캘런은 그러한 교육이 과거와 현재의 사회적·정치적 쟁점들을 이해하고 평가하는 학생들의 능력을 손상시킬 위험성이 있다고 주장한다. 캘런에 따르면, 이러한 악영향의 주요 원인은 그러한 시민 교육이 학생들에게 그들 사회의 과거와 현재의 실체적 진실보다는 더 위로가 되는 단순화된 허구를 믿도록 권장할 것이라는 데 있다. 다시 말해, 이런 식으로 역사를 가르치는 것은 복잡한 정치 쟁점과 불편한 진실을 온화하고 고양된 일련의 패턴으로 여

32 해당 표현['사용 가능한']은 Fullinwider(1996b)에서 가져온 것인데, 그가 충성심에 봉사하기 위해 기꺼이 진실을 왜곡하려는 입장인 것은 아니다.

33 Callan(1997), pp. 105~8.

과하는 성향을 만들어 내어 결국 자기 기만self-deception을 초래하리라는 것이다. 나는 이러한 캘런의 지적이 전적으로 옳다고 생각한다. 그런데 캘런은 역사 왜곡의 해악 중 적어도 일부는 기만당하는 이들에 대한 직접적 해악이라고 생각하는 것 같다. 즉, 자기 기만 상태로 산다는 것은 본질적으로 나쁘다는 것이다. 그러나 나는 이런 규범적 주장 선에서 갤스턴에 대한 나의 비판을 중단하고 싶지는 않다. 사실, 위안을 받으며 위대한 정치적 전통의 일부를 느끼는 데는 직견적으로 좋은 점이 있다. 나는 유쾌한 애국적 신화를 믿는 사람들의 삶이 더 나쁘다는 것을 보여줄 만한 설득력 있는 논변이 있다고 생각하지 않는다. 확실히 그러한 믿음은 그들의 개인적 복리와 밀접하게 관련된 다른 사실들에 관해 망상을 갖게 하지는 않을 것이다.[34]

나 자신의 견해는 애국적 감정을 고취하기 위한 의도적 역사 왜곡이 초래하는 주된 해악은 그런 교육을 받는 사람들에게 끼치는 직접적 해악은 아니라는 것이다. 오히려 주된 해악은 민주적 제도의 건강과 안정성에 끼치는 해악일 것이다. 역사 왜곡을 이용하는 교육은 만약 그것이 성공한다면 그들 자신의 정부 정책들을 감시할 수 있는 시민들을 사회에서 사라지게 만들 것이다. 왜냐하면 그들의 정부가 심각하게 부정의한 정책을 채택하기로 결정할 때 그들이 어떻게 행동해야 하는지를 결정하기가 매우 어려워질 것이기 때문이다. 비이상적[현실] 세계에서는 정부가 항상 이런 식으로 정상 경로를 벗어날 위험이 있기 때문에, 권위 당국에 순종하여 당국이 시행하려 하는

34 여기서의 한 가지 예외는 애국적 신화에 대한 믿음이 어떤 사람들로 하여금 그들이 상황을 보다 정확히 인식한다면 지지하지 않을 명분을 옹호하게 하여 그들 국가를 위한 전쟁에 자원하여 참전하도록 만들 수 있다는 것이다.

정책들을 평가하기를 꺼려하거나 평가할 수 없는 방식으로 시민들의 인성을 형성하려고 하는 것은 권장할 만하지 않다. 최근의 역사는 이 점을 설명해 줄 수 있는 수많은 예를 제공한다. 논의의 목적상, 다른 사회에 대한 부정의 사례보다는 정부가 자국 시민에 대해 부정의한 조치를 취한 사례에 초점을 맞추는 것이 가장 유용할 것이다. 이런 식으로 우리는 국제 분쟁에서 서로 다른 당사자들의 특정 주장들에 대한 평가에 얽힌 어려움을 피할 수 있다. 이 점을 염두에 두고 아르헨티나의 최근 과거사에서 한 가지 인상적인 사례를 찾아볼 수 있다.[35] 1976년과 1983년 사이에 아르헨티나는 대략 3만 명의 국민을 납치, 고문, 살해한 책임이 있는 군사 독재 정권의 지배를 받았다. 이러한 범죄에 일차적인 책임이 있는 군사 정권의 수장은 국가의 핵심 가치('서구적·기독교적 생활 방식the Western and Christian way of life')를 위협하는 전복 세력과의 전쟁의 일환으로 자신들의 행위를 정당화하려 했다. 안타깝게도, 1982년 영국과의 전쟁 동안 군사 정권은 일반 국민들로부터 충분한 지지를 받았다. 부분적으로, 이러한 지지는 역사책에서 설교하고 새로운 세대에게 일관되게 가르친 말비나스/포클랜드 제도the Malvinas/Falkland Islands에 대한 논쟁의 여지가 없는 권리에 대한 아르헨티나인들의 공통된 확신에 의해 설명될 수 있다.[36] 물론 나는 갤스턴이 이러한 정부 정책들 중 어떤 것을 지지할 것이라거나, 그가 좋은 시민들이 그러한 정부를 지지할 것이라고 주장하려는 의도는 아니다. 그보다 나의 요점은 그의 설명이 옹호하는 도덕

35 나는 이 사례를 마리아 줄리아 베르토뮤María Julia Bertomeu에게 빚지고 있다.

36 Romero et al.(2004), pp. 69~73.

교화적 시민 교육은 불법적이거나 부정의한 정부에 대한 위험할 정도로 무비판적인 지지를 막아내기에는 불충분한 자원을 제공한다는 것이다. 오랜 민주적 전통에 의해 뒷받침되는 합당하게 정의로운 정부가 있는 사회에서 살아가는 사람들조차도 그들의 정치 체제의 정의와 안정성을 당연하게 받아들여서는 안 된다. 민주적으로 선출된 정부들조차도 시민들의 시민권 중 일부를 보류하거나 침해할 수 있다. 또는 더 빈번히 그들은, 가령 외국인 포로들을 고문하는 경우와 같이, 그들 시민이 아닌 사람들의 인권을 완전히 무시할 수도 있다. 비판적 능력의 발달과 본질적으로 분리된 채 애국심을 주입하는 것은 시민들이 그들 정부에 대해 공평무사한 평가를 내리고 불의한 정책에 반대하기로 결심하는 것을 더욱 어렵게 만든다. 자기 나라 동포들보다 다른 나라들에 영향을 미치는 부정의한 정부 정책에 반대할 가능성을 고려하게 될 때 무비판적 지지를 만들어 낼 위험성이 훨씬 더 크다.

과거의 신화적 판본들을 가르치는 데에는 아주 많은 책임이 따르기 때문에, 애국적 역사의 옹호자들 대다수는 보다 진실된 판본(물론 학생들의 나이에 적합한 판본)을 가르치는 것을 지지한다. 과거를 진실하게 제시하는 것은 더 나은 역사적 분석을 허용하며, 이는 지식을 얻는 관점에서, 또 건전한 정치적 판단 능력을 계발하는 관점에서 아이들을 위한 더 나은 교육에 해당한다. 그런데 진정 '정확한 역사적 설명accurate historical account' 같은 것은 존재하지 않기 때문에, 우리가 할 수 있는 최선의 방법은 상당히 신뢰할 수 있는 대표적인 다양한 관점들을 제시하려고 노력하는 것이다. 이것은 단지 다양한 역사학자들의 관점을 의미하는 것이 아니라, 당대의 쟁점들에 의해 영향을 받는 다양한 역사적 집단들의 관점을 의미한다. 학생들에게 복잡한 역사적 사건들에 대한 정보를 제공하는 이 방법은 확실히 그러한 사건들의 가능한 원인들에 대해, 그리고 여성, 소수 민족, 노동자 계층 등의 서로 다른 역사적 행위자들이 하는 역할에 대해 토론할 수 있는 더 많은 여지를 만들어 준다.[37] 결국, 한 나라의 역사는 정부의 행위와 경제의 작동에 대한 단순한 역사 이상의 것을 포함한다. 다양한 관점들 도입하고 역사적 사건과 그 원인에 대한 다양한 해석을 제시함으로써, 교사들은 합당한 불일치와 합당하지 않은 불일치의 구분을 논할 수 있다. 사실, 교사들이 그것을 강조하지 않더라도, 단지 역사를 제시하는 것만으로도 그러한 논의가 가능할 수 있다. 이런 식으로, 과거에 대한 연구는 롤스가 말하는 판단의 부담으로 설명될 수 있는 불일치를 종종 포함하는 현재의 사회적, 정치적 쟁점들에 대한 연구와 그리 다르지 않을 것이다. 그리고 롤스가 합당한 시민들이 이러한 부담을 인식하도록 요구하기 때문에 이것은 중요한 이익이다.

그러나 역사 교육을 애국적 정서를 함양하는 수단으로 삼으려는 사람들에게는 다음과 같은 문제가 남아 있다: 진실한 이야기는 신화처럼 애국적으로 고양된다는 보장(혹은 가능성)이 없다. 내가 보기에 진실한 애국적 역사의 옹호자들이 직면하는 한 가지 중요한 난제는 실천적인 문제이다. 즉, 어떻게 진실성 있게 역사를 가르치면서도 애국적 일체감을 장려할 수 있는가가 문제이다.[38] 다시 말해, 문제는

37 Nash(1996), pp. 183~202; Callan(2002), pp. 465~77을 참조하라.

38 정치적 목적을 위해 학문적 주제를 왜곡하지 않고 진실성 있는 교육을 해야 한다는 요건에 대한 훌륭한 옹호론으로는 Strike(2004)를 참조하라.

정치 지도자들의 개인적 실패, 의미 없는 전쟁으로 이어지는 잔인함, 탐욕, 야망의 무수한 사례를, 전 국민의 노예화, 그리고 다른 종류의 부정의들을 은폐하지 않고 어떻게 올바른 방법으로 [애국심을] 고취할 것인가 하는 것이다. 역사 교육에 대해 보다 진실한 그러나 여전히 애국주의적 접근법을 지지하는 사람들은 결코 이러한 어려움들을 깨닫지 못한다. 그럼에도 불구하고 그들은 여전히 학생들에게 그들이 계승해야 할 국가의 역사 중 특정한 측면들을 선별적으로 강조함으로써 '전통 중에서 가장 훌륭한 것the best of the tradition'을 만들도록 장려할 수 있다고 믿는다. 그러나 나는 그들이 지나치게 낙관적이라고 생각한다. 학생들에게 실제 역사적 사건들이 얼마나 복잡한지를 명확하게 인식시키는 것은 이미 어려운 과제이다. 이러한 과제를, 연구된 것 중에서 가치 있는 — 국가와의 모종의 일체감을 고취하는 방식으로 가치 있는 — 어떤 것을 찾으면서, 수행하는 것은 훨씬 더 어렵다. 나는 이러한 과제를 교사들에게 요구할 수 있다고 생각하지 않는다. 그 광범위한 실제 관행에도 불구하고, 그리고 많은 교육 이론가들에 의해 주창되고 있음에도 불구하고, 역사 수업은 애국적 일체감을 증진하는 데 이용되어서는 안 된다. 이러한 방식으로 역사 수업을 이용하려는 시도는 역사적 사실들을 왜곡하도록 조장하여 그것들을 더 마음에 들고 감정을 고양하게 만드는 경향이 있다. 오히려 역사 수업은 필수적인 역사 지식을 전달하고 역사 연구와 해석을 위한 학생들의 능력을 계발하기 위해 노력해야 한다. 만약 학생들이 이러한 목표들을 추구해 나간다면, 역사 수업은 정치적 판단과 합당한 의견 차이의 인식을 위한 학생들의 역량에 기여하는 것으로 충분할

것이다.[39]

일체감 그리고 정의의 원칙의 교육

우리는 애국적 일체감을 함양하는 프로젝트를 포기하는 것만이 최선이라고 결론 내려야 하는가? 앞의 논의는 롤스적 시민 교육을 위한 한 가지 핵심 목표가 학생들이 정의감을 습득하고 그들 사회의 정치 제도에 (불완전하게) 구현된 자유와 평등의 이상의 중요성을 인식하는 것이라고 가정한다. 우리가 논의한 애국주의 옹호론들은 이러한 가정을 공유하며, 따라서 일체감을 단지 수단적으로, 즉 그것이 정의감 발달을 돕는 한에서만 소중히 여긴다. 이러한 견해의 옹호자들에게 역사는 애국주의적 시민 교육을 위한 적절한 장소로서 분명한 선택인 것처럼 보인다. 불행하게도, 애국적 역사를 가르치려는 시도의 문제점은 극복 불가능해 보인다. 그러나 만약 최종 목표가 정의감의 발달이라면 애국적 역사 수업보다 직접적인 경로가 존재한다. 우회적 접근법 대신에 더 나은 전략은 학생들에게 정의의 철학적 원칙들, 그 원칙들을 정당화하는 데 사용될 수 있는 다양한 논변들, 그리고 이 원칙들이 민주적 제도, 정책, 법률의 설계에 어떻게 구현될 수 있는지에 대해 가르치는 것이다. 만약 그 논변들이 건전하다면, 그들은 롤스의 합당한 시민들의 성향과 태도를 고무시킬 것이다.

39 역사 교육에 대한 보다 상세한 권고 및 유사한 결론들에 대해서는 Brighouse(2003), pp. 168~74를 참조하라.

널리 인정될 수 있듯이, 롤스의 정의의 원칙들은 다소 추상적이며 자유와 평등을 위한 투쟁의 영웅적 이야기보다 덜 고무적인 것처럼 보일 수 있다. 그러나 이러한 원칙들이 필요로 하는 것에 대한 설명은 그 원칙들에 근거한다고 볼 수 있는 현실 정책 및 법률들의 사례에 의해 보다 구체화될 수 있으며, 이것이 나의 제안이 될 것이다. 시민 교육에 대한 여러 가지 제안에 어떤 문제가 있는지 명확히 하기 위해, 그러한 교육이 증진하도록 설계될 수 있는 세 가지 다른 종류의 일체화를 구분해 보자. 시민 교육은 학생들이 (a) 정의의 원칙들, (b) 정의의 원칙들을 구현하는 특정한 정치적 제도들, 또는 (c) 국민과 그 정치 제도의 역사와 [학생들 스스로를] 일체화하도록 장려할 수 있다.[40] 내가 보기에 우리가 정상적인 의미로 단어를 사용하고 있다면, 애국심이라고 적절히 불릴 수 있는 것은 오직 (c)뿐이다. 나의 제안은 (b)에 대해 가르침으로써 (a)와의 일체화를 장려하는 것이다. 예를 들어, 교사들은 정의의 제1원칙에 포함된 기본적 권리와 자유의 보호를 포함하는 국가의 헌법이나 국제 인권 문서들을 검토할 수 있다. 이러한 권리 선언들에 결부되어 있는 것들이 무엇인지를 이해하기 위해 교사들은 또한 이러한 권리와 자유에 대한 적절한 해석을 둘러싼 법적·정치적 논쟁들 중 일부에 대해 논의할 수 있다. 즉, 시민들이 양심의 자유, 언론의 자유, 또는 공정한 재판을 받을 권리가 있다고 말하는 것이 무엇을 의미하는지 토론할 수 있을 것이다. 정의의 제2원칙의 처방과 일치하는 사례를 찾기는 더 어렵다. 그러나 고

40 이 구분은 소속감에 대한 앤드류 메이슨의 논의에서 도움을 얻었다. 나 자신의 적극적 제안은 그가 진정 중요한 것은 (a)가 아니라 (b)와의 일체화라고 생각한다는 점에서 메이슨의 제안과는 다르다. Mason(2000), pp. 115~47을 참조하라.

용 차별을 금지하는 법률이나 공적 자금 지원을 받는 학교 [즉, 공립 학교] 체계는 공정한 기회균등 원칙의 (불완전하고 부분적인) 실행으로 유용하게 해석될 수 있다.

어떤 사람들은 (b)를 가르치는 것을 '헌법적 애국주의constitutional patriotism'라 부르고자 할 수도 있다. 왜냐하면 그것은 한 나라의 헌법과 그 핵심 원칙들과의 일체화 같은 어떤 것을 포함할 가능성이 있기 때문이다. 내가 헌법에 중요한 역할을 부여하는 식으로 (b)를 이해하는 것을 지지한다 하더라도, 나는 애국주의라는 꼬리표에 저항할 것이며, 헌법에만 편협하게 초점을 맞추지도 않을 것이다. 내가 보기에 '애국심'이라는 평범한 감각은 그렇게 지적인 것 같지 않으며, 정의의 원칙들을 중심 무대에 올리지 않는다. 물론, 사회의 실제 정치 제도 및 법률의 설계에 올바른 방향과 정당화를 제시하는 가치 있는 이상들이 있다는 것을 가르치는 것은 그러한 특정 제도(즉, [b])와 학생들의 일체감을 장려할 수 있다. 그리고 이것은 환영할만한 결과인데, 학생들이 이러한 제도들에 편안함을 느끼고 시민으로서 보다 적극적인 역할을 하도록 도울 수 있는 한 그러하다. 그러나 다시 한번 이것은 일반적으로 생각되는 애국심은 진정 아니다. 앤드류 메이슨Andrew Mason이 지적했듯이, 사람들은 특정한 국민과, 또는 시간 경과에 따라 정치 제도의 창조와 변혁을 이끈 역사적 과정과 반드시 일체화하지 않고도, 그들의 정치 제도와 일체화할 수 있다.[41] 정치 제도의 역사는 — 심지어 좋은 제도일지라도 — 그것이 출현한 사회의 역사만큼이나 도덕적으로 문제가 있는 경우가 많다. 그러나 이러한

41 Mason(2000), p. 137.

제도가 현재 가치 있는 정치적 이상을 합리적으로 구현하고 있는 것이 사실인 한, 그것에 대해 학생들에게 가르치는 것은 적절하다. 사실, 학생들은 또한 정치적 정의의 원칙과 사회적·정치적 제도에서 그 원칙이 불완전하게 구현된 것 사이에 차이가 있다는 것, 따라서 그러한 제도에 대한 그들의 충성이 무조건적인 것이 아니라 그들의 정의감에 의해 규제된다는 것을 배워야 한다. (c)와의 일체화는 내가 보기에 좋은 시민성에 본질적인 것이 아니고 너무 많은 도덕적 책임이 따르는 것 같다.

누군가는 내가 롤스적 시민 교육을 위한 나의 최초 제안에서 그리 많이 진전하지 못한 것 아닌가 걱정할지도 모른다. 이 제안은 공적 원칙 및 규범을 가르치고 정치적 덕성을 함양하는 데 중점을 두었다. 그러나 적어도 우리가 도달한 중요한 부정적 결론이 있다. 그것은 애국심을 가르치는 것이 그러한 교육 정책의 일환으로서 수단적으로 가치 있다고 생각할 이유가 없다는 것이다. 게다가 나는 애국주의적 시민 교육의 옹호자들에게 정의의 원칙들을 기존의 제도 및 실천과 무관하게 철학적 논변에 의해서만 가르칠 수 있을 것 같지 않다는 점을 인정했다. 롤스 같은 정치철학자들조차 민주주의 사상의 실제 역사에 대한 성찰의 결과로서, 그리고 실제 민주주의 제도에 대한 지식에 기초하여 부분적으로 그들의 원칙을 수용하게 되었다. 내가 보기에 한 사람의 자국 정부의 제도들에 대한 연구는 철학적 논의와 바로 그 제도들에 대한 규범적 평가와 결합될 때 결실을 맺을 수 있다. 이렇게 해서 이러한 형태의 시민 교육이 특정 정치 제도들과의 일체감을 발생시키는 경향이 있다 하더라도, 그러한 시민 교육은 본질적으로 애국적 역사의 도덕 교화적 왜곡을 피할 가능성이 높아질 것이다.

Rawls,
Citizenship,
and Education

제 8 장

문화적 다양성

다원주의와 문화적 다양성

롤스의 정의론을 이론적 틀로 삼아 5장에서 나는 합당한 시민의 특징인 정치적 덕성뿐만 아니라 공적 원칙 및 규범을 가르칠 필요성을 강조하는 시민성 교육론을 옹호했다. 이 같은 교육적 제안은 '정치적'인 것으로 간주된다고 나는 주장했다. 그것의 정당화가 선에 대한 포괄적 교설에 의거하지 않기 때문이다. 대신 그것은 민주적 사회의 공적 문화에 존재하는 정치적 이상에만 의거한다. 이러한 제안이 정치적인 것으로 간주된다는 사실은 그것이 어쨌든 최소주의적이거나, 시민 교육의 목표에 대한 롤스 자신의 말대로 "표면에 머문다stays on the surface"는 것을 의미하지는 않는다.[1] 정치적 원칙과 민주적 절차에 대한 성찰적 지지는 시민들의 인성에 거의 확실히 깊은 영향을 끼치는 정치적 덕성의 함양 및 발휘를 동반할 수밖에 없을 것이다.

우리가 보았듯, 합당한 시민성을 위한 교육은 관용, 상호 존중, 공정성 같은 덕성을 장려하는 반면에, 독단, 불관용, 인종 차별, 자기 이익의 무제한 추구 같은 악덕을 저지한다. 롤스는 정치적 덕성의 가르침이 어떤 교설의 선택은 선호하고 다른 교설의 선택은 저지시킴

1 Rawls(1999f), p. 395.

으로써, 서로 다른 포괄적 교설들이 한 세대에서 다음 세대로 전달될 상대적 가능성에 영향을 미친다는 것을 인정한다. 합당한 시민의 특징인 정치적 덕성 및 기타 성향(예컨대 판단의 부담의 수용)을 가르치기 위해 학교는 다양한 포괄적 교설들에 대한 지식 및 이해를 증진해야 한다. 학교는 그런 정책이 다소 논쟁을 일으킬지언정 그래야만 한다. 즉, 시민 교육은 '자유주의적 침묵' 정책을 택하기보다는 다원주의의 사실을 인정하고 이를 학교에서 명시적인 학습 주제로 삼아야 한다.

우리는 자유주의적 애국주의 및 자유주의적 민족주의의 옹호자들이 정의로운 사회 제도의 안정성 보장을 위해 시민들이 지켜야 할 핵심 공약에 대한 롤스의 주장을 비판한다는 것을 보았다. 롤스는 (1) 시민들이 그들 자신과 동료들을 자유롭고 평등하며 일정한 권리의 담지자로 보아야 한다고 생각한다. 그는 또한 (2) 시민들이 그들 자신의 삶에 대한 선택과 사회의 자원에 대한 그들 자신의 요구에 대해 책임을 져야 한다고 주장한다. 나아가 그는 (3) 시민들이 공정한 조건으로 타인과 협력할 용의가 있어야 하며, (4) 경험적, 평가적 문제들에 관한 합당한 불일치의 존재를 인정해야 한다고 생각한다. 이 네 가지 공약은 시민들이 사회의 기본 구조를 이루는 제도들의 기능을 규제하는 원칙으로서 정의의 두 원칙의 타당성을 받아들여야 한다는 주장 속에 함축되어 있다. 그러나 7장에서 보았듯이 자유주의적 애국주의와 자유주의적 민족주의의 옹호자들은 시민의 공약에 대한 이러한 '원칙 기반' 설명이 너무 빈약하다고 주장한다. 그들이 볼 때, 이러한 공약들 자체만으로는 일반 시민들에게 정의로운 사회 제도를 (그것이 존재할 경우) 지지하거나 (그것이 존재하지 않을 경우) 이룩하고자 할 충분한 동기를 부여하지 못한다. 다양한 고려사항에 호소하면서 그들은 그 공백을 메우기 위해 필요한 것은 역사나 정치 제도를 포함한 자신의 특정 국민[민족]과의 일체화 감정의 함양이라고 주장한다. 즉, 그들은 그러한 애국적 또는 민족주의적 감정이 지속적인 사회 정의의 달성에 필요한 추가적인 동기를 제공하기 위해 요구된다고 주장한다.

롤스는 국내 정의에 대해 글을 쓸 때 폐쇄적 사회라는 단순화 모형을 사용하기 때문에 애국심의 필요성이나 유용성에 대해 그가 어떤 견해를 가질지는 분명하지 않다. 그가 정의감 획득으로 이어지는 과정에 결정적 역할을 하는 가족 내 부모와 자식 간의 사랑에 의존하는 것처럼, 우리는 그가 자신의 정치 공동체를 향한 애국적 사랑의 감정 발달에 암묵적으로 의존한다고 추정할 수도 있다. 이것은『정의론』에 있는 도덕 발달 이론에 대한 이몬 캘런의 독해로서, 나는 이것을 7장에서 살펴보았다. 캘런의 독해를 뒷받침하기 위해, 우리는『만민법』에 제시된 롤스 후기의 국제 정의론이 사실상 공유된 민족 감정으로 결합된 국가 모형을 이용한다는 점을 덧붙일 수 있다. 이는 롤스 입장에서 그런 감정이 정의롭거나 적정 수준인 정치 제도의 안정성에 도움을 주는 것임을 시사한다. 그러나 이런 해석이 그럴듯해 보임에도, 사실 롤스는 애국주의가 정의로운 제도의 안정성을 위한 필수 요건이라고 주장하지 않는다. 또 그는 교육적 권고 목록에 애국심 함양을 명시적으로 포함시키지도 않는다.

롤스는 정치적 원칙의 광범위한 수용의 중요성에 관해서는 자유주의적 애국주의자 및 자유주의적 민족주의자와 의견을 같이 한다. 그는 정치적 덕성과 정체감의 가치에 대해서도 그들과 같은 의견이다. 비록 그들이 다소 상이한 덕성과 감정에 초점을 두지만, 그들 모두는 다원주의의 사실을 특징으로 하는 사회에서 통합의 기초를 제공하기 위해 특정한 덕성과 감정이 필요하다는 데 동의한다.[2] 특히, 롤스의 이론에서 정의의 원칙에 대한 합의는 시민들 사이에서 안정성의 주요 원천이다. 이런 합의가 없다면 시민들은 사회·경제적 격차뿐만 아니라 (종교적 교설을 비롯) 그들이 지지하는 선(좋음)에 대한 포괄적 교설의 불일치로 분열되리라. 나는 정의의 핵심 원칙을 가르치는 것이야말로 분명 시민 교육의 중심 목표 중 하나여야 한다고 본다. 시민 교육의 지침과 내용에 대해서는 할 말이 더 많다. 공정으로서의 정의론은 사회적 다양성의 광범위한 원천 및 유형을 고려하지 않는다는 점을 강조할 가치가 있는데, 그중 다수는 비이상적 사회에서 원칙, 절차, 정책에 대한 합의를 더 어렵게 할 수 있다.[3] 특히, 롤스는 자신의 정의론이 포괄적 교설의 다원성에서 비롯된 갈등과 관련이 있음을 분명히 한다. 그는 민족, 성별, 인종 등의 차이에서 비롯된 갈등을 다루려고 하지 않는다는 것을 분명히 밝힌다.[4]

2 멜리사 윌리엄스는 롤스와 자유주의적 애국주의자·민족주의자 사이에 별 차이가 없다고 주장한다. 왜냐하면 양쪽 다 시민적 정체성에 대한 지나치게 제한적인 설명에 의존하기 때문이다. 그들은 모두 좋은 시민에게 일련의 동일시와 공약을 기대한다. 그녀는 공동 활동을 하는 사람들이 공정한 방식으로 함께 일할 수 있게 해주는 특정한 정치적 덕성 함양에 초점을 맞추는 것이 덜 제한적일 것이라고 생각한다. 그런데 사실 그녀가 서술한 덕성은 롤스가 추천한 덕성과 매우 유사한 정치적 덕성이다. 그리고 내가 보기에 사람들이 적어도 정의의 제1원칙에 요약된 유형의 규범적 공약 없이 이러한 덕성을 획득할 수 있을 것 같지 않다. Williams(2003)을 보라.

3 롤스를 비판하는 자유주의적 애국주의자·민족주의자들은 일반적으로 롤스가 사용하는 단순화된 모형보다 훨씬 복잡한 현실 사회를 염두에 두고 있다. 그들은 롤스의 질서 정연한 사회의 외부에서 애국심은 신뢰, 연대, 그리고 조국과 동포를 위해 기꺼이 희생할 의지를 창출하기 위해 다른 바람직한 성향들보다 훨씬 더 필요하다고 주장한다. Callan(2002)을 보라.

4 Rawls(1999b), p. 177을 보라.

우리가 이미 보았듯이 롤스의 이상론은 모든 시민이 거기서 태어나 평생을 살아가는 폐쇄적 사회를 위해 구축된 것이다. 그 이론은 모든 구성원이 같은 언어를 쓰는 것은 아닐 가능성, 어떤 구성원은 최근의 이민자이거나 또 어떤 구성원은 소수 민족에 속할 가능성을 무시한 채, 매우 단순화된 사회상을 이용한다.[5] 더구나 그는 사회 제도의 정당한 기능에는 역사적 걸림돌이 없다고 규정한다. 이런 식으로 사회의 개념을 단순화하기 위한 방법론적 결정은 정치적 이론화를 위해 과거 부정의의 유산에서 비롯된 긴급한 정치적 쟁점들을 무시하는 대가를 치른다. 이러한 과거의 부정의에는 노예제, 법적으로 부과된 인종 차별, 원주민 학살과 정복, 민족 집단 박해, 그리고 여성 억압 등 여러 역사적 형태들이 포함된다. 많은 사회에서 이러한 과거의 부정의는 오늘날 민족 문화적, 인종적 경계선에 따른 지배 관계와 지속적인 사회적 분열의 존재를 설명하는 데 큰 역할을 한다. 이런 분열은 민주적 제도를 불안정하게 하고 정의와 정당성을 성취할 전망을 어둡게 할 것이다. 롤스는 이런 문제들이, 부정의를 다루는 방법을 알려주는 '부분적 준수론partial compliance theory'에 속한다고 말한다. 그는 다음을 인정한다.

> 분명 부분적 준수론의 문제들은 긴급한 문제들이다. 이 문제들은 우리가 일상생활에서 직면하는 것들이다. 이상론으로 시작하는 이유는, 내가 믿기에, 그것이 이런 더 긴급한 문제들을 체계적으로 파악하기 위한 유일한 근거를 제공한

5 Rawls (1999b), 특히 이민(p. 9)과 민족적 정체성(p. 23)에 대한 그의 언급을 보라.

다는 것이다. 적어도 나는 다른 방법으로는 더 깊은 이해를 얻을 수 없으며, 완벽하게 정의로운 사회의 본성과 목적이 정의론의 근본적인 부분이라고 가정할 것이다.[6]

우리가 보았듯, 정의론의 근본적인 부분은 정의의 두 원칙으로 구성된다. 이들 원칙은 구성원들에 대한 사회적 기본재social primary goods의 분배로 관심을 향하게 함으로써, 특정 사회가 얼마나 정의로운가를 평가하는 데 도움을 준다. 정의론은 사회 구성원 모두가 기본적 권리 및 자유를 누리는가, 사회적 배경과 상관없이 공정한 기회의 평등을 보장하는 정책이 있는가, 그리고 경제적 불평등이 최소 수혜자의 삶의 전망에 유리한가 하는 문제를 강조한다.[7] 과거의 부정의가 현재에도 계속 영향을 미칠 때, 대부분의 경우 그 영향의 일부는 사회의 기본 구조가 정의의 원칙에 따라 작동하지 못하는 데서 나타난다. 역사적으로 억압된 집단의 일부 또는 대부분의 구성원들은 기득권 집단의 구성원들과 같은 수준의 기본적 권리 및 자유를 누리지 못하거나, 바람직한 사회적 위치에 접근할 수 있는 동등한 기회를 갖지 못하거나, 심각한 경제적 박탈감에 시달릴 수 있다. 공정으로서의 정의론은 서로 다른 개인과 집단의 상황을 비교·평가하는 방법으로 사회적 기본재의 분배를 제시하고, 정책을 위한 특정한 우선순위를 권

6 Rawls(1999a), p. 8.

7 이것은 차등의 원칙의 정확한 정식화는 아니다. 내가 이런 식으로 진술하는 이유는 롤스가 현실 사회에서 수용 가능한 다양한 재분배 원칙이 있을 수 있음을 인정하기 때문이다. 더구나 차등의 원칙이 한 사회에서 만족되는 경우보다는 만족되지 않는 것을 판단하기가 더 쉽다. 현존 사회 질서가 최소 수혜자의 인생 전망을 극대화하지 않는다는 것이 현존 사회 질서가 그 목표에 비추어 실제로 최적이라는 것보다 말하기 쉽다.

고한다. 일단 특정 사회가 가용 자원의 일정한 기본적 양을 보유하게 되면, 그 이론은 정의의 공정한 기회균등의 원칙과 차등의 원칙의 위반보다 제1원칙[평등한 자유의 원칙]의 위반이 더 심각하다고 말한다. 또한 그 이론은 (일단 기본적 필요가 충족된 경우) 경제적 불평등보다 기회의 평등을 증진하는 데 실패한 것을 더 심각한 문제로 평가한다.

그래서 롤스는 부정의가 역사적 요인에서 비롯되는 경우를 포함하여 많은 경우에 사회를 부정의한 것으로 올바르게 분류할 수 있다. 하지만 롤스의 이론이 할 수 없는 것은 기본재 분배가 부정의한 원인이라든가 그 부정의를 교정하기 위한 최선의 정책을 확인하는 데 도움을 주는 일이다. 이것은 특정한 사회, 즉 그 사회의 역사와 현재 상황에 대한 추가적인 지식을 필요로 하는 작업이다. 이러한 지식을 얻으려면 역사학자, 사회학자, 그리고 여타 사회과학자들의 데이터가 필요하다. 게다가 공공 정책에 대한 상세한 규범적 지침을 제공하기 위해서는 부분적 준수론의 어려운 문제를 다루어야 한다. 즉, 부정의한 개인의 행동뿐만 아니라 부정의한 제도의 존재를 고려하게끔 이론을 수정해야 한다. 이 장에서 나는 시민성 교육에 대한 롤스적 이론이 단지 포괄적 교설의 다양성을 넘어 광범위한 형태의 사회적 다양성의 존재를 다루기 위해 적절히 확장될 수 있는 몇 가지 방법에 대해 논한다. 현실 사회에서 많은 더 광범위한 형태의 다양성은 부분적 준수론에 해당하는 서로 다른 종류의 부정의를 동반한다. 이런 종류의 부정의는 종종 일반론의 매우 추상적인 수준에서는 효과적으로 탐색될 수 없으며, 대신 우리에게 특정 사회의 상황의 세부사항으로 들어가도록 요구한다. 교육 문제에 대한 논의로 눈을 돌리기 전에 롤스의 이론 내에서 '문화'의 위치에 대한 사전 논의가 필요하다.

문화의 문제

롤스의 저작에는 사회 정의의 문제에 대한 문화적 차이의 관련성이나 사회 정책이 이러한 차이를 고려해야 하는 방식들에 대한 체계적 검토가 없다.[8] 합당한 다원주의와 정책에 대한 정당화와의 관련성에 대한 롤스의 언급은 우리가 문화적 다원주의의 사실 또는 다문화주의의 사실이라고 부를 수 있는 것에 대한 논의와 혼동되어서는 안 된다. 롤스의 다원주의는 포괄적 교설과 관련이 있으며, 이것은 문화와는 단적으로 다르다. 비록 양자 사이에 어떤 흥미로운 관계와 상호 작용이 존재하지만 말이다. 물론 문화가 포괄적 교설이 아니라고 말하는 것은 문화가 무엇인지 말하는 것은 아니다. 사실 '문화'라는 개념에는 수많은 정의와 용례들이 있다. 롤스가 이해하는 다원주의의 사실과 문화적 다원주의 사이의 대조를 명확히 하려면 '문화'의 개념에 대한 우리의 이해 범위를 좁히는 것이 유용할 것이다. 제레미 월드론Jeremy Waldron을 따라, 우리는 우선 다음과 같이 문화를 특징지을 수 있다.

'문화'란 현재적 그리고 역사적으로 공동체, 즉 가족이나 마

8 완전주의에 대한 롤스의 논의는 국가가 학문, 예술, 문화 행사를 지원하는 것이 허용되는가 하는 문제를 제기한다. 그러나 이것은 우리의 현재 논의와 관련된 문화의 의미는 아니다. Rawls(1999a), pp. 285~92를 보라.

> 을보다 큰 인간 집단으로서, 몇 세대보다는 길게 지속되고, 구성적인 방식으로 구성원들의 삶에 스며들며, 어떤 의미에서는 민족 집단, 즉 국민이나 민족에 해당하는 것과 관련된 일련의 관습 및 전통을 말한다. … 공동체의 문화는 인간 삶의 전 과정을 통틀어, 언어, 통치, 종교 의식, 통과 의례, 가족 구조, 물질적 생산과 장식, 경제, 과학, 전쟁, 그리고 역사의식의 공유와 같은 일들, 특히 함께 행하는 일들을 하는 방법이다.[9]

'문화'의 이런 의미를 이용하여 우리는 대부분의 사회를 둘 이상의 문화 공동체를 포함하고 있는 한 '다문화적'이라고 기술할 수 있다. 내가 관심을 갖는 의미에서 다문화 사회는 둘 이상의 민족 집단을 포함하거나 서로 다른 민족 출신의 이민자 집단들을 포함하는 사회로, 그러한 각 집단은 나름의 다소 독특한 관습 및 전통을 가지고 있다.[10] 그러나 이들 집단의 문화는 시간이 흐르면서 사회적 조건 자체가 변화함에 따라 변화하는 경향이 있다. 게다가 문화 집단들 간의 만남은 상호 영향으로 이어져, 그들 각자의 관행과 신념도 어느

9 Waldron(1996), p. 96.

10 다문화 관련 문헌들은 게이와 레즈비언, 장애인, 여성이 마치 '문화'를 공유하는 것처럼 다루곤 한다. 그러나 내가 보기에 이런 접근법은 '문화'의 의미를 너무 많이 확장하는 것 같다. 반면, 미국의 일부 아프리카계 미국인 공동체는 내가 지지하고 있는 의미에서 문화적 공동체로 간주될 수 있다. 이것은 더 넓은 사회로 그들이 통합되는 데 걸림돌로 작용하는 독특한 문화적 관습, 특히 언어 사용 방식을 공유하는 사람들에게 해당될 것이다. 그러나 인종적 편견과 인종 차별의 유산 또한 그들의 통합을 방해한다. 따라서 문화적 차이에 초점을 맞추는 것이 도움이 될지는 불분명하다.

정도 변화를 겪게 마련이다. 특정 문화의 '경계'를 표시하기란 꽤 어려운 것으로 드러난다. 문화 집단이 오랜 기간 같은 영토에 살면서 그들 자신의 생명을 앗아간 하위 문화들을 낳았을 때 특히 그렇다. 또한 무역과 통신 기술은 때때로 문화 관행이 건설되는 문화 자료와 공예품의 보급에도 기여하고 있으며, 이 보급의 결과는 우리가 전 세계에 걸쳐 상당히 유사한 관행을 발견할 수 있다는 것이다.

문화에 대한 바로 이 일반적인 설명에만 의거해도, 선에 대한 포괄적 교설들의 합당한 다원주의의 사실이 문화적 다원주의의 사실과 동등하지 않다는 것을 보이기는 어렵지 않다. 우리는 3장에서 포괄적 교설은 가치들의 체계적 집합을 포함한다는 것을 보았다. 이것은 사람들이 세상을 이해할 수 있게 하고, 어떤 목표들이 추구할 가치가 있는지, 그리고 그것들이 충돌할 때 어떻게 균형을 맞출 수 있는지를 판단하는 데 지침을 제공한다. 비록 사람들이 하나의 특정한 종교 같이 완전 명확히 표현된 포괄적 교설을 지지하지 않더라도, 우리는 그들이 하나의 가치관, 즉 그들이 가치 있고 추구할 만하다 생각하여 인생에서 실현하고 싶은 일련의 목적이나 목표들의 집합을 지지하는 것으로 여길 수 있다. 우리가 한 사회에서 포괄적 교설의 다원주의에 대해 이야기하든, 아니면 보다 간단한 용어로, 가치의 다원주의로 이야기하든 이것은 문화적 다원주의와는 다르다. 문화는 때때로 포괄적 교설을 포함하기도 한다. 문화 집단의 구성원 대부분이 특정한 종교나 세계관을 공유할 수 있기 때문이다. 그러나 문화는 또한 다원주의적일 수 있다. 문화는 포괄적 교설이나 가치관으로 환원될 수 없다. 왜냐하면 '문화'는 집단의 관습과 전통, 사회적 삶의 여러 영역에서 어떤 것들을 행하는 방식을 지칭하기 때문이다. 이러한 관행에는 틀림없이 이들 집단의 가치가 스며들어 있지만, 평가적으로 중립적인 특징들도 많이 포함되어 있다.

집단의 문화는 선택되기보다는 대대로 전해져, 공유된 문화에 참여하는 사람들이 그들에게 '제2의 천성'이 되는 방식으로 어떤 것을 행하는 법을 배우게 된다. 아이들이 배우는 언어, 자라면서 감상하게 되는 이야기와 음악, 친숙한 음식 종류와 식사 방법, 가족이나 낯선 사람들에게 인사하는 방법, 그리고 그 밖의 많은 것들이 그러하다. 이런 문화적 관행의 목록은 복잡한 현대 사회에서 어떤 두 시민이 선에 대한 포괄적 교설을 공유하지 않고도 문화를 공유할 수 있음을 명확히 하는 데 도움이 될 것이다. 두 시민은 서로 다른 포괄적 교설을 지지하고 그것에 따라 살아갈 수 있다. 예컨대 한 시민은 종교적이고 다른 한 시민은 불가지론적일 수 있다. 하지만 그들은 같은 언어를 말하고, 같은 사회적 규범 및 관행을 따르며, 공유된 사회적 삶에 어떻게 그렇게 하는지를 생각할 필요 없이 다소 자동적으로 참여할 수 있다. 반대로, 다른 두 시민은 같은 문화에 속한다고 말하는 게 전혀 적절치 않지만, 그들은 — 둘 다 가톨릭 신자인 경우처럼 — 포괄적 교설을 공유할 수 있다. 한 사람은 미국으로 이주한 영국인의 먼 후손이고, 다른 한 사람은 최근 멕시코에서 온 이민자일 수 있다. 그들의 모국어, 그들이 사는 사회에서 여러 사회 제도들이 기능하는 방식에 대한 그들의 인식, 그리고 그들이 거기서 편안함을 느끼는지 등은 크게 다를 것이다. 또 그들이 언제 무엇을 먹을지, 어떻게 옷을 입을지, 무엇을 읽을지 등과 같은 일상적 삶의 많은 필요를 자동적으로 처리하는 방식도 다를 것이다. 이러한 유사점과 차이점은 롤스의 포괄적 교설의 다원주의 개념으로는 포착할 수 없지만, 정의로운 사회 제도를 설계하는 문제에 있어서는 여전히 유의미하다.

정치적 권위political authority의 기초를 논하는 『정치적 자유주의』의 한 단락에서 롤스는 개인들이 성장한 문화가 대부분의 개인들에게 갖는 중요성을 인정하는 것 같다. 이 단락은 문화적 차이를 포괄적 교설의 차이로 환원해서는 안 된다는 추가 근거를 제시한다.

> ... 통상적으로 볼 때 한 나라를 떠난다는 것은 중대한 조치이다. 이것은 우리가 성장해 온 사회와 문화를 떠나는 것을 의미한다. 즉, 우리가 우리들 자신, 목표와 목적, 그리고 가치들을 표현하고 이해하는 데 필요한 사상은 물론 우리의 대화에서 사용하고 있는 언어가 담긴 사회와 문화를 떠나는 것을 의미한다. 사회 세계에서 우리의 위치를 발견할 수 있도록 해주는 것으로서, 우리가 속해 있는 역사, 관습과 관례를 포함하고 있는 사회와 문화를 떠나는 것을 의미한다. 크게 보아서, 우리는 우리의 사회와 문화를 인정하고 있으며, 비록 거절은 아니라 하더라도 이의 상당 부분에 의문을 제기할 경우에도, 이것에 대한 아주 친숙하고 말로 표현할 수 없는 지식을 가지고 있는 것이다.[11]

여기서 롤스는 대부분의 개인들에게 그들의 문화가 갖는 중요성을 설명하고 있는데, 이러한 중요성은 그들이 포괄적 교설의 일부로서 그것의 암묵적 가치들 중 다수를 지지하지 않을 때에도 성립한다.

11 Rawls(1996), p. 222.

이는 롤스가 문화와 포괄적 교설을 구분을 알고 있음을 분명히 보여준다. 그러나 이 구절은 또한 롤스가 각 나라가 하나의 문화만을 포함하고 있다는 가정하에 작업하고 있음을 시사한다. 이것은 명백한 경험적 단순화이다. 대부분의 현대 사회는 문화적 다원주의의 사실에 의해 특징지어지며, 따라서 문화의 개념은 어떤 식으로든 정책적 권고를 제시하려는 정의론에 포함될 필요가 있다. 문제는 사회에 존재하는 문화적 집단의 다원주의에 대응하여 어떤 정책이 요구되고, 허용되며, 금지되는가 하는 것이다.

가장 논란의 여지가 없어 보이는 것은 민주적 사회가 그 구성원들에게 가장 큰 정치적 힘을 가진 집단의 문화적 관습과 언어를 채택하도록 강요하는 매우 강압적인 정책을 통과시킬 수는 없다는 것이다. 그 집단이 사회의 다수를 구성한다고 해도 말이다. 과거의 '국가건설' 정책들은 이러한 종류의 매우 강압적인 정책들을 포함했다. 이런 정책들은 민족 문화 집단의 강제 동화를 목표로 했다(적어도 그들이 단순히 그 국가에 '외국인'으로 보이는 집단을 주변화하고 노예화하거나, 말살하는 것을 목표로 하지 않았을 때 말이다).[12] 그러나 오늘날 그러한 정책들은 그 배후의 인종 차별주의적이고 민족 중심적인 가정들만큼이나 정당화되지 않는다는 데 광범위한 합의가 존재한다. 그러나 문화적 다양성의 사실에 대한 적절한 대응을 구성하는 적극적 제안에 대해서는 이렇다 할 합의가 존재하지 않는다.

윌 킴리카Will Kymlicka는 사회 제도가 다수자의 문화를 재생산하는 경향이 있기 때문에 사회에는 항상 동화에 대한 상당한 압력

12 캐나다와 미국의 맥락에서 이러한 정책에 대한 신중한 검토로는 Kymlicka(1995)를 보라.

이 존재하는 경향이 있음을 강조한다. 이런 경향의 강도는 사회가 수용하는 집단의 수와 그 규모, 영토적 집중, 그리고 자원의 상대적 양에 따라 달라질 것이다. 그러나 이런 문제들과 상관없이, 어떤 것들을 행하는 특정한 방식들이 항상 있을 것이다. 그 방식들은 그것을 따르겠다는 어떤 결정도 없이 사람들 다수가 따르게 될 것들이다. 여기서 중요한 점은 문화적 집단들의 평화 공존이라는 맥락에서도 이런 행동 방식들 중 일부가 지배적일 것이며 다른 사람들에게 상당한 비의도적 영향력을 행사하게 되리라는 것이다. 예를 들어, 경제적 기회는 지배적인 관습 및 언어를 배우는 것과 연관될 수 있으며, 미디어는 관습 및 언어의 확산, 특히 젊은 세대에게 큰 영향을 미칠 수 있다. 킴리카는 또한 국가가 문화적 관행에 상당한 영향력을 행사하는 것이 불가피하다고 지적한다. 한 나라의 정치적·법률적 시스템은 재판, 투표, 또는 다른 중요한 절차를 위한 통역(번역) 서비스가 있을 수 있다. 하지만 기껏해야 하나, 둘, 또는 세 개 국어로만 작동할 수 있다. 정치 공동체는 공립학교든 사립학교든 교육 시스템의 각기 다른 수준에서 교육 언어(들)에 대한 결정에 직면한다. 그리고 학교에서 제공하는 교육은 불가피하게 특정한 문화적 규범과 가치를 전달하게 될 것이다. 정치 공동체는 또한 국가나 지역의 공휴일과 상징물을 선택하는데, 이것은 다른 집단보다 어떤 특정 집단의 문화적 자기 이해를 반영하고 가능하게 할 것이다. 주요 사회 제도의 운영에 관한 이와 유사한 결정들은 문화적 재생산에서 중요한 역할을 하며, 소수 집단의 문화가 후대에 전해질 전망에 영향을 미친다. 국가가 소수 집단의 문화를 지원하는 조치를 취하는 것이 허용되는가, 아니면 요구되는가 하는 문제에 답하기 위해서는 이러한 사실을 고려해야 한다.[13] 또한 우리는 문화적 집단의 개별 구성원들이 다른 행동 방식과 다른 언어를 배우는 것뿐만 아니라 그들의 문화적 관습을 유지하는 것에 어떤 종류의 이익 관심을 갖는가 하는 어려운 문제를 고려해야 한다.

그런데 롤스는 이런 문제를 논하지 않는다. 일부 비판자들은 롤스의 침묵으로부터 그가 문화에 대한 '은근한 무시benign neglect' 정책을 선호할 것이라 추론한다. 그러나 그의 이론으로부터 그러한 불간섭주의 정책이 반드시 뒤따르는 것은 아니다. 내가 보기에 질서 정연한 사회에 대한 그의 모형은 정치 공동체와 외연이 같은 공유된 문화 공동체가 존재한다는 단순화 가정과 함께 작동한다. 이것은 단지 그가 소수 민족과 이민자들이 직면할 수 있는 특정한 상황이 정의로운지를 다루지 않는다는 것을 의미한다.[14] 그 문제는 그가 기술하는 사회에서 발생할 수조차 없으므로 그 문제에 대한 롤스의 침묵으로부터 어떤 것을 추론하는 것은 잘못이다. 오히려 우리가 롤스에게서 이 주제에 대한 지침을 구하고자 한다면, 그의 이론은 추가적인 고려 사항들을 통합하여 확장될 필요가 있을 것이다.

13 Kymlicka(2001), pp. 17~48을 보라.

14 이 문제와 관련하여 롤스에 대한 비슷한 해석은 Kymlicka(1995), p. 128, Patten(2000), p. 195, 그리고 Levy(2007), p. 192을 보라.

문화적 소속과 사회 정의

킴리카는 소수 집단의 일부인 소수 민족의 상황을 다루기 위해 롤스의 이론을 확장하는 한 가지 방법을 제안한다.[15] 킴리카는 『자유주의, 공동체, 그리고 문화』에서 언어, 역사, 유산을 공유하는 문화적 공동체에 속한다는 것은 롤스의 의미에서 사회적 기본재라고 주장한다. 즉, 문화적 공동체에 속한다는 것은 사람들이 자신의 가치관에 따라 살아갈 자유를 행사할 수 있으려면 필수적인 재화라는 것이다. 우리가 보았듯, 사회적 기본재는 다양한 인생 계획을 추구하기 위한 수단의 역할을 하며, 시민들이 도덕적 역량을 계발하고 행사하는 데 근본적인 역할을 하는 재화이다. 사람들이 어떤 유형의 인생 계획을 가지고 있든지 간에, 그들은 또한 사회적 기본재에 중대한 이익 관심을 갖는다. 문화적 소속은 사회적 기본재의 지위를 갖는다고 킴리카는 주장하는데, 왜냐하면 한 시민이 어떤 가치관을 갖든지 간에 그는 자신에게 의미 있는 선택지와 가치 있는 활동을 제공할 안전한 문화적 맥락에 접근할 필요가 있기 때문이다. 킴리카가 '안전한 문화적 맥락secure cultural context'을 언급할 때 염두에 둔 것은 구성원들에게 사회적, 교육적, 종교적, 경제적, 정치적 활동에 참여할 가능성을 제공하는 문화적 공동체의 존속이다. 중요한 것은 문화적 공동체가 현대적 조건에서 그러한 선택지를 제공할 수 있으려면 학교, 언론, 경제, 정부 등에서 공동체의 문화가 '제도적으로 구현'되어야 한

15 Kymlicka(1989a), pp. 162~81; Kymlicka(1995), pp. 75~130을 참조하라.

다는 것이다.[16] 킴리카는 자유주의 국가가 캐나다의 원주민 공동체나 퀘벡인들 같은 소수 민족 집단의 존속을 보장하기 위해 그들 자신의 문화를 보호하기 위한 조치를 취해야 한다는 자신의 주장을 뒷받침하기 위해 이러한 논변을 제시한다. 중요한 것은 그가 이 논변을 이민자 사회에 적용할 의도가 없다는 것이다.[17] 그는 국가가 이민 결정을 자신의 문화를 떠나 새로운 문화의 맥락에서 삶을 시작하려는 자발적인 결정으로 간주해야 한다고 생각한다. 킴리카에게 이민자들은 국가(또는 지방/주)의 다수 민족의 제도에서 그들의 관행이 존중 받고 수용될 권리가 있지만, 그들 문화의 보존에 대한 정당한 요구권을 가지고 있지 않다.

킴리카의 견해에서, 소수 민족의 문화를 보존하기 위해 취해야 할 적절한 조치들은 이들 집단의 상황에 크게 좌우된다. 이러한 조치들은 재정 지원과 과세 면제로부터 학교 교육에 대한 해당 공동체의 통제 허용, 지역 경계 내에서의 자치권 부여에 이르기까지 다양하다. 예를 들어, 원주민 공동체는 그들이 통제하는 지역에서 살 수 있고, 투표할 수 있는 사람을 제한하며, 그들 자신의 초등학교를 설립하고,

16 Kymlicka(1995), p. 76. 킴리카는 핵심적인 사회 제도에 구현된 문화를 가리키기 위해 '사회적 문화societal culture'라는 전문 용어를 사용한다. 그는 사람들이 그들 자신의 안전한 사회적 문화에 접근할 필요가 있다고 주장한다. 나는 이 용어가 다문화 사회에서 채택되어야 하는 종류의 정책에 대한 논쟁에서 관건이 무엇인지 덜 분명하게 하므로 그것을 피한다. 사회적 문화라는 전문 개념에 대한 비판은 Carens(2000), pp. 54~73을 참조하라.

17 많은 저자들은 킴리카의 논변이 함축하는, 소수 민족이 정의의 문제로서 권리를 갖는 것과 이민자들이 권리를 갖는 것 사이의 날카로운 구분을 비판해 왔다. 그러나 실제 정책을 제안하는 데 있어 킴리카는 두 집단[소수 민족과 이민자 집단]의 많은 요구를 수용하는 것을 선호한다.

토지를 공동 재산으로 소유하는 것이 허용될 수 있다. 그러나 이러한 정책들은 퀘벡에서는 허용될 수 없을 것이다. 퀘벡이 (분리되어 독립 국가가 됨으로써 모든 주권 국가들처럼 국경을 통제할 동일한 권리를 갖지 않는 한) 주 경계를 폐쇄하고 다른 캐나다 시민들이 그 주로 이주하는 것을 막는 것은 합법적이지 않을 것이다.[18] 한편, 킴리카는 퀘벡이 대부분의 학교에서 프랑스어를 교육 언어로 사용하도록 합법적으로 요구할 수 있고, 다른 사회 기관에서도 프랑스어 사용을 공식화하기 위해 여러 가지 추가 정책을 강구할 수 있다고 생각하는 것 같다.[19]

우리가 보았듯이, 킴리카는 어떤 국가 내에서 문화 공동체의 존속을 보장하는 데 도움이 될 특정한 정책들을 추천한다. 그러한 제안들은 문화 변동의 여지를 만들지만 적어도 그들의 관할 지역 내에서 이 같은 변동의 방향을 통제할 수 있는 힘을 소수 민족들에게 부여하고자 한다. 킴리카는 다수 문화의 구성원들이 안전한 문화적 맥락의 가능성을 당연시할 수 있으며 그들이 그것에 의존하는 정도를 알아차리지 못할 수도 있다는 사실을 강조한다. 그러나 소수 민족의 구성원들은 때때로 그들의 문화가 붕괴될 위험에 직면하며, 이로 인해 많은 일상적 활동들에서 큰 어려움을 겪는다. 킴리카는 대부분의 사람들이 자신들이 자란 문화 공동체에 밀접하게 결속되어 있고 자신의 문화에 접근하기를 원하며 그것이 가능하지 않을 때는 고통을 겪는

18 나는 국경선이 정의로운지의 문제를 해결하려는 것이 아니다. 나의 현재 관심사는 소수 민족이 추구할 "자격이 있는" 정책들이 이들 집단의 규모, 영토 집중 및 기타 상황의 양상에 따라 다르다는 것을 강조하는 것이다.

19 나는 확실히 퀘벡에서 채택된 정책들을 단순화하고 있다. 상세한 논의를 위해서는 Carens(2000), pp. 107~39와 Kymlicka(1998), part 2를 참조하라.

다고 예상할 수 있다고 주장한다. 그는 소수 문화의 구성원들이 그렇게 하기로 결정한다면 그들의 문화를 떠날 권리가 있다는 것을 인정한다. 그러나 이러한 인정은 문화적 성원권cultural membership은 그들이 그렇게 하기로 선택하지 않으면 공정하게 포기를 요구할 수 있는 어떤 것이 아니라는 그의 주장과 일관적이다[모순되지 않는다].[20] 그들의 문화를 보존하기 위해 소수 민족은 준분리주의 정책을 추구하고 (만약 그들의 문화적 관행을 유지하는 데 필요하다면) 사회의 다른 부분으로부터 상대적으로 고립된 삶을 살아갈 자격이 있는 것 같다. 그리고 킴리카의 견해에 따르면 소수 민족에 대한 공정성은 더 넓은 사회로부터의 지원을 요구한다.

여기서 문화적 소수자의 '특별권special rights'을 옹호하는 킴리카의 논변이 자아낸 방대한 문헌을 논하지는 않겠다.[21] 우리의 목적상 관건은 문화적 다원주의로 야기된 적어도 일부의 문제를 다룰 수 있도록 롤스 정의론의 일관된 확장판을 구성하는 데 킴리카의 논변이 사용될 수 있는가 하는 것이다. 조셉 카렌스Joseph Carens는 그럴 수 없다고 주장한다. 그는 문화적 소속이 롤스적 의미의 사회적 기본재로 취급되어야 한다는 킴리카의 주장에 반대한다.[22] 우리가 보았듯이, 사회적 기본재의 분배는 롤스의 이론에서 축차적 서열을 가진 정의의 두 원칙에 의해 규제된다. 만약 우리가 롤스의 사회적 기본재

20 Kymlicka(1995), p. 86.

21 다문화 이론과 그 방법론에 대한 흥미로운 개관을 제시하면서 이 분야에 대한 킴리카의 기여를 강조하는 문헌으로는 Levy(2007)을 참조하라.

22 Carens(2000), pp. 59~60.

목록에 문화적 소속을 추가하는 것을 고려한다면, 우리는 그것을 분배할 때 기준이 되는 원칙이 제1원칙인지 아니면 제2원칙인지를 정해야 한다. 게다가 카렌스는 문화적 소속이라는 재화의 분배가 롤스의 공식적인 사회적 기본재의 분배에 영향을 미치지 않으리라고 가정할 수는 없다고 지적한다. 따라서 우리는 문화적 소속이라는 재화를 보장하는 것과 표현의 자유나 이동의 자유, 또는 바람직한 사회적 지위에 접근할 기회 등을 보장하는 것 사이에 우선순위를 정해야 하는 추가적인 이론적 난관에 봉착한다. 카렌스의 반론은 단지 킴리카의 논변이 불완전하며 방금 제기된 문제들에 대한 답변을 통해 반론이 극복될 수 있음을 시사하는 것으로 치부될 수도 있다. 그러나 내가 보기에 킴리카 주장의 문제점은 그리 쉽게 해결될 수 있는 것이 아니다. 문화적 소속이 어떤 종류의 재화인가 하는 문제를 해결하고자 한다면, 우리는 문화적 소속이 단순히 주요 사회 제도들이 자유, 기회, 경제적 자원을 분배하는 것 같이 실제로 분배할 수 있는 그런 종류의 재화는 아니라고 결론지어야 한다. 내가 보기에 문화 현상의 복잡성 및 가변성, 그리고 문화 공동체가 종종 섞여 있으며 같은 지역을 공유한다는 사실은 우리가 문화적 소속을 롤스의 공식적인 사회적 기본재와 동등한 재화로 취급하지 못하게 한다.

제레미 월드론은 가치관의 추구에 있어 문화적 소속의 중요성을 옹호하는 킴리카의 논변에 대해 문제를 제기하였다.[23] 월드론은 가치관을 발전시키고 추구하기 위해 인간은 안정된 문화적 틀, 즉 그들

23 Waldron(1992)를 참조하라. 월드론의 문화적 세계 시민주의와 그 시민 교육적 함의에 대한 논의로는 McDonough(1997)과 Costa(2005)를 참조하라.

이 자라난 문화적 틀이 필요하다는 킴리카의 핵심 주장에 반론을 편다.[24] 그러한 생각에 반대하여 그는 문화에 대한 세계 시민주의 접근을 택할 수 있는 가능성을 지적한다:

> 세계인cosmopolitan은 한 도시에서 평생을 살고 내내 같은 시민권을 유지할지도 모른다. 그러나 그는 스스로를 자신의 거주지나 조상, 시민권이나 언어에 의해 규정되는 것으로 생각하기를 거부한다. 샌프란시스코에 살고 아일랜드 혈통의 사람일지 모르지만 그는 스페인어를 배우고 중국음식을 먹고 한국에서 만든 옷을 입고 마오리 공주가 일본 장비로 부르는 베르디의 아리아를 듣고 우크라이나 정치를 추종하고 불교 명상법을 실천할 때 자신의 정체성이 훼손된다고 여기지 않는다. 그는 혼종의mixed-up 세계에 살고 혼종의 자아를 가진 것을 의식하는 현대적 존재이다.[25]

문화에 대한 세계 시민주의적 접근법은 사람들이 어떻게 의미 있는 삶을 살 것인가를 결정할 때 '문화적 재료'를 사용한다는 것을 인정한다. 그러나 조상들의 문화를 재현하는 데 초점을 맞추는 것 대신, 세계인은 다른 음식을 먹고 외국어를 배우거나 아주 먼 나라에서

24 사실, 월드론은 또한 좋은 삶의 관념을 채택하고 추구하는 개인이라는 롤스의 묘사가 너무 경직되어 있다고 주장한다. 사람들은 어떤 전체적이고 구조화된 인생 계획 없이 때때로 다른 활동의 추구를 선택하는 것처럼 보인다는 것이다. Waldron(1992), p. 753을 참조하라.

25 Waldron(1992), p. 754.

온 철학적 관점을 택하는 것에 기뻐할 것이다. 이런 가능성은 사람들이 의미 있는 삶을 살 수 있으려면 하나의 일관성 있는 문화적 구조가 필요하다는 생각에 도전한다. 특히 그것은 사람들은 자신이 자란 집단의 문화에 접근할 필요가 있다는 생각에 도전하며, 따라서 문화적 소속이 사회적 기본재로 간주되어야 한다는 주장의 근거를 약화시킨다. 우리가 보았듯이, 킴리카는 사람들이 가용한 가치 있는 선택지들을 충분히 인식할 수 있으려면 일관적이고 풍부하며 안전한 문화적 구조를 가지고 있어야만 한다고 주장한다. 그러나 월드론에게 그러한 가치 있는 선택지들은 오직 단일한 문화적 원천에서 비롯될 필요는 없다. 오히려, 그 선택지들은 현대 사회에서 이용 가능한 무수히 다양한 문화적 원천에 속하는 조각들을 기워 맞춘 것일 수 있다. 월드론은 문화적 재료의 혼합을 의식적으로 찬양하는 세계 시민주의적 생활양식이 완벽하게 실현 가능하며 전통적인 생활양식만큼이나 성취감을 줄 수 있다고 주장한다. 더욱이 월드론에 따르면 이러한 세계 시민주의적 대안은 이민이나 자주 여행을 하는 사람들뿐만 아니라 현대 사회에 존재하는 문화적 재료의 만화경을 탐구하기를 즐기는 누구에게라도 이용 가능하다. 월드론의 세계인은 그의 거주지, 조상, 시민권, 또는 모국어와 자신을 동일시하기를 거부하는 사람이다. 그는 문화적 혼합을 알며 이 혼합물을 공개적으로 지지한다. 만약 사람들이 이런 종류의 세계 시민주의적 생활방식을 만족스럽게 여길 수 있다면, 킴리카 논변의 핵심 전제에 의문이 제기된다고 월드론은 주장한다. 그것은 한 개인의 삶의 의미, 진실성, 일관성은 그가 속한 단일한 공동체의 공유된 문화에의 몰입에 달려있다는 전제이다. 월드론은 또한 개인의 자아실현을 안전한 문화적 맥락과 결부시키는 접근법에는 잘못된 전제가 깔려 있는 경향이 있다고 생각한다. 왜냐하면 그러한 접근법은 종종 특정 문화에 대한 다소 왜곡되고 정적이며 순수주의적 묘사에 의존하기 때문이다. 그러나 모든 생명 현상과 마찬가지로 문화도 끊임없이 변화한다. 더구나 타인의 영향으로부터 완전히 고립된 인간 집단의 문화 같은 것은 없었다.[26] 이제 문화 보존의 일부 옹호자들은 과거에 동결된 번영하는 문화의 그림을 가지고 작업할지도 모른다는 것은 사실이다. 그러나 이런 특수한 반론은 킴리카의 견해를 진정으로 논파하지는 못한다. 킴리카는 소수 문화의 '순수성'을 유지하려는 노력에 대한 옹호 논변을 펴지 않기 때문이다. 킴리카의 관심사는 오로지 다수 문화가 소수 문화에 대해 거부할 수 없는 압력을 행사하지 못하게 하는 것이다. 킴리카가 지지하는 조치들은 문화 변동을 막기 위해 고안된 것이 아니다. 오히려, 그 조치들은 단순히 소수 민족들에게 그런 변동이 일어날 방식에 대한 정치적 통제권을 주는 것을 목표로 한다. 그럼에도 월드론은 집단의 문화를 보존 또는 보호하려는 시도를 파도에 맞서 노를 젓는 것으로 보려는 경향이 있으며, 사회의 나머지 부분과 분리되어 주로 자기 문화의 구성원들과 삶을 공유하려는 욕구를 인위적 태도의 표시로 보는 경향이 있다. 사실 그는 도발적으로 이 욕구를 디즈니랜드에서 살고 싶어 하는 욕구와 견주기까지 한다.[27]

월드론은 다문화 사회에서 개인의 문화적 정체성을 개념화하는 두 모형을 대조한다. 첫 번째 모형인 1인/1문화one person/one culture

26 확장된 논변으로는 Waldron(2003)을 참조하라.

27 Waldron(1992), p. 763.

모형에 따르면, 각 개인은 자신이 속한 집단의 독특하고 비교적 동질적인 문화에 의존하여 자신의 정체성을 구축한다. 두 번째 모델인 1인/다조각one person/many fragments 모형에 따르면, 각 개인은 자신이 살고 있는 더 넓은 사회의 재료들을 이용하여 자신의 정체성을 구축한다. 이 두 번째 모델은, 지배적인 영향력을 가진 하나의 문화가 있을지라도, 각 개인의 정체감이 겹치고 중첩되는 이질적인 문화적 조각들을 다수 포함하고 있음을 함축한다. 적어도 그의 일부 저작에서 킴리카는 1인/1문화 모형으로 작업하는 것 같다. 왜냐하면 그는 문화를 언어와 매우 밀접하게 연관시키고, 문화를 정부, 학교, 매체 등에서 제도적으로 구현된 것으로 생각하기 때문이다.[28] 월드론의 반론에 대응하여 킴리카는 일부 예외적인 사람들이 문화들 사이에서 '전환switching'하거나 이동하며 문화적 재료를 혼합하여 정체성을 구성할 수 있음을 인정한다. 킴리카는 많은 이민자들이 새로운 나라에서 비교적 잘 통합되어 역할을 다할 수 있고 거기서 좋은 삶을 영위할 수 있다고 지적한다. 그러나 다른 많은 사람들은 새로운 환경에 적응하는 일이 매우 어렵다는 것을 깨닫고 고향으로 돌아가기로 결심한다. 그리고 또 다른 사람들은 애당초 떠나고 싶어 하지 않는다. 따라서 킴리카에게는 성공적으로 이민한 일부 개인들이 문화를 가로질러 이주하면서 삶을 꾸려나간다는 사실은 대부분의 사람들이 자신의 문화와 깊이 연결돼 있지 않다는 것이라든가, 다른 문화로 이주하

28 이것은 킴리카가 Kymlicka(1989a)와 Kymlicka(1995)에서 개인적 자유를 행사하는 데 필수적인 기본재로서 문화적 소속의 지위를 주장할 때 나타난다. 그러나 그의 후기 논문들에서 그의 입장은 미묘하게 달라진다. Kymlicka(1998)과 Kymlicka(2003)을 참조하라.

는 것이 대부분의 경우 매우 비용이 많이 드는 과정이 아니라는 것을 증명하는 데 거의 도움이 되지 않는다. 킴리카는 비용이 나이에 따라 그리고 두 문화의 언어와 역사 간의 유사성에 비례해서 달라질 수 있다고 옳게 지적한다. 나는 개인적 기질, 사적 이해관계, 그리고 제도와 개별 시민들이 새로운 이주민을 환영하는 정도 또한 이민자들의 성공적인 통합에 한몫을 한다고 덧붙이고 싶다.

월드론에 반대하여 킴리카는 샌프란시스코에 사는 아일랜드계 미국인이 단순히 중국 음식을 먹고 오페라를 듣거나 불교 명상을 실천하는 것만으로 진정 문화의 만화경에서 살고 있거나 문화 사이를 이동하고 있다는 것을 부정한다. 킴리카는 이 사람을 단지 미국의 영어권 문화에서 이용 가능한 기회를 즐기고 있는 사람이라고 묘사할 것이다. 킴리카 식 의미로 문화 사이를 이동하려면 다른 국가가 지배하는 영토, 즉 외국의 문화를 구현하는 사회 제도의 광범위한 네트워크가 있는 곳으로 이주해서 정착해야 할 것 같다. 나는 문화 현상에 대한 킴리카의 개념화, 그리고 그것이 주요 사회 제도에서 구현된 문화에만 초점을 맞추는 것이 지나치게 깔끔하다고 생각한다. 어떠한 현대 다문화 사회에서도 한두 개의 문화가 정부, 학교, 대중 매체에서 우세하다는 것은 사실일 수 있다. 그러나 다양한 문화권의 규범에 따라 운영되는 다른 중요한 사회 제도들도 많다. 예를 들어 (국가법이 허용하는 바에 따라) 소수 민족 문화에 기초하여 운영되는 가족, 시장, 소규모 매체small media, 학교 등이 있다. 하나의 영토 내에서 서로 다른 문화적 관행을 가진 다수의 문화 공동체가 공존한다는 사실은 시민들의 공유된 공공 생활과 서로 다른 집단의 구성원들이 갖는 삶의 전망과 기회에 영향을 미친다. 킴리카의 그림은 개인들이 실제로 매우 이질적인 문화적 재료들을 통합하고 다양한 문화적 소속 및 동일시를 동시에 유지할 수 있는 정도에 적절한 주의를 기울이지 못한다. 예를 들어 그것은 많은 사람들이 이중 언어를 적극 구사할 수 있는 정도를 과소평가하며, 서로 다른 민족 문화적 배경을 가진 가족에서 자라는 사람들의 상황, 가정과 학교에서 상당히 다른 문화적 규범들을 다루어야 하는 이민자 자녀들의 상황, 또는 외국으로 여행을 많이 다녀야 하는 직업을 가진 사람들이 늘어나는 상황을 무시한다. 킴리카는 이러한 현상들이 일어나고 있다는 것을 안다. 하지만 그의 문화적 성원권 이론은 그러한 현상들이 실제로 그런 것보다 덜 일반적이거나 아마도 덜 중요하다고 가정하여 그것들에 충분한 중요성을 부여하지 못한다.

킴리카에 대한 이러한 비판은 내가 월드론에게 전적으로 동의함을 시사하는 것으로 받아들여져서는 안 된다. 사실 월드론의 접근법은 반대 방향으로 잘못된 것으로 보인다. 문화적 혼합의 부정할 수 없는 사실을 이야기함으로써, 그는 한 사회에서 일부 문화적 관행이 우세하다는 사실을, 비록 그러한 관행이 '순수'하지 않고 단지 문화적 관행들의 혼합일지라도, 충분히 강조하지 않은 것으로 보인다. 그의 주장은 또한 새로운 문화적 재료의 전용이 항상 쉬운 것처럼 보이게 한다. 아마도, 영어를 할 줄 알고 충분한 돈이 있으며 국경을 통과할 여권이 있다면, 다른 나라와 문화에서 여행하고 길을 찾기가 쉬울 것이다. 그러므로 세계는 그렇게 할 수 있는 월드론 같은 사람들에게 훨씬 더 개방적인 모습을 보여줄지도 모른다. 월드론은 또한 우리가 이용할 수 있는 다양한 문화를 가지고 있고 우리 마음에 드는 어떠한 조각들이라도 자유롭게 통합하기로 선택할 수 있다는 식의 그림을 그린다. 이것은 음식, 음악, 의복 같은 일부 문화적 재료의 경우에는 그럴 수 있다. 그러나 언어와 지배적인 문화적 규범이 주요 사회적·정치적 제도로 사람들이 성공적으로 통합될 전망에 중대한 장애물로 작용할 수 있고, 새로운 언어와 규범을 배우는 것이 때로는 매우 어려울 수 있다는 사실을 간과해서는 안 된다. 월드론은 소수 민족 문화의 보존을 지지하는 정책을 거부하지만 그들이 사라지는 것과 관련된 인적 비용을 인식하지 못하는 것 같다.[29] 내가 알기로 그는 소수 민족이나 이민자들의 성공적 통합을 촉진하기 위해 특별히 마련된 정책을 지지하지 않는다. 또한 그는 많은 이민자들이 경험하는 문화적 상실감을 공감하지 못하는 것 같다.

문화적 다원주의와 교육 정책

나는 롤스의 단순화된 다원주의 사회 모형을 어떻게 확장할 것인가 하는 문제를 조명하기 위해 킴리카와 월드론이 사회의 다문화적 성격을 개념화하는 방식을 대조하였다. 킴리카는 일부 문화적 관행이 사회에서 우세하다는 것과 정치 공동체는 다수 집단과 소수 집단의 문화적 재생산의 전망에 영향을 미치는 결정을 내릴 수밖에 없음을 바르게 일러준다. 월드론은 사람들이 정체성이 위협받는다거나 좋은 삶에 관한 전망이 암울하다고 느낄 필요 없이 다른 문화 집단들로부터 새로운 문화적 재료를 적절히 이용하고 배울 능력을 갖고

29 Waldron(2003), p. 47의 각주 22를 참조하라.

있다는 것을 바르게 일러준다. 개인과 집단은 다소 급진적인 방식으로, 갑자기 혹은 장기간에 걸쳐 행동 양식을 바꿀 수 있다. 사회의 모든 구성원들의 행동 양식이 다 똑같은 것은 아니지만, 그들은 자신들이 직장, 학교, 시장, 정당, 그리고 수많은 다른 사회적 장소에서 많은 사회적 공간을 공유한다는 것을 발견하게 될 것이다. 특정 사회의 사회 제도에서 일부 문화적 관행이 우세할 것이라는 점을 감안할 때, 다양한 시민 집단들은 사회가 가능하게 해준 자유와 기회를 이용하는 데 더 유리하거나 불리한 위치에 처하게 될 것이다. 이제 정의의 원칙이 기본 구조의 정의로움을 평가하기 위한 좋은 지침을 제공할 수 있다고 가정할 때, 핵심 문제는 다음과 같다: 어떻게 한 사회가 전반적인 문화적 다원주의의 조건하에서 정의의 두 원칙을 충족할 수 있을까?

이 문제에 대한 답을 구하는 한 가지 길은 정의의 원칙을 지지하는 공정한 입법자들이 그들 사회의 특수한 상황을 안다면 채택할 법의 종류에 대해 생각해 보는 것이다. 우리는 이러한 입법자들이 정책에 대한 결정을 내리며 그들 사회의 문화적 구성에 대한 정보를 어느 정도 갖는다고 가정할 수 있지만, 그들 자신이 다수 민족에 속하는지, 소수 민족에 속하는지, 아니면 이민자 집단에 속하는지는 알 수 없다. 그렇다면 우리는 상황을 고려하여 어떤 정책이 모든 사람들, 특히 가장 불리한 개인들의 이익을 더 잘 보호하는지 알아내려고 할 수 있다. 이 사고 실험의 한 가지 문제점은 우리가 자신들의 문화적 관행을 보존하는 데 깊은 관심을 지닌 소수 집단 구성원들의 이익뿐만 아니라 이러한 집단 내에서 반체제 인사이거나 권력에서 소외된 개별 구성원들의 이익도 고려해야 한다는 것이다. 이 같은 복잡한 문제들 때문에, 사람들이 정책 대안들이 산출하는 이익과 부담을 아무리 공평하고 적절하게 평가하려 해도, 최선의 정책에 관해 명확한 또는 간단한 답이 없는 경우가 적지 않다. 그러나 그럼에도 우리는 문화적인 차이뿐만 아니라 문화적 소수 집단에 영향을 미치는 과거와 현재의 부정의 때문에 인생 전망이 최악인 구성원들의 상황을 개선하기 위해 사회가 채택할 수 있는 합당한 정책들을 발견할 수 있을 것이다. 물론 어떤 정책이 문화적 소수자의 상황에 대한 적절한 대응인지는 관련 부정의의 특수한 성격에 크게 의존할 것이다. 그러나 나는 여기서 어떤 특정한 정책도 자세히 논하고 싶지는 않다. 나의 주된 관심사는 더 높은 수준에 있기 때문이다: 즉 사회 정의에 대한 롤스적 이해는 문화적 소수 집단 구성원들의 정당한 주장을 수용하기 위해 입안된 정책과 결합되어야 한다고 주장하는 것. 나는 우리가 롤스의 정의의 원칙을 받아들인다면 문화적 소수 집단 구성원들이 주요 사회 제도에 자발적으로 통합되도록 입안된 정책들뿐만 아니라 일부 문화적 관행을 유지하고 그것들을 새로운 세대에 전해야 한다는 그들의 합당한 요구를 수용하기 위한 정책들도 지원해야 한다고 주장할 것이다.

내가 볼 때 문화적 다원주의의 고려사항들을 도입하기에 가장 좋은 곳은 이론의 **적용** 수준에서이다. 롤스의 원칙을 진지하게 받아들인다면, 소수 문화 구성원들의 통합을 촉진하고 그런 식으로 자원에 대한 그들의 기회와 접근을 보장하기 위해 적어도 일부의 문화적 차이 수용 정책들을 지지해야 한다. 이런 수용 정책들이 효과를 거두려면 다원주의적인 문화적 환경에 적응하려는 의지가 양방향으로 작용해야 한다. 즉, 다수 문화의 구성원들과 소수 문화의 구성원들 양측 모두가 함께 살며 일하는 정의로운 방식을 기꺼이 찾아야 한다. 이것은 시민들이 국가가 수용 정책을 채택하는 것을 지지해야 할 뿐만 아니라, 문화적 배경이 매우 다를 수 있는 타인들과 협력하기 위해 노력해야 한다는 것을 의미한다.[30] 그러나 만약 사회 구성원들이 그들의 본분을 다하지 않으려 한다면 국가가 이러한 상호 수용을 산출할 수 있는 정도에는 한계가 있다. 공유된 공적 공간에서 소수 집단의 자발적 통합을 촉진하는 광범위한 정책들이 있다. 나는 다음에서 그중 일부를 언급할 것이다. 그러나 결사의 자유에 대한 존중은 시민들이 누구와 결혼할 것인지, 누구를 친구로 사귈 것인지, 또는 누구와 여타의 사적인 사회 활동들을 공유할 것인지를 자유롭게 선택할 것을 요구한다. 그래서 국가가 통합을 추진할 수 있는 정당한 권력에는 중대하고 명백한 한계가 있다.[31] 우리는 롤스의 정의로운 사회 모형이 문화적 다원주의의 사실의 중요성을 고려하지 않으며 정의로운 제도의 안정을 뒷받침하는 합당한 시민의 태도 및 자질에 대한 그의 견해도 마찬가지라는 것을 보았다. 그러나 문화적 차이는 공유된 공적 생활뿐만 아니라 시민들의 개별적인 인생 전망에도 영향을 미친다. 우리는 롤스 이론의 근본적 수준에서 문화적 소속을 통합하려는 시도의 어려움에 대해 논의하였다. 문화 현상의 본성은 문

30 킴리카는 국가 차원의 다문화 정책에 대한 시민들의 지지와 자신과 다른 문화적 배경을 가진 사회 구성원들과 교류하려는 시민들의 의지를 구별한다. 이 구별은 중요하다. 왜냐하면 우리는 국가 차원에서는 문화적 차이를 수용하지만 문화 공동체들의 구성원들은 그 공동체들이 한 국가의 국경 안에서 마치 평행 사회들인 것처럼 서로 상대적 고립 속에서 사는 것을 선호하는 사회를 생각할 수 있기 때문이다. Kymlicka(2003)을 참조하라.

31 Carens(2005); Callan(unpublished).

화적 소속이 정의의 원칙에 따라 기본 구조의 제도에 의해 분배될 수 있는 재화가 아님을 시사한다. 그리고 문화 변동에 적응할 수 있는 인간 능력의 가변성은 그것[문화적 소속]이 개인들이 좋은 삶을 추구하는 데서 킴리카가 주장하는 역할을 할 필요가 없음을 시사한다. 그럼에도 문화적 배경은 정의의 여러 핵심 문제들에 영향을 미친다. 문화적 배경은, 비록 법에 의해 보호되는 시민들의 기본적 권리와 자유에는 영향을 미치지 않지만, 적당한 소득을 올릴 것이라는 그들의 전망을 포함하여 서로 다른 집단들에게 이용 가능한 기회의 종류에 깊은 영향을 미친다.[32]

문화적 소수 집단의 자발적 통합을 촉진하는 정책에 대한 일반적 정당화로서 정의의 제2원칙의 요건을 이용할 수도 있을 것이다. 우리는 이러한 정책을 '다문화적'이라 부를 수 있는데, 현재 다문화주의의 기치 아래 옹호되고 있는 매우 다양한 정책 제안들이 많지만, 이 모든 정책들이 이 장에서 옹호되는 정책들과 양립 가능한 것은 아니라는 점을 명심해야 한다.[33] 게다가 나는 롤스의 정의의 원칙이 일부 소수 집단의 준분리주의 프로젝트에 대한 국가 지원을 요구하지 않는다고 생각한다. 그러한 프로젝트는 해당 집단의 구성원들이 사회의 나머지 부분에서 주변화되고 그들 자녀의 기회가 거부되는 결

32 소수 민족은 때때로 어느 정도의 자치권을 열망하며 나머지 사회에 대해 많은 요구를 한다. 사회와 그 집단의 특수한 상황 및 역사와 관계 없이 추상적으로 이러한 요구의 합당성을 평가할 수는 없다. 그러나 그러한 요구의 수용은 집단 성원권을 막론하고 개인의 기본권과 자유를 보장하는 정의의 제1원칙과 일관적이어야 한다.

33 '다문화주의' 이론들에 대한 흥미로운 논의로는 Yack(2002)를 참조하라. 미국을 중심으로 이루어진 교육적 논쟁에서 '다문화주의'가 갖는 폭넓은 호소력에 대한 논의로는 Glazer(1997)과 Reich(2002)를 참조하라.

과를 초래할 공산이 아주 크다.[34] 이것은 정의의 제2원칙을 위반하는 것이 된다. 물론 문화적 소수 집단에 속하는 성인 시민들은 그들의 문화적 관행을 유지하고 아이들에게 그것을 가르치는 데 자유를 누려야 한다. 그러나 또한 아이들은 그들이 어른이 되었을 때 어떻게 삶을 살 것인가를 선택할 수 있는 진정한 기회를 가질 수 있도록, 더 넓은 사회의 일반적인 문화적 관행들에 대해서도 배워야만 한다.

문화적 소수 집단의 통합을 촉진하기 위해서는 여러 다문화적 교육 정책들을 채택하여, 사회 제도를 통해 다양한 문화적 집단을 더욱 환대하도록 하며, 문화적 다원주의에 대한 긍정적 태도를 장려해야 한다.[35] 무엇보다도 문화적 소수 집단의 통합은 공립학교든 사립학교든 다문화 교육과정multicultural curriculum과 밀접한 관련이 있다. 이러한 교육과정은 국가의 역사에서의 문화적 소수 집단의 역할뿐만 아니라 국가의 공통 문화에 대한 그들의 공헌도 인정하게 될 것이다. 7장에서 내가 주장했듯이, 역사 교육은 애국적 정체성을 장려하기 위해 과거의 부정의를 무시하거나 잘못 전달해서는 안 된다. 오히려, 역사 교육은 학생들이 실제로 무슨 일이 일어났는지에 대해, 그리고 과거에 대한 연구와 관련된 관점의 다양성과 복잡성에 대해 더 잘 인식하도록 해야 한다. 다문화주의에 대한 일부 비판자들은 이러한 접근 방식을 '너무 분열적too divisive'이라 생각하겠지만, 소수 집단의 구성원들은 그들의 고충을 인정하는, 과거에 대한 보다 정

34 Kymlicka(1998)과 Callan(unpublished)을 참조하라.

35 여기서 나는 Kymlicka(1998), pp. 200~208에 제시된 권고들 중 일부를 수정하여 따르고 있다.

직한 접근 방식에 의해서만 그들의 관점이 존중받는다고 느낄 것이다.[36] 이를 위해 소수 집단의 관점에서만 역사를 다시 이야기할 필요는 없다. 역사적 사실과 역사적 기록을 고려해야 하기 때문이다. 더욱이 이러한 사실의 해석에 대한 합당한 논쟁들도 명시적으로 다루어져야 한다.

학교는 서로 다른 문화적 배경을 가진 학생들이 최대한 환영받고 편안함을 느낄 수 있도록 교칙을 조정해야 한다. 특히, 이것은 무엇보다도 종교적 휴일, 복장 규정, 구내식당에서 제공되는 음식의 종류 등에 관한 방침들을 요구할 것이다. 그것은 또한 인종 차별과 인종 모욕적 표현을 금지하는 학교 행동 규범의 시행도 포함할 것이다. 그러나 만약 학생들이 다른 집단의 문화와 전통에 대한 실질적 내용을 배우지 못하거나 문화적 다양성에 대한 긍정적 태도를 갖지 못한다면 그러한 제도적 조치만으로는 충분하지 않을 것이다. 특히 아이들이 동료 학생들의 문화적 관행을 이해하는 법을 배우는 것이 중요하다. 소수 민족이든 최근 이민자든 문화 소수 집단 구성원들에 대한 적대감과 불신은 다른 집단의 가치 및 삶의 방식에 대한 심각한 무지의 소치인 경우가 많다. 학생들은 학급 친구들에 대해 좀 더 개방적인 태도를 갖도록 장려되어야 하며, 그들에 대해 기꺼이 배우고 소통해야 한다. 이러한 개방적 태도의 장려는 같은 문화 집단의 구성원들 사이에서도 풍부한 다양성에 대한 인식과 그들 자신의 삶의 방식에 대한 보다 복잡 미묘한 견해를 갖게 할 가능성이 매우 높다.

이중 언어 교육과 외국어 프로그램 정책은 더 논란이 많다. 나

36 Spinner-Halev(2007)을 참조하라.

또한 이민자들에 대한 적대감 증가와 그들이 '우세'해질 것이라는 두려움 때문에 생긴 것으로 보이는 이중 언어 교육 논란에는 큰 의미가 없다고 본다. 적어도 학교는 최근에 이민을 와서 새로운 고향에서 성공하려면 주요 언어를 배울 필요가 있는 아이들(과 어른들)에게 수업을 제공해야 한다. 숫자와 영토 집중에 대한 사실에 따라 통합의 이상은 또한 초·중등학교에 광범위한 자발적 이중 언어 프로그램을 개설하는 것을 선호한다. 만약 어떤 나라에 상당 규모의 영토적으로 집중된 언어적 소수 민족이 있다면, 학교는 소수 민족 아이들이 다수가 사용하는 언어로 교육을 받을 수 있도록 해야 하지만 그들의 모국어로도 추가 교육을 받는 것을 선택할 수 있도록 해야 한다. 그리고 문화적 다수 집단 아이들도 소수 집단이 사용하는 언어 중 일부를 배우는 것을 선택할 기회를 가져야 한다. 내가 사회 언어학 전문가는 아니지만 내가 보기에 이중 언어 교육에 대한 일부 격렬한 반대자들은 어린 나이에 둘 이상의 언어를 배울 수 있는 아이들의 능력을 과소평가하는 것 같다. 이중 언어 교육에 대한 공적 지원은 국가가 문화적 다수 집단뿐만 아니라 문화적 소수 집단에도 속하지 않는다는 매우 강력한 메시지를 전달한다. 그것은 또한 매우 타당하게도 상당한 통합적 효과를 거둘 것이다. 그러한 프로그램의 성공은 아이들이 두 가지 언어를 능숙하게 구사할 수 있게 해서, 미래에 그들의 기회와 함께 동료 시민들과 소통할 수 있는 능력을 증가시킬 것이다. 물론 내가 옳은가 아닌가는 나의 특별한 전문 지식을 넘어선 경험적 문제에 달려 있다.[37]

37 킴리카는 이러한 종류의 다문화 정책이 적어도 이민자들의 경우에 통합 효과를 갖는다

내가 방금 논의한 다문화 교육 정책은 문화적 소수 민족의 통합 및 주요 사회 제도에의 참여를 촉진하여, 이들 집단의 아이들이 사회에서 이용할 수 있는 자유, 기회, 물질적 자원을 더 잘 누릴 수 있도록 하는 것을 목표로 한다. 통합의 과정은 다수 문화와 소수 문화의 구성원들 모두가 공정한 조건으로 동료 시민들과 협력하기 위한 노력을 필요로 한다. 이러한 개인적 노력이 요구된다는 사실은 학교가 아동 및 청소년들이 동료 시민들의 문화에 대해 더 많이 배우도록 장려해야 한다는 생각을 뒷받침한다. 그러나 단지 지식만으로는 충분하지 않다. 그들은 또한 다른 사람들의 합당한 요구를 수용하기 위해 — 때로는 조금, 때로는 많이 — 그들의 행동 방식을 바꾸는 것에 대한 개방적 태도를 배워야 한다. 아이들에게 합당한 타협점을 찾는 방법을 가르치는 것은 깊은 문화적 다양성의 조건 아래에서 시민 교육의 핵심 과제이다.

고 주장해왔다. 그러한 효과를 측정하기 위해 사회과학자들은 다문화 정책을 시행하는 국가의 이민자들을 연구하고 그들의 행동을 토착 인구의 행동과 비교한다. 예를 들어, 이민자들과 자녀들이 지리적으로 혼재되어 있는지, 그들이 자기들 문화 집단 밖에서 결혼하고 친구를 사귀는지, 그리고 그들의 교육적, 직업적, 경제적 성취 수준은 어떤지 등을 측정한다. Kymlicka(1998), pp. 15~24와 Citrin et at.(2007)을 참조하라. 최근 민족 집단 간 갈등과 팽배한 불신의 역사를 가진 사회 내 소수 민족들의 상황으로 눈을 돌리면 사태는 더욱 복잡해진다. 추상적으로 평가할 수 없는 이러한 경우, 통합을 촉진하는 것을 목표로 하는 사회 정책은 보다 정의로운 사회 질서로 이어지지 않을 수도 있다. 상대적으로 분리된 제도들이 적어도 수년간의 평화 공존의 시간이 지날 때까지는 차선의 실현 가능한 정책일지도 모른다. 이러한 차선의 상황에서는 분리형 교육을 하는 것이 더 바람직할 수도 있다. Spinner-Halev(2003)을 참조하라.

Rawls,
Citizenship,
and Education

제9장

결론

이 책에서 나는 존 롤스의 공정으로서의 정의론에 대한 해석과 그 이론에서 교육 제도가 담당하는 혹은 담당해야 하는 역할에 대한 해석을 제시했다. 이러한 노력의 일환으로 나는 그의 복잡한 정의로운 사회 모형과 합당한 시민성 이론을 명료화하고자 했다. 이로써 가족과 학교가 합당한 시민을 길러내어 롤스가 옹호하는 정의로운 사회를 유지하거나 창출하는 데 기여할 수 있는 바를 보다 명확히 논의할 수 있는 길을 닦았다. 롤스 이론의 가치 있는 측면 중 하나는 그 이론이 정의를 하나의 체계로서 작동하는, 사회의 주요 사회적·정치적 제도들의 속성으로 간주한다는 점이다. 4장에서 보았듯이, 이것은 정의의 원칙을 가족이나 교육 시스템 같은 단일 사회 제도의 기능에 직접 적용하려고 하는 것이 잘못임을 의미한다. 롤스의 이론은 정의로운 가족은 어떠한가라든가 정의로운 학교는 어떠한가 하는 문제들에 답하고자 하는 이론이 아니다. 그보다는 전체로서의 정의로운 사회에 대한 모형을 제시하고자 하는 이론이다. 일정 부분 이러한 제도적 상호 의존성을 염두에 두고 나는 가족과 학교의 과제가 서로 보완되어야 한다고 주장했다. 학교는 (잘 기능하는) 가족이 주는 정서적, 도덕적 지원을 제공할 수 없고, 가정은 (또한 잘 기능하는) 학교가 그러하듯 합당성 역량의 발달을 장려하는 다양한 규칙 기반의 학교 환경을 제공할 수 없다. 그러나 제도적 의존이 학교나 가족의 실패의 책임을 항상 외부 요인들로 돌릴 수 있다는 것을 의미하지는 않는다. 롤스의 이론은 이러한 제도들이 어떻게 기능해야 하는지에 대한 특정한 요건을 제시한다. 즉 이러한 제도들이 전체 시스템 내에서 역할을 수행하려면 반드시 함양해야 하는 일정한 임계 역량이 있다는 것이다.

많은 독자들에게 명백해 보일지라도, 강조할 가치가 있는 롤스의 체계적 접근법의 또 다른 귀결이 있다. 사회 정의의 달성에서 학교의 기여는 중대하지만 제한적일 수밖에 없으며, 사회의 다른 부문들의 기여와 분리될 수 없다. 나는 내가 대부분의 사회악에 대한 주요 해결책이 학교에서 제공하는 더 나은 교육이라고 주장한다는 그릇된 인상을 주고 싶지 않다. 나는 사회 개선에 필요한 모든 것은 학교가 아이들을 올바르게 교육하는 것, 즉 자신과 타인의 권리를 인정하고 타인과 합당한 조건으로 교류하며 미래에 좋은 삶을 살게 해줄 기능과 역량을 개발하도록 가르치는 것이라고 생각하지 않는다. 또한 나는 아이들이 그런 것들을 배우지 못한 채 학교를 마쳤을 때 학교나 교사들이 비난받아야 한다고 주장할 생각도 없다. 우리는 수많은 상반된 메시지를 보내기도 하고 학생들에게 그들 자신, 그들의 인생 전망, 동료들, 그리고 그들의 사회를 어쩌면 양립할 수 없는 다양한 방식으로 생각하도록 하는 사회 제도하에서 살아간다. 학교가 공정성과 자유와 평등에 대한 존중이라는 가치 있는 정치적 이상을 가르치는 일에 제 몫을 다한다 하더라도, 이러한 메시지들은 아동 및 청소년들이 그들의 삶의 다른 부분에서 습득한 것과 너무 극명하게 대립할 때 충분한 영향을 미치지 못할 수도 있다. 학교가 좋은 시민성과 성숙한 정의감을 보다 효과적으로 장려하도록 만들 수많은 개혁은 학교 외부에 근거를 둔다. 이러한 개혁 중 가장 시급한 것으로는 빈곤과 폭력의 감소, 주거 환경의 개선, 의료 접근성 향상을 목표로 하는 것들이 포함된다.

이 책에서 제시한 정의론에 대한 해석은 롤스가 정치적 전환 political turn 이후 그의 이론에 도입한 변화들을 고려했다. 이를 위해 정당화에 대한 정치적 제약과 충돌하는 그의 초기 이론의 측면들을 제쳐둔 채 롤스의 초기 저작을 선별적으로 살펴볼 필요가 있었다. 정치적 전환에서 가장 중요한 것은 정의의 원칙이 좋은 삶에 대한 다양한 포괄적 교설 및 관념을 지닌 합당한 시민들에게 받아들여질 수 있다는 것을 보여주려는 시도이다. 롤스는 기본 구조를 규제하는 정의의 원칙이 합당한 시민들의 '중첩적 합의'의 초점에 있을 수 있다고 주장한다. 그는 또한 헌법과 기본적 정의의 문제에 대한 공적 토론이 '공적 이성'의 관점에서 이루어져야 한다고 권고한다. 즉, 이러한 토론은 모든 시민이 공유하지는 않는 포괄적 교설에 호소하지 말아야 한다. 그러나 이러한 제한은 매우 높은 수준의 헌법적 개혁과 기본적 정의의 문제들에만 적용되기 때문에, 교육 정책에 대한 지침을 제공하려고 하거나 학교가 사회 정의를 지원하기 위해 요구되거나 허용되는 것들을 설명하려고 한다면 무엇이 뒤따를지는 그리 명확하지 않다. 내가 이 책에서 옹호한 해석에 따르면 롤스는 시민 교육에 대해 몇 가지 일반적인 처방을 제공하지만 자신의 처방이 정치적 논변의 일반적 지침을 충족하는가에 관심이 있다. 이 때문에 그는 시민 교육의 필수 내용의 일부로서 개인적 자율성이나 개성 같은 이상에 호소하기를 거부한다. 이러한 이상은 모든 합당한 시민들이 공유하는 것은 아니다. 그러나 이것은 정책의 정치적 정당화가 현실 사회의 시민들 사이의 실제 합의를 필요로 한다고 말하는 것과는 사뭇 다르다. '중첩적 합의'는 롤스 이론의 전문 용어이며, 롤스가 이해하듯이 중첩적 합의에 도달할 가능성은 실제 정책에 대한 합의에 이르는 것을 요구하지 않는다. 공적 이성의 이상에 대해서도 비슷한 언급이 가능하다. 그것은 학부모/교사 모임의 토론이나 학급 토론에 적용하는 것이 타당한 그러한 이상은 아니다. 만약 학교가 학생들에게 다른 사람들도 적절하다고 받아들일 수 있는 이유를 찾도록 장려한다면 그것은 확실히 가치 있는 일이다. 이것은 정중한 언어로 대화에 참여하는 일반적인 시민적 성향을 함양하는 일반적 과제의 일부로 볼 수 있다. 그러나 이는 헌법의 본질과 기본적 정의의 문제에 관한 공적 토론에서 선에 관한 포괄적 교설에 호소하는 고려사항을 피해야 한다는 롤스의 권고와는 다르다. 그러한 공적 토론은 사회 기본 구조의 기능에 관한 것이며, 이러한 기능을 규제하는 원칙이 합당한 시민들에게 받아들여질 수 있다는 것이 중요하다. 학교에서의 토론은 이런 유형의 영향력을 갖지는 않을 것이며, 이러한 미시 수준에 공적 이성의 요구 사항을 이식하는 것은 부적절할 것이다. 사실, 내가 5장에서 주장했듯이, 학교는 다양한 가치관[선 관념]에 대한 정중한 탐색의 여지를 만들어야 한다. 왜냐하면 이것은 합당성과 상호 이해를 함양하기 위해 요구되는 것의 일부이기 때문이다.

이 책의 이전 세 장들[6, 7, 8장]에서 나는 롤스의 이론을 그 자신이 탐구하지는 않았으나 (내가 바라건대) 그의 견해와 일관적인 방향으로 발전시켰다. 물론 나는 이 세 장들에서 내가 논의한 주제에 대해 롤스가 매우 다른 결론에 도달할 수 있었을 가능성을 인정해야 한다. 결국 그의 국제 정의론은 이론가들의 예상과는 매우 다른 것으로 드러나지 않았는가. 자유롭고 평등한 시민의 이상 위에 명확히 세워진 이론이 아이들의 교육이 개인의 자율성이라는 포괄적 이상에 의해 인도되어야 함을 부정하는 것은 당혹스러울 수 있다. 그러나 우리는 그러한 포괄적 이상이 얼마나 논쟁적일 수밖에 없는지를 명심해야 한다. 좋은 삶에 대한 관념의 일부로서 개인의 자율성이라는 이상의 가치에 대해서뿐만 아니라 이상으로서 자율성을 옹호하는 사람들 사이에서 그 이상 자체를 어떻게 특징지을 것인가에 대해서도 의견 불일치가 존재한다. 만약 우리가 자율성의 지지자들 사이에서 공통분모를 찾고자 한다면 나는 우리가 애초에 그 개념을 지지자들에게 매력적이고 특색 있게 만든 것의 많은 부분을 상실한 대단히 최소주의적인 설명만을 남길 가능성이 꽤 높을 것이라 추측한다. 물론, 혹자는 항상 개인의 자율성의 상세하고 확고한 개념을 옹호하려고 애쓸 수도 있고, 대부분의 아이들이 그러한 자율성을 이뤄내지 않으면 좋은 삶을 발견할 수 없으리라는 것을 보여줄 수도 있다. 그러나 그것은 내가 이 책에서 출발점으로 삼았던 롤스의 그럴듯한 전제들 중 다수를 포기하는 셈이다. 나는 비지배로서의 자유 개념이 자율성 개념에 대한 보다 명확한 대안을 제공한다고 본다. 그리고 자율성이 선이라는 것보다는 지배가 악이라는 것에 훨씬 더 많은 합의가 있기 때문에, 비지배에 호소하는 것은 정치적 정당화의 요구 사항에 더 잘 부합한다는 이점도 있다.

나는 또한 애국주의적 또는 민족주의적 감정의 가치에 대한, 그리고 그러한 감정이 학교에서 길러져야 하는지에 대한 문제들을 다룰 때 롤스의 이론을 다소 확장한다. 이러한 문제들은 롤스가 제시한 그대로의 이론 내에서는 대답하기가 어렵다. 왜냐하면 그의 정의로운 사회 모형은 매우 복잡한 사회 현상을 다룰 수 있게 해주는 여러 단순화를 포함하기 때문이다. 비슷한 이유로, 그의 정의로운 국제 질서 모형도 다수의 단순화를 포함한다. 그 모형은 우리에게 그 이론 내에서 대량 이민이 '문제가 되지 않는' 자족적인 사회를 상상하게 한다. 이러한 종류의 이론적 단순화 앞에서 나의 전략은 정의의 원칙을 지침으로 삼아 현실의 다문화적 사회에서 정의의 수준을 평가하고, 어떤 교육 정책이 그 원칙의 충족을 뒷받침할 것인가를 묻는 것이었다. 우리가 이러한 사회의 복잡성과 시민들이 다양한 정치적 정체성을 가질 수 있다는 사실을 고려할 수 있는 것은 바로 이러한 방식으로 그 이론을 적용하는 데 있다. 그리고 만약 그렇게 한다면 애국주의적 또는 민족주의적 감정이 (국제 정의는 고사하고) 사회 정의에 도움이 된다는 것을 설득력 있다고 생각해서는 안 된다고 나는 믿는다. 우리는 정치적 정의의 핵심 가치들과 일정 범위의 정치적 덕성들을 가르치는 데 초점을 맞추는 것이 더 나을 것이다. 이것은 애국주의적 시민 교육의 부담을 피할 뿐만 아니라, 민족적 그리고 문화적 소속이 다른 사회 구성원들 간의 상호 이해를 장려하는 가장 유용한 방법 중 하나일 것이다.

감사의 말

나는 국립 교육 학술원the National Academy of Education과 스펜서 재단the Spencer Foundation에서 박사 후 연구비를 받은 2007년에 이 책에 관한 연구를 시작했다. 이 연구비 덕분에 나는 2007~2008년 동안 이 프로젝트에 전념할 수 있었다. 나는 아르헨티나 학술 진흥 재단the Argentine Agency For Scientific Advancement에서도 연구 지원금을 받았다. 이 연구의 공동 책임자는 마리아 줄리아 베르토뮤María Julia Bertomeu였다.

이 책의 각 부분들에 대한 많은 논의에서 도움을 받았지만, 특정 장들에 대한 서면 논평을 해준 분들께 특별히 감사의 뜻을 전한다. 그들은 마리아 줄리아 베르토뮤, 엘리자베스 브레이크Elizabeth Brake, 해리 브릭하우스Harry Brighouse, 이몬 캘런Eamonn Callan, 조슈아 거트Joshua Gert, 콜린 맥클레오드Colin Macleod, 데이비드 맥노튼David McNaughton, 그리고 루틀리지Routledge 출판사가 추천한 세 분의 익명 논평자들이다. 나는 특별히 마리아 줄리아, 이몬, 그리고 조슈아에게 감사한다. 나는 이들과 수많은 철학적 토론을 하였는데, 이들의 도움이 없었다면 이 책은 지금과 매우 달랐을 것이다.

4장의 짧은 초고가 2009년 미국 철학회 동부 분과 회의American Philosophical Association Eastern Division Meeting의 교육 철학회 세션에서 발표되었다. 이 세션은 해리 브릭하우스가 조직하고 랜달 쿠렌

Randall Curren이 좌장을 맡았다. 나의 발표에 대한 논평자는 엘리자베스 브레이크와 콜린 맥클레오드였다. 나는 즐겁고 유익한 논평을 해준 그들 모두에게 매우 고마움을 느낀다.

7장의 아주 짧은 초고는 2008년 10월 워싱턴 대학교에서 개최된 국립 교육 학술원 연례회의에서 발표되었다.

8장의 일부는 2008년 10월 컬럼비아 대학교 교육 대학에서 발표되었다. 이 글을 발제하도록 나를 초대하고 세계 시민주의에 대한 나의 견해를 재고해 볼 기회를 준 데이비드 핸슨David Hansen에게 감사한다.

세 개의 장은 논문 형태로 이전에 출간된 자료들을 포함한다. 5장은 2004년에 「응용 철학 저널*Journal of Applied Philosophy*」 제21권 1호(pp. 1~14)에 게재된 "롤스적 시민 교육: 최소적이 아니라 정치적인 Rawlsian Civic Education: Political, not Minimal"이라는 논문에 기초한다. 6장은 2009년에 「레스 푸블리카*Res Publica*」 제15권 4호(pp. 397~413)에 게재된 "자유와 지배에 대한 롤스의 견해Rawls on Liberty and Domination"라는 논문을 스프링거 출판사(Springer Science + Business Media)의 허락하에 약간 확장한 것이다. 7장은 2009년에 「계간 공공문제*Public Affairs Quarterly*」 제23권 2호(pp. 95~114)에 게재된 "공정으로서의 정의, 시민적 정체성과 나라사랑 교육Justice as Fairness, Civic Identity and Patriotic Education"이라는 논문으로 출간되었다. 이 논문들을 이 책에서 다시 사용하도록 허락해 준 학술지 편집자들께 감사한다.

또한 나는 이 책을 쓰는 동안 지지와 격려를 해준 데 대해 아르헨티나와 미국에 있는 친구들과 가족에게 감사의 말을 전하고자 한다. 이들 중에는 내가 철학을 사랑하는 만큼이나 철학을 사랑하는 이들도 있고(내 가족 중에는 직업 철학자가 네 명이나 있다), 어떻게 내가 철학책을 읽는 데 그리도 많은 시간을 들일 수 있는지 이해하지 못하지만 어쨌든 계속 나를 격려해 주는 이들도 있다.

옮긴이의 말

또 롤스냐, 하는 말을 종종 듣는다. 그만큼 이제 전문 학자든 윤리 교사든 일반인이든 자칭 롤스 전문가를 자부할 정도로 롤스라는 학자는 우리에게 친숙하다. 롤스는 자신의 정의론이 한국의 대학 입시와 교원 임용시험에까지 등장하게 될 줄 상상이나 했을까? 사실 옮긴이가 분석철학을 공부하다가 윤리교육과 정치철학으로 전공을 바꾸게 된 것은 윤리교육과 석사과정 시절 학부 선수과목 '민주주의론' 강의에서 롤스의 정의론을 발제한 것이 계기가 됐다. 언어분석과 논리학 문제를 해결하는 데 골몰하며 얼마 전 작고하신 미국 브라운대 김재권 교수님의 수반 이론 같은 추상적 이론에 매달렸던 철학도에게 사회 정의라는 현실 문제는 신세계였다.

정치철학을 공부하면서 롤스의 이론 같은 의무론이 좀 답답하게 느껴져 숙명의 라이벌인 결과주의도 잠시 공부해 보았고, 학계의 유행을 따라 공화주의에도 관심을 가져보았다. 하지만 내 필생의 과제는 다양한 이론과 관점을 지닌 사람들이 어떻게 평화롭게 공동체를 이루며 살 수 있을까 하는 문제를 해결하는 것이라는 확신이 들었다. 그래서 '관용'이라는 주제로 학위를 받기까지 했지만, 맙소사 관용에 대한 이론들마저 매우 다양했다. 롤스가 『정의론』에서 『정치적 자유주의』로 '정치적 전회'를 감행한 것도 '정의'에서 '관용'으로의 회심이라고 나는 믿는다. 내가 몸담고 있는 도덕·윤리교육 분야에 『정의론』의 롤스는 잘 알려져 있지만 『정치적 자유주의』의 롤스는 비교적 잘 알려져 있지 않다.

내가 이 책을 번역하게 된 것은 2019년 1학기 서울대학교 윤리교육과 대학원 강의 '현대정치사상연구'에서 정치철학(무려 플라톤에서 페팃에 이르기까지)을 가르칠 때, 이 책의 원서를 부교재로 수강생들과 함께 읽은 것이 직접적인 계기가 됐다. 롤스의 『정의론』은 물론이고 『정치적 자유주의』까지 심도 있게 다루면서 롤스의 이론을 시민 교육에 적용하며, 게다가 자유주의자로 알려진 롤스의 이론과 공화주의의 만남까지 모색하는 보기 드문 책을 발견하게 되어 기뻤다. 또 도덕 교육과 시민 교육이 사회 정의를 이루는 데 반드시 필요하다는 이 책의 메시지를 널리 알리고도 싶었다. 저명한 학자들의 수다한 원전들 같이 번역할 책들도 많은데, 번역서보다는 저서를 출간하는 것이 학문적 이력에 도움이 될 수도 있을 텐데, 라는 생각이 들지 않았던 것은 아니다. 미국 대학에서 교편을 잡고 있는 이 책의 저자 M. 빅토리아 코스타가 아르헨티나에서 학·석·박사를 받은 사실도 번역을 대충 끝내고 저자 이력을 작성할 때야 알게 되었다.

이 책은 학계의 저명한 학자가 아닌 소장 학자의 책이며 개론서라고 하기에는 저자의 의견이나 새로운 해석이 좀 들어간 편이다. 그렇다고 이론의 개론적 소개에 인색하지도 않고 의견이나 해석이 자의적인 것도 아니다. 사실 고전이나 필독서의 반열에 오른 책들은 해당 언어로 직접 읽는 것도 중요하기에 번역서 출간이 오히려 원전 독서를 가로막을 수 있다고 생각된다. 사범대학에서 민주시민교육이나 현대 정치철학 관련 강의에 교재로 삼을 만한 책이 그리 많지 않다는 것도 이 책의 번역을 결심하게 된 이유 중 하나이다. 이 책의 원서명은 'Rawls, Citizenship, and Education'이다. 그대로 번역하면 '롤스, 시민성과 교육'일 텐데 '존'을 넣고 '성'을 빼는 정도로 번역서명을 정해 보았다. '롤스'에, '시민 교육'에, 더 넓게는 '교육', 나아가 우리 시대, 아니 인류의 영원한 화두인 '정의'에 관심 있는 많은 독자들이 이 책을 집어 들기를 바라는 소망을 가져본다.

저서가 아닌 번역서에서 나의 학문과 인생 여정에 도움을 주신 분들께 실명을 거론하며 일일이 감사의 말을 전하는 것은 쑥스러운 짓일 것 같다. 이것은 다음 기회로 미룬다. 다만 초인적인 인내심으로 번역 초고를 기다려주신 어문학사 윤석전 사장님께 감사의 말씀을 드린다. 그리고 여전히 쑥스럽지만 내가 살아가는 유일한 의미, 사랑하는 아내 노유리와 아들 준용에게 고맙다는 말을 전하지 않을 수 없다. 진부한 말이지만, '각자에게 그의 몫이 돌아가는' 정의로운 세상이 되기를 바라며.

참고문헌

Ackerman, Bruce(1980), *Social Justice in the Liberal State* (New Haven: Yale University Press).

Anderson, Elizabeth(2002), "Integration, Affirmative Action, and Strict Scrutiny", *New York University Law Review* 77, 5: 1195–1271.

——(2004), "Rethinking Equality of Opportunity: Comment on Adam Swift's How Not to be a Hypocrite", *Theory and Research in Education* 2, 2: 99–110.

——(2007), "Fair Opportunity in Education: A Democratic Equality Perspective", *Ethics* 117, 4: 595–622.

Archard, David(1999), "Should We Teach Patriotism?", *Studies in Philosophy and Education* 18, 3: 157–73.

Archard, David and Colin Macleod eds.(2002), *The Moral and Political Status of Children* (Oxford: Oxford University Press).

Arneson, Richard and Ian Shapiro(1996), "Democratic Autonomy and Religious Freedom: A Critique of Wisconsin v. Yoder", in Shapiro and Hardin(1996): 365–411.

Baehr, Amy(1996), "Toward a New Feminist Liberalism: Okin, Rawls, and Habermas", *Hypatia* 11, 1: 49–66.

Baron, Marcia(1985), "Servility, Critical Deference and the Deferential Wife", *Philosophical Studies* 48, 3: 393–400.

Barry, Brian(1995), "John Rawls and the Search for Stability", *Ethics* 105, 4: 874–915.

——(2001), *Culture and Equality: An Egalitarian Critique of Multiculturalism* (Cambridge: Harvard University Press).

Barry, Christian(2003), "Education and Standards of Living" in Curren(2003): 456–70.

Benhabib, Seyla(2002), *The Claims of Culture: Equality and Diversity in the Global Era* (Princeton: Princeton University Press).

——(2004), *The Rights of Others: Aliens, Residents and Citizens* (Cambridge:

Cambridge University Press).
Berlin, Isaiah(2002), “Two Concepts of Liberty” in Isaiah Berlin, *Liberty*, ed. Henry Hardy (Oxford: Oxford University Press), pp. 166–217.
Bertomeu, María Julia, Antoni Doménech, and Andrés De Francisco eds.(2005), *Republicanismo y Democracia* (Madrid: Miño y Dávila).
Bojer, Hilde(2000), “Children and Theories of Distributional Justice”, *Feminist Economics* 6, 2: 23–29.
—— (2002), “Women and the Rawlsian Social Contract”, *Social Justice Research* 15, 4: 393–407.
Brake, Elizabeth(2004), “Rawls and Feminism: What Should Feminists Make of Liberal Neutrality?”, *Journal of Moral Philosophy* 1, 3: 295–312.
Brennan, Samantha and Robert Noggle(2000), “Rawls’s Neglected Childhood: Reflections on the Original Position, Stability, and the Child’s Sense of Justice” in Davion and Wolf(2000): 46–72.
—— eds.(2007), *Taking Responsibility for Children* (Waterloo: Wilfrid Laurier University Press).
Brighouse, Harry(1997), “Political Equality in Justice as Fairness”, *Philosophical Studies* 86, 2: 155–84.
——(1998), “Civic Education and Liberal Legitimacy”, *Ethics* 108, 4: 719–45.
—— (2000), *School Choice and Social Justice* (Oxford: Oxford University Press).
—— (2003), “Should We Teach Patriotic History?” in McDonough and Feinberg(2003): 157–75.
Brighouse, Harry and Adam Swift(2008), “Putting Educational Equality in Its Place”, *Education Finance and Policy* 3, 4: 444–66.
—— (2009a), “Educational Equality versus Educational Adequacy: A Critique of Anderson and Satz”, *Journal of Applied Philosophy* 26, 2: 117–28.
—— (2009b), “Legitimate Parental Partiality”, *Philosophy and Public Affairs* 37, 1: 43–80.
Buchanan, Allen(2000), “Rawls’s Law of Peoples: Rules for a Vanished Westphalian World”, *Ethics* 110, 4: 697–721.
Bull, Barry, Royal Fruehling, and Virgie Chattergy(1992), *The Ethics of Multicultural and Bilingual Education* (New York: Teachers College Press).

Burtt, Shelly(1996), "In Defense of Yoder: Parental Authority and the Public Schools" in Shapiro and Hardin(1996): 412–37.

——(2002), "What Children Really Need: Towards a Critical Theory of Family Structure" in Archard and Macleod(2002): 231–52.

—— (2003), "Comprehensive Educations and the Liberal Understanding of Autonomy", in McDonough and Feinberg(2003): 179–207.

Callan, Eamonn(1997), *Creating Citizens: Political Education and Liberal Democracy* (Oxford: Oxford University Press).

——(2002), "Democratic Patriotism and Multicultural Education", *Studies in Philosophy and Education* 21, 6: 465–77.

—— (2004), "Citizenship and Education", *Annual Review of Political Science* 7: 71–90.

——(2005), "The Ethics of Assimilation", *Ethics* 115, 3: 471–500.

——(2006), "Love, Idolatry, and Patriotism", *Social Theory and Practice* 32, 4: 525–46.

——(unpublished), "Integrating Immigrants," unpublished manuscript[미간행 원고].

Carens, Joseph(1987), "Aliens and Citizens: The Case for Open Borders", *Review of Politics* 49, 2: 251–73.

—— (2000), *Culture, Citizenship, and Community: A Contextual Exploration of Justice as Evenhandedness* (Oxford: Oxford University Press).

——(2005), "The Integration of Immigrants", *Journal of Moral Philosophy* 2, 1: 29–46.

Chambers, Simone and Jeffrey Kopstein(2001), "Bad Civil Society", *Political Theory* 29, 6: 837–65.

Citrin, Jack, Amy Lerman, Michael Murakami, and Kathryn Pearson(2007), "Testing Huntington: Is Hispanic Immigration a Threat to American Identity?", *Perspectives on Politics* 5, 1: 31–48.

Clayton, Matthew(2006), *Justice and Legitimacy in Upbringing* (Oxford: Oxford University Press).

Cohen, Gerald(2000), *If You're an Egalitarian, How Come You're So Rich?* (Cambridge: Harvard University Press).

Cohen, Joshua(1992), "Okin on Justice, Gender, and Family," *Canadian Journal of Philosophy* 22, 2: 263–86.

——(2003), "For a Democratic Society" in Freeman(2003): 86–138.

Costa, M. Victoria(2004), "Political Liberalism and the Complexity of Civic Virtue", *Southern Journal of Philosophy* 42, 2: 149–70.

——(2005), "Cultural Cosmopolitanism and Civic Education", *Philosophy of Education*: 250–58.

—— (2006), "Galston on Liberal Virtues and the Aims of Civic Education", *Theory and Research in Education* 4, 3: 275–89.

——(2007), "Freedom as Non-Domination, Normativity and Indeterminacy", *Journal of Value Inquiry* 41, 2/4: 291–307.

——(2009a), "Citizenship and the State", *Philosophy Compass* 4, 6: 987–97.

—— (2009b), "Neo-Republicanism, Freedom as Non-Domination and Citizen Virtue", *Politics, Philosophy and Economics* 8, 4: 401–19.

Curren, Randall(1994), "Justice and the Threshold of Educational Equality", *Philosophy of Education*: 239–48.

—— ed.(2003), *A Companion to the Philosophy of Education* (Malden: Blackwell).

Daniels, Norman (1989a), *Reading Rawls: Critical Studies on Rawls' 'A Theory of Justice'* (Stanford: Stanford University Press).

——(1989b), "Equal Liberty and Unequal Worth of Liberty" in Daniels(1989a): 253–81.

(1996), *Justice and Justification: Reflective Equilibrium in Theory and Practice* (Cambridge: Cambridge University Press).

—— (2003), "Democratic Equality: Rawls' Complex Egalitarianism" in Freeman(2003): 241–76.

Davion, Victoria and Clark Wolf eds.(2000), *The Idea of a Political Liberalism: Essays on Rawls* (Lanham: Rowman & Littlefield).

De Francisco, Andrés (2006), "A Republican Interpretation of the Late Rawls", *The Journal of Political Philosophy* 14, 3: 270–88.

De Marneffe, Peter(2002), "Liberalism, Neutrality and Education" in Macedo and Tamir(2002): 221–43.

English, Jane (1977), "Justice between Generations", *Philosophical Studies* 31, 2:

91–104.
Feinberg, Walter(1998), *Common Schools/Uncommon Identities: National Unity and Cultural Difference* (New Haven: Yale University Press).
—— (2003), "Religious Education in Liberal Democratic Societies: The Question of Accountability and Autonomy" in McDonough and Feinberg(2003): 385–413.
Fishkin, James(1983), *Justice, Equal Opportunity, and the Family* (New Haven: Yale University Press).
Freeman, Samuel ed.(1999), *Collected Papers* (Cambridge: Harvard University Press).
—— ed.(2003), *The Cambridge Companion to Rawls* (Cambridge: Cambridge University Press).
——(2007), *Rawls* (London: Routledge).
Friedman, Marilyn(1985), "Moral Integrity and the Deferential Wife", *Philosophical Studies* 47, 1: 141–50.
Fullinwider, Robert ed.(1996a), *Public Education in a Multicultural Society: Policy, Theory, Critique* (Cambridge: Cambridge University Press).
——(1996b), "Patriotic History" in Fullinwider(1996a): 203–27.
——(2003), "Multicultural Education" in Curren(2003): 487–500.
Galeotti, Anna Elisabetta(1996), "Political Toleration or Politics of Recognition: The Headscarves Affair Revisited", *Political Theory* 24, 2: 315–20.
Galston, William(1991), *Liberal Purposes: Goods, Virtues, and Diversity in the Liberal State* (Cambridge: Cambridge University Press).
——(1995), "Two Concepts of Liberalism", *Ethics* 105, 3: 516–34.
—— (2002), *Liberal Pluralism: The Implications of Value Pluralism for Political Theory and Practice* (Cambridge: Cambridge University Press).
Garreta, Mariano(2001), "La Concepción Liberal de 'Persona Razonable': Una Propuesta de Justificación", *Análisis Filosófico* 21, 2: 217–64.
Gilligan, Carol(1982), *In a Different Voice: Psychological Theory and Women's Development* (Cambridge: Harvard University Press).
Glazer, Nathan(1997), *We Are All Multiculturalists Now* (Cambridge: Harvard University Press).
Gutmann, Amy ed.(1988), *Democracy and the Welfare State* (Princeton:

Princeton University Press).

——— (1993), "The Challenge of Multiculturalism in Political Ethics", *Philosophy and Public Affairs* 22, 3: 171–206.

———(1995), "Civic Education and Social Diversity", *Ethics* 105, 3: 557–79.

Halstead, Mark(1999), "Moral Education in Family Life: the Effects of Diversity", *Journal of Moral Education* 28, 3: 265–81.

———(2003), "Schooling and Cultural Maintenance for Religious Minorities in the Liberal State" in McDonough and Feinberg(2003): 273–95.

Hampton, Jean(1997), "The Wisdom of the Egoist: The Moral and Political Implications of Valuing the Self", *Social Philosophy and Policy* 14, 1: 21–51.

Hart, H.L.A.(1989), "Rawls on Liberty and its Priority" in Daniels (1989a): 230–52.

Hill, Greg(1993), "Citizenship and Ontology in the Liberal State", *Review of Politics* 55, 1: 67–84.

Hill, Thomas(1973), "Servility and Self-Respect", *The Monist* 57, 1: 87–104.

Kaufman, Alexander(2006), "Rawls's Practical Conception of Justice: Opinion, Tradition and Objectivity in Political Liberalism", *Journal of Moral Philosophy* 3, 1: 23–43.

Kearns, Deborah(1983), "A Theory of Justice – and Love; Rawls on the Family", *Politics* 18, 2: 36–42.

Keller, Simon(2005), "Patriotism as Bad Faith", *Ethics* 115, 3: 563–92.

Kleingeld, Pauline(2000), "Kantian Patriotism", *Philosophy and Public Affairs* 29, 4: 313–41.

Kohlberg, Lawrence(1984), *Essays on Moral Development* (San Francisco: Harper and Row).

Koski, William and Rob Reich(2006), "When 'Adequate' Isn't: The Retreat from Equity in Educational Law and Policy and Why It Matters", *Emory Law Journal* 56, 3: 545–617.

Kramer, Matthew, Claire Grant, Ben Colburn and Antony Hatzistavrou eds.(2008), *The Legacy of H. L. A. Hart: Legal, Political, and Moral Philosophy* (New York: Oxford University Press).

Krasnoff, Larry(1998), "Consensus, Stability, and Normativity in Rawls' Political Liberalism", *Journal of Philosophy* 95, 6: 269–92.

Krouse, Richard and Michael McPherson(1988), "Capitalism, 'Property-Owning Democracy' and the Welfare State" in Gutmann(1988): 79–105.
Kymlicka, Will(1989a), *Liberalism, Community and Culture* (Oxford: Clarendon Press).
——— (1989b), "Liberal Individualism and Liberal Neutrality", *Ethics* 99, 4: 883–905.
——— (1991), "Rethinking the Family", *Philosophy and Public Affairs* 20, 1: 77–97.
——— (1995), *Multicultural Citizenship: A Liberal Theory of Minority Rights* (Oxford: Clarendon Press).
——— (1998), *Finding Our Way: Rethinking Ethnocultural Relations in Canada* (Toronto: Oxford University Press).
——— (2001), *Politics in the Vernacular: Nationalism, Multiculturalism, and Citizenship* (Oxford: Oxford University Press).
——— (2003), "Multicultural States and Intercultural Citizens", *Theory and Research in Education* 1, 2: 147–69.
Kymlicka, Will and Wayne Norman(1994), "Return of the Citizen: A Survey of Recent Work on Citizenship Theory", *Ethics* 104, 2: 352–81.
Laborde, Cécile(2008), *Critical Republicanism: The Hijab Controversy and Political Philosophy* (Oxford: Oxford University Press).
Laden, Anthony(2006), "Republican Moments in Political Liberalism", *Revue Internationale de Philosophie* 237, 3: 341–67.
Laden, Anthony and David Owen eds.(2007), *Multiculturalism and Political Theory* (Cambridge: Cambridge University Press).
Larmore, Charles(1987), *Patterns of Moral Complexity* (Cambridge: Cambridge University Press).
——— (2008), *The Autonomy of Morality* (Cambridge: Cambridge University Press).
Levinson, Meira (1999), *The Demands of Liberal Education* (Oxford: Oxford University Press).
Levy, Jacob(2007), "Contextualism, Constitutionalism, and Modus Vivendi Approaches" in Laden and Owen(2007): 173–97.
Lloyd, S.A.(1995), "Situating the Feminist Criticism of John Rawls' Political

Liberalism", *Loyola LA Law Review* 28: 1319–44.
Loewen, J. W.(1995), *Lies my Teacher Told Me: Everything your American History Textbook got Wrong* (New York: Touchstone).
Lomasky, Loren(1987), *Persons, Rights, and the Moral Community* (New York: Oxford University Press).
MacCallum, Gerald(1967), "Negative and Positive Freedom", *Philosophical Review* 76, 3: 312–34.
Macedo, Stephen(1995), "Liberal Civic Education and Religious Fundamentalism: The Case of God v. John Rawls?", *Ethics* 105, 3: 468–96.
—— (2000), *Diversity and Distrust: Civic Education in a Multicultural Democracy* (Cambridge: Harvard University Press).
Macedo, Stephen and Yael Tamir eds.(2002), *Nomos 43: Moral and Political Education* (New York: New York University Press).
Macedo, Stephen and Melissa Williams(2005), *Nomos 46: Political Exclusion and Domination* (New York: New York University Press).
Macedo, Stephen and Iris Marion Young eds.(2003), *Nomos 44: Child, Family and State* (New York: New York University Press).
MacIntyre, Alasdair(1990), "The Privatization of Good", *Review of Politics* 52, 3: 344–61.
Macleod, Colin (2002), "Liberal Equality and the Affective Family" in Archard and Macleod(2002): 212–30.
MacMullen, Ian(2007), *Faith in Schools? Autonomy, Citizenship, and Religious Education in the Liberal State* (Princeton: Princeton University Press).
Mandle, Jon (2000), *What's Left of Liberalism? An Interpretation and Defense of Justice as Fairness* (Lanham: Lexington Books).
Martin, Rex(1985), *Rawls and Rights* (Lawrence: University Press of Kansas).
Mason, Andrew(2000), *Community, Solidarity and Belonging: Levels of Community and Their Normative Significance* (Cambridge: Cambridge University Press).
——(2006), *Levelling the Playing Field: The Idea of Equal Opportunity and Its Place in Egalitarian Thought* (Oxford: Oxford University Press).
McCabe, David(1998), "Private Lives and Public Virtues: the Idea of a Liberal

Community", *Canadian Journal of Philosophy* 28, 4: 557–86.
McDonough, Kevin (1997), "Cultural Recognition, Cosmopolitanism and Multicultural
Education," Philosophy of Education: 127–35.
——(1998), "Can the Liberal State Support Cultural Identity Schools?", *American Journal of Education* 106, 4: 463–99.
——(2003), "Multinational Civic Education" in McDonough and Feinberg(2003), pp. 351–84.
McDonough, Kevin and Walter Feinberg eds.(2003), *Education and Citizenship in Liberal Democratic Societies: Teaching for Cosmopolitan Values and Collective Identities* (Oxford: Oxford University Press).
Mckinnon Catriona and Iain Hampsher-Monk eds.(2000), *Demands of Citizenship* (London: Continuum).
McLaughlin, Terence(1992), "Citizenship, Diversity and Education: a Philosophical Perspective", *Journal of Moral Education* 21, 3: 235–50.
——(1995), "Liberalism, Education and the Common School", *Journal of Philosophy of Education* 29, 2: 239–55.
McMahon, Christopher(2005), "The Indeterminacy of Republican Policy", *Philosophy and Public Affairs* 33, 1: 67–93.
Miller, David(1995a), *On Nationality* (Oxford: Oxford University Press).
——(1995b), "Reflections on British National Identity", *New Community* 21, 2: 153–66.
Miller, Richard(2007), "Unlearning American Patriotism", *Theory and Research in Education* 5, 1: 7–21.
Mills, Charles(2005), "'Ideal theory' as Ideology", *Hypatia* 20, 3: 165–84.
Moore, Margaret(1999), "Nationalist Arguments, Ambivalent Conclusions", *The Monist* 82, 3: 469–90.
——(2001), *The Ethics of Nationalism* (Oxford: Oxford University Press).
Mulhall, Steven(1998), "Political Liberalism and Civic Education", *Journal of Philosophy of Education* 32, 2: 161–76.
Munoz-Dardé, Véronique(1998), "Rawls, Justice in the Family and Justice of the Family", *Philosophical Quarterly* 48, 192: 335–52.
——(1999), "Is the Family to be Abolished then?", *Proceedings of the*

Aristotelian Society 99: 37–56.

Murphy, Liam(1999), "Institutions and the Demands of Justice", *Philosophy and Public Affairs* 27, 4: 251–91.

Nash, Gary(1996), "Multiculturalism and History: Historical Perspectives and Present Prospects" in Fullinwider(1996a): 183–202.

Nickel, James(1993/1994), "Rethinking Rawls' Theory of Liberty and Rights", *Chicago-Kent Law Review* 69, 3: 763–85.

Nino, Carlos(1992), *Un País al Margen de la Ley: Estudio de la Anomia como Componente del Subdesarrollo Argentino* (Buenos Aires: Emecé).

Norman, Wayne(1998), "'Inevitable and Unacceptable?' Methodological Rawlsianism in Anglo-American Political Philosophy", *Political Studies* 46, 2: 276–94.

Nussbaum, Martha(2003), "Rawls and Feminism" in Freeman(2003): 488–520.

Okin, Susan M.(1989), *Justice, Gender and the Family* (New York: Basic Books).

——(1994), "Political Liberalism, Justice and Gender", *Ethics* 105, 1: 23–43.

——(1996), "Sexual Orientation and Gender: Dichotomizing Differences", *Hypatia* 11, 1: 30–48.

——(1999), *Is Multiculturalism Bad for Women?*, Joshua Cohen, Matthew Howard, and Martha Nussbaum eds. (Princeton: Princeton University Press).

——(2004), "Justice and Gender: An Unfinished Debate," *Fordham Law Review* 72, 5: 1537–67.

Okin, Susan M. and Rob Reich(1999), "Families and Schools as Compensating Agents in Moral Development for a Multicultural Society", *Journal of Moral Education* 28, 3: 283–98.

Parekh, Bhikhu(2000), *Rethinking Multiculturalism: Cultural Diversity and Political Theory* (Cambridge: Harvard University Press).

Parry, Geraint(1999), "Constructive and Reconstructive Political Education", *Oxford Review of Education* 25, 1/2: 21–38.

Patten, Alan(2000), "Equality of Recognition and the Liberal Theory of Citizenship" in Mckinnon and Hampsher-Monk eds.(2000): 193–211.

Pettit, Philip(1999), *Republicanism: A Theory of Freedom and Government* (Oxford: Oxford University Press).

———(2005), "The Domination Complaint" in Macedo and Williams(2005): 87–117.

———(2006), "The Determinacy of Republican Policy: A Reply to McMahon", *Philosophy and Public Affairs* 34, 3: 275–83.

———(2008), "The Basic Liberties" in Kramer et al.(2008): 201–23.

Piaget, Jean(1932), *The Moral Judgment of the Child* (New York: Harcourt Brace).

Pogge, Thomas(1989), *Realizing Rawls* (Ithaca: Cornell University Press).

———(2007), *John Rawls: His Life and Theory of Justice* (Oxford: Oxford University Press).

Rawls, John(1996), *Political Liberalism*, revised edn. (New York: Columbia University Press).

———(1999a), *A Theory of Justice*, revised edn. (Cambridge: Harvard University Press).

———(1999b), *The Law of Peoples: with "The Idea of Public Reason Revisited"* (Cambridge: Harvard University Press).

———(1999c), "Social Unity and Primary Goods" in Freeman(1999): 359–87.

———(1999d), "The Domain of the Political and Overlapping Consensus" in Freeman(1999): 473–96.

———(1999e), "Kantian Constructivism in Moral Theory" in Freeman(1999): 303–58.

———(1999f), "Justice as Fairness: Political not Metaphysical" in Freeman(1999): 388–414.

———(2001), *Justice as Fairness: A Restatement*, Erin Kelly ed. (Cambridge: Harvard University Press).

Reich, Rob(2002), *Bridging Liberalism and Multiculturalism in American Education* (Chicago: University of Chicago Press).

Richardson, Henry(2006), "Disabilities, Capabilities, and Rawlsian Social Contract Theory", *The Journal of Ethics* 10, 4: 419–62.

Romero, Luis Alberto, Luciano de Privitellio, Silvina Quintero, and Hilda Sábato(2004), *La Argentina en la Escuela: La Idea de Nación en los Textos Escolares* (Buenos Aires: Siglo XXI).

Rorty, Amelie ed.(1998), *Philosophers Discuss Education* (London: Routledge).

Rosenblum, Nancy ed.(1989), *Liberalism and the Moral Life* (Cambridge: Harvard University Press).

——(1994), "Democratic Character and Community: The Logic of Congruence?", *Journal of Political Philosophy* 2, 1: 67–97.

Sandel, Michael(1998), *Liberalism and the Limits of Justice*, second edn. (Cambridge: Cambridge University Press).

Sangiovanni, Andrea(2008), "Justice and the Priority of Politics to Morality" *Journal of Political Philosophy* 16, 2: 137–64.

Satz, Debra (2007), "Equality, Adequacy and Education for Citizenship", *Ethics* 117, 4: 623–48.

——(2008), "Equality, Adequacy, and Educational Policy", *Education Finance and Policy* 3, 4: 424–43.

Satz, Debra and Reich, Rob eds.(2009), *Toward a Humanist Justice: The Political Philosophy of Susan Moller Okin* (Oxford: Oxford University Press).

Schaller, Walter(1998), "Rawls, the Difference Principle, and Economic Inequality", *Pacific Philosophical Quarterly* 79, 4: 368–91.

Scheffler, Samuel(2007), "Immigration and the Significance of Culture", *Philosophy and Public Affairs* 35, 2: 93–125.

Shapiro, Ian and Russell Hardin(1996), *Nomos 38: Political Order* (New York: State University of New York Press).

Skinner, Quentin(1983), "Machiavelli on the Maintenance of Liberty", *Politics* 18, 2: 3–15.

Spinner-Halev, Jeff(2000), *Surviving Diversity: Religion and Democratic Citizenship* (Baltimore: Johns Hopkins University Press).

——(2003), "Education, Reconciliation and Nested Identities", *Theory and Research in Education* 1, 1: 51–72.

——(2007), "From Historical to Enduring Injustice", *Political Theory* 35, 5: 574–97.

Spitz, Jean-Fabien(1993), "The Concept of Liberty in 'A Theory of Justice' and Its Republican Version", *Ratio Juris* 7, 3: 331–47.

Strike, Kenneth(1982), *Educational Policy and the Just Society* (Urbana: University of Illinois Press).

——— (1989), *Liberal Justice and the Marxist Critique of Education: A Study of Conflicting Research Programs* (New York: Routledge).
———(1993), "Ethical Discourse and Pluralism" in Strike and Ternasky(1993): 176–88.
———(1994), "On the Construction of Public Speech: Pluralism and Public Reason", *Educational Theory* 44, 1: 1–26.
———(2004), "Is Liberal Education Illiberal? Political Liberalism and Liberal Education", *Philosophy of Education*: 321–29.
Strike, Kenneth and Lance Ternasky eds.(1993), *Ethics for Professionals in Education* (New York: Teachers College Press)
Swift, Adam(1993), "Response to Spitz", *Ratio Juris* 7, 3: 348–52.
Tamir, Yael(1993), *Liberal Nationalism* (Princeton: Princeton University Press).
Taylor, Charles(1989), "Cross-Purposes: The Liberal-Communitarian Debate" in Rosenblum(1989): 159–82.
———(1992), *Multiculturalism and 'The Politics of Recognition'*, Amy Gutmann ed. (Princeton: Princeton University Press).
Taylor, Robert(2009), "Rawlsian Affirmative Action", *Ethics* 119, 3: 476–506.
Tomasi, John(2001), *Liberalism beyond Justice: Citizens, Society and the Boundaries of Political Theory* (Princeton: Princeton University Press).
Van Parijs, Philippe(2003), "Difference Principles" in Freeman(2003): 200–240.
Waldron, Jeremy(1992), "Minority Cultures and the Cosmopolitan Alternative", *University of Michigan Journal of Law Reform* 25, 3/4: 751–93.
———(1996), "Multiculturalism and Melange" in Fullinwider(1996a): 90–118.
———(2003), "Teaching Cosmopolitan Right" in McDonough and Feinberg(2003): 23–55.
Wall, Steven(2006), "Rawls and the Status of Political Liberty", *Pacific Philosophical Quarterly* 87, 2: 245–70.
Walzer, Michael(1983), *Spheres of Justice: A Defense of Pluralism and Equality* (New York: Basic Books).
Weinstock, Daniel(1999), "Neutralizing Perfection: Hurka on Liberal Neutrality", *Dialogue* 38, 1: 45–62.
Wenar, Leif(1995), "Political Liberalism: An Internal Critique", *Ethics* 106, 1: 32–62.

Williams, Melissa(2003), "Citizenship as Identity, Citizenship as Shared Fate, and the Functions of Multicultural Education" in McDonough and Feinberg(2003): 208–47.

Yack, Bernard(2002), "Multiculturalism and the Political Theorists", *European Journal of Political Theory* 1, 1: 107–19.

Young, Iris Marion(1994), "Making Single Motherhood Normal", *Dissent* 41, 1: 88–93.

——(2006), "Taking the Basic Structure Seriously", *Perspectives on Politics* 4, 1: 91–97.

찾아보기

ㄱ

ㄴ

ㄷ

ㅇ

ㅈ

ㅎ

Rawls,
Citizenship,
and Education

존 롤스, 시민과 교육

초판 1쇄 발행일 2020년 12월 8일

지은이 M. 빅토리아 코스타
옮긴이 김상범
펴낸이 박영희
편집 박은지
디자인 최소영, 서채영
마케팅 김유미
인쇄·제본 AP프린팅
펴낸곳 도서출판 어문학사
서울특별시 도봉구 해등로 357 나너울카운티 1층
대표전화: 02-998-0094/편집부1: 02-998-2267, 편집부2: 02-998-2269
홈페이지: www.amhbook.com
트위터: @with_amhbook
페이스북: www.facebook.com/amhbook
블로그: 네이버 http://blog.naver.com/amhbook
다음 http://blog.daum.net/amhbook
e-mail: am@amhbook.com
등록: 2004년 7월 26일 제2009-2호

ISBN 978-89-6184-967-8(93160)

정가 18,000원

이 도서의 국립중앙도서관 출판예정도서목록(CIP)은 서지정보유통지원시스템 홈페이지(http://seoji.nl.go.kr)와 국가자료종합목록 구축시스템(http://kolis-net.nl.go.kr)에서 이용하실 수 있습니다.
(CIP제어번호 : CIP2020050098)